TRAUMA Y RESILIENCIA

Un Manual

TRAUMA**Y**
RESILIENCIA

Un Manual

Un Apoyo Efectivo para los que Sirven a Dios.

Frauke C. Schaefer, MD y Charles A. Schaefer, PhD
Editores y Colaboradores.

TRAUMA y RESILIENCIA © 2020 Frauke C. Schaefer, MD y
Charles A. Schaefer, PhD. Derechos Reservados

ISBN PRINT: 978-1-0878-9889-6

A menos que se indique lo contrario, todas las citas bíblicas provienen
de la Santa Biblia Nueva Versión Internacional. Zondervan, Publishing
House, Grand Rapids, Michigan.

Diseño de portadas y diseño interior del libro: Sarah O´Neal
Foto de portada cortesía de: iStockphoto/ Amanda Rhode.

CONTENIDO

PRÓLOGO   i
Frauke y Charlie Schaefer

I REFLEXIONES SOBRE UNA TEOLOGÍA DEL   1
SUFRIMIENTO
Scott E. Shaum

II HISTORIAS DE TRAUMAS EN EL MINISTERIO   27
   1. Guerra Civil y Evacuación - *Karen Carr, Ghana*   27
   2. Un Roce con Cáncer Renal - *Allan y Betsy Poole, Estados Unidos*   31
   3. Un Accidente Devastador en África - *Ann Hamel, Ruanda*   35
   4. La Pérdida de un Ser Querido - *Jerry Sittser, U.S.A.*   39
   5. Robo y Traición - *Dan Crum, Kenya*   42

III RECURSOS PARA UN APOYO EFECTIVO   47
   1. Reacciones Normales Después de un Trauma - *Karen Carr*   47
   2. Apoyo Comunitario Efectivo - *Karen Carr*   80
   3. Resiliencia Personal - *Karen Carr*   102
   4. Sano Manejo del Estrés - *Frauke Schaefer*   115
   5. Manejo del Estrés Traumático Severo - *Frauke Schaefer*   131
   6. Recursos Espirituales para el Manejo del Trauma -   150
     Charlie y Frauke Schaefer
   7. La Oración que Sana - *Ann Hamel*   199

RESUMEN DE LOS PUNTOS MÁS IMPORTANTES   217
Frauke and Charlie Schaefer

APÉNDICES   219
   A. Hojas de Trabajo: Hacia una Teología del Riesgo y   221
     el Sufrimiento - *Scott E. Shaum*
   B. Reacciones Comunes al Trauma - *Karen Carr*   225
     a. Adultos   225
     b. Niños   229

c. Adolescent 231
d. Inventario del Estrés que Enfrenta el Obrero Intercultural 233
C. Libros, Recursos en Línea, Centros de Consejería, 237
Conferencias y Entrenamiento - *Charlie Schaefer*

BIBLIOGRAFÍA 247

ACERCA DE LOS AUTORES 255

RECONOCIMIENTOS

Originalmente, la inspiración de escribir acerca de este tema provino del Dr. Dan G. Blazer. Agradecemos su visión, su incansable apoyo y las huellas que dejó en nuestras vidas como mentor, tanto en la investigación como en la vida cristiana. Él y el Dr. Tom Hale, Jr. gustosamente aportaron su sabiduría a este proyecto fungiendo como consultores de edición. Las posibilidades de trabajo en equipo y desarrollo profesional que brinda nuestra Conferencia Anual en Salud Mental y Misiones (Conferencia MHM, por sus siglas en inglés) en Angola, Indiana, donde se conocieron los autores, fue lo que hizo que este libro fuera posible.

Un agradecimiento especial para la Rev. Elizabeth Stout, editora profesional y directora espiritual, quien no solo aportó sus altamente calificados servicios editoriales, sino que también ayudó a mejorar nuestra resiliencia gracias a su sentido del humor.

Sarah O'Neal aportó su creatividad al diseño y el Dr. Brent Lindquist nos guió en la publicación del libro.

Estamos en deuda con la Dra. Christine Rost por su valioso aporte en el tema del tratamiento del estrés postraumático severo, con Richard Gorsuch quien colaboró en el tema de la religiosidad intrínseca, y con la Dra. Rebekah Eklund en el tema del duelo.

Nuestro más profundo agradecimiento a los protagonistas de las historias, quienes mostraron partes vulnerables de sus vidas para beneficio nuestro. Al Dr. Jerry Sittser, quien compartió, a manera de resumen para este libro, su experiencia de pérdida trágica (publicada con anterioridad en "Gracia Disfrazada").

Agradecemos también a nuestros consejeros, clientes y pacientes, que compartieron generosamente sus experiencias y, al hacerlo, nos permitieron leer el libro de sus vidas y corazones, lo cual fue de gran enseñanza para nosotros.

Agradecemos a nuestros familiares y amigos por estar con nosotros durante todo el tiempo que tomó este proyecto, que fue mucho más de lo esperado.

Frauke y Charlie Schaefer.
Chapel Hill, Carolina del Norte, Estados Unidos.
Agosto, 2012

RECONOCIMIENTOS

Traducir el libro "Trauma y Resiliencia" al castellano ha sido todo un viaje, con encuentros relacionales increíbles y experiencias alentadoras a lo largo del camino. La idea surge de una conversación que tuve en 2018 con varios miembros de COMIBAM (Carlos España, Nell Stiff y Carlos Pinto) en la Conferencia de Global Member Care en Quito, Ecuador.

Después de que los compañeros de COMIBAM nos dieran esa afirmación positiva para seguir adelante, comenzó la búsqueda de un traductor al castellano. Mi amigo Glenn Taylor me puso en contacto con Ken Jolley, que había sido misionero en Venezuela por 25 años. Él, a su vez, me contactó con Belkys Moreno, una venezolana con pasión por las misiones y experiencia en traducción.

Durante los meses en que Belkys trabajó en la traducción, experimentó muchos retos y crisis personales y, aun así, perseveró en el trabajo. El Señor permitió que, a través de nuestras muchas conversaciones acerca del contenido de "Trauma y Resiliencia", naciera una amistad profunda y duradera que siempre voy a atesorar.

Ken Jolley revisó todo el trabajo de Belkys e hizo aportes muy valiosos. Por último, Belkys pidió que se hiciera otra revisión adicional a su trabajo, y que fuera hecha por hispanoparlantes. Gracias a los colegas de Barnabas International, Al y Elizabeth Dyck, conocí de manera virtual, a dos mujeres increíbles: Gemma Ruiz (de España) y Gabriela Pérez (de Venezuela). Ambas dedicaron largas horas a la revisión para refinar aún más la traducción y hacerla más comprensible para una comunidad más amplia de hispanoparlantes. Los fondos para la realización de este trabajo fueron aportes del MMCT Legacy Fund, una generosa ofrenda de John y Beverly Anderson junto a otros donantes.

El resultado final es este libro que usted va a comenzar a leer. Ha sido una labor de amor que ha pasado por muchas manos, y espero y oro que el Señor lo use para bendecirle tanto como nos ha bendecido a nosotros, a los autores y traductores.

Karen Carr
Barnabas International

PRÓLOGO
Frauke y Charlie Schaefer

Servir a Dios en el ministerio es una de las formas de vida más gratificantes y emocionantes; al mismo tiempo que es un desafío y un riesgo que además resulta agotador.

Cuando servimos como misioneros en contextos internacionales, sentimos la cercanía de Dios en maneras que nunca sentimos antes. Charlie dirigía un centro de computación en Togo encargado de la traducción de la Biblia. Frauke servía en Nepal con una organización misionera enfocada en salud y desarrollo comunitario, era directora de un leprocomio. Estas asignaciones cambiaron nuestras vidas. ¡Qué privilegio ser parte de la construcción del reino de Dios en estos lugares tan especiales!, ¡alcanzando a los pobres y relacionándonos con ellos superando barreras interculturales! Claro, había más riesgos si se le compara con el ministerio en casa, pero lo más importante era que cuando tomábamos riesgos en Su nombre, Su presencia se hacía tan obvia y personal que lo llenaba todo.

También nos impactó la calidad de los misioneros que conocimos: gente increíble, valiente, resistente, sacrificada y dedicada a su llamado. Desafortunadamente, muchos pagaron el precio del estrés continuo, el trabajo excesivo, los problemas relacionales y los efectos de eventos traumáticos. En lugar de florecer, algunos de sus ministerios apenas sobrevivieron. Otros regresaron a casa antes de tiempo. Al regresar a nuestro país sentimos que Dios nos inquietaba a apoyar a los que sirven. ¿Acaso el apoyo apropiado podía ayudar al personal misionero a continuar con su importante trabajo sin desgastarse o dejar su campo antes de tiempo?, ¿podrían reducirse la angustia y la discapacidad producidos por un trauma severo? Nos dedicamos a estudiar la salud mental en psiquiatría y psicología, buscando formas de que nuestra experiencia pudiera ayudar a misioneros y pastores. Nuestra tarea más importante fue estudiar los libros de texto lado a lado con la Biblia para integrar fe y conocimiento.

Frauke, después de emigrar a los Estados Unidos desde Alemania, y luego de nuestro matrimonio en el 2002, hizo una residencia en psiquiatría en la Universidad Duke en Carolina del Norte. Allí, el Dr. Dan G. Blazer, que, a comienzos de su carrera había servido en misiones médicas en África Central y Occidental , estuvo dispuesto a ser mentor en un proyecto de investigación epidemiológica sobre trauma, estrés postraumático y resiliencia entre misioneros (Schaefer et al., 2007). Uno de los hallazgos más importantes de esta investigación fue que, a pesar de que la tasa de exposición a traumas severos fue superior a los de las personas en sus países de origen y de vivir en ambientes mucho más retadores, los misioneros estudiados resultaron notablemente resilientes. Por supuesto, aquellos involucrados en múltiples eventos traumáticos en el exterior, experimentaron violencia interpersonal o vivieron en condiciones muy inestables (luchas frecuentes, guerra civil, altos índices de criminalidad) muy probablemente sufrirían de angustia post traumática. No obstante, con el número de eventos traumáticos también aumentaba la resiliencia del misionero. ¿Es posible fortalecer la resiliencia del misionero aunque esté experimentando trauma y el daño que éste causa? ¡Esto era fascinante! Mucho tiempo atrás, la Biblia describía una situación semejante:

> "Dichoso el que tiene en ti su fortaleza, que solo piensa en recorrer tus sendas. Cuando pasa por el valle de las Lágrimas lo convierte en región de manantiales; también las lluvias tempranas cubren de bendiciones el valle." Salmo 84:5-6 (NVI)

El Valle de las Lágrimas es un lugar de miseria, adversidad, dolor y lágrimas. A medida que los peregrinos que buscan a Dios atraviesan este valle y derraman sus lágrimas, éste se hace fértil, un suelo bien regado para producir nuevo crecimiento. Por más de una década, este fenómeno de crecimiento después del trauma y la miseria llamó la atención de los investigadores y fue descrito como "crecimiento postraumático". La lectura de los trabajos de investigación, conjuntamente con la Biblia, nos proporcionó mayores detalles. El trauma no solo afecta nuestro cerebro, nuestras relaciones y nuestra percepción, también destroza lo que creemos acerca acerca de Dios, del mundo, de otros y de nosotros mismos.

Para las personas de fe, particularmente aquellas que sirven en el ministerio y en misiones, las circunstancias catastróficas pueden afectar y hasta destruir el fundamento de nuestras vidas: nuestra conexión con Dios. Nuestros cimientos espirituales adquieren nueva forma y son reconstruidos durante el periodo de lucha que sigue a un evento traumático. El proceso de lucha comienza cuando la experiencia inmediata de una persona no se ajusta a sus creencias y expectativas. Esta lucha puede generar varios resultados: un individuo puede recuperarse pero permanece profundamente afectado, otros se recuperan completamente, en otros la recuperación los lleva a ser más fuertes que antes, unos pocos pierden sus fuerzas y su fe. Este proceso de vivir las secuelas de un trauma severo es un punto de quiebre en el que los cimientos de la vida pueden fortalecerse o perderse. El proceso de recuperación tiene el potencial de purificarnos para lo que es realmente importante y contiene un elemento creativo y generador que lleva la firma del Altísimo.

La investigación sobre el crecimiento postraumático produjo unas interrogantes interesantes: ¿qué condiciones, de existir, incidirían en el logro del mejor proceso de renovación posible?, ¿cuáles serían los factores causantes del fortalecimiento de la resiliencia y la profundización de la fe? Para comprender mejor esas condiciones, observamos los factores espirituales relacionados con las consecuencias del trauma, incluidos tanto el estrés postraumático como el crecimiento postraumático (Shaefer, et al., 2008). Emergió un modelo que describe cómo estos factores podrían tener un rol que afectase los resultados. Probablemente existan más factores espirituales que afecten estos resultados de los ya investigados y descritos en las revistas científicas. Por lo tanto, es importante complementar nuestra comprensión con las historias reales de las personas que sirven en el ministerio y las personas que acuden a acompañar cuando "la vida golpea duro", así como con pasajes relevantes de la Biblia.

La Escritura es elocuente en cuanto la normalidad del sufrimiento en un mundo caído, y la singularidad de un Dios trino que entra al sufrimiento humano en la persona de Jesucristo. La Biblia describe de varias maneras la reconexión y la nueva forma que adquiere nuestra relación con Dios. Se mencionan los conceptos de entrenamiento y purificación:

> "Esto es para ustedes motivo de gran alegría, a pesar de que hasta ahora han tenido que sufrir diversas pruebas por un

tiempo. El oro, aunque perecedero, se acrisola al fuego. Así también la fe de ustedes, que vale mucho más que el oro, al ser acrisolada por las pruebas demostrará que es digna de aprobación, gloria y honor cuando Jesucristo se revele." 1 Pedro 1:6-7 (NVI)

La Biblia, en varias de sus secciones, tales como los Salmos, el libro de Job y las apariciones de Jesús después de su resurrección, describe las luchas humanas, la confusión y la oscuridad que se experimentan como resultado de eventos importantes en la vida. Para el creyente, estas luchas no necesariamente terminan en desesperación; por el contrario, encuentra "manantiales" nuevos en medio del "Valle de Las Lágrimas" (Sal 84:5-6).

Descubrir más acerca de las condiciones que ayudan en estas luchas postraumáticas, ha sido una travesía muy emocionante. En la noche oscura de la mayoría de los eventos trágicos y destructivos, hay un sentido de esperanza y expectativa. No obstante, el solo hecho de ponerlos en blanco y negro en una revista de investigación no les hacía justicia.

En el año 2009, la Conferencia Anual de Salud Mental y Misión, en Indiana, Estados Unidos, eligió el tema: "Evaluar y Promover la Resiliencia en Misioneros". Fue inspirador escuchar excelentes ponentes que contribuyeron con importantes opiniones e investigaciones. Scott Shaum disertó acerca de "La Resiliencia que se Obtiene a través de las Dificultades de la Vida". Ya él había hablado, en la misma Conferencia acerca de la "Teología del Sufrimiento". La Dra. Ann Hamel discutió el rol que la oración juega después de un trauma. La Dra. Karen Carr, del Mobil Member Care Team en África Occidental habló sobre la importancia de la comunidad en la resiliencia ante el trauma. Nosotros (Charlie y Frauke) dictamos un taller sobre "Herramientas Biológicas y Espirituales para la Resiliencia". En esta conferencia nació la idea de poner todo este conocimiento a la disposición de pastores y de una comunidad más amplia de personas que apoyan a misioneros . Este libro sería un recurso para colegas de cuidado que tengan el don de escuchar, alentar y dar apoyo práctico. Estos colegas pueden ser los entrenados para dar respuesta a las crisis, ser parte del personal al cuidado de misioneros, administradores locales y líderes de organizaciones.

Los colegas están disponibles inmediatamente y por eso forman parte del sistema natural de apoyo. Este libro también será de inspiración y un recurso para profesionales cristianos en el área de salud mental que apoyan a las personas que sirven en los ministerios. ¡La visión había nacido! Fue emocionante y un deleite cuando todos los autores potenciales estuvieron de acuerdo en que valía la pena escribir el libro.

Nuestra Propia Historia de Trauma

Atravesamos nuestra propia crisis y proceso de reconstrucción. El primer año de nuestra vida de casados transcurrió tranquilamente. Después de mudarse de Alemania a los Estados Unidos, Frauke hizo amistad con mujeres que compartían sus vidas con ella. Como pareja, trabajábamos juntos y a veces viajábamos para ayudar a algún misionero en crisis. Una mañana, Frauke salía a una conferencia y Charlie terminaba de preparar un retiro de la iglesia que comenzaría al día siguiente. Charlie, que era maratonista, salió a correr y nunca regresó.

Frauke, alarmada, comenzó a buscarlo en todos los sitios posibles, pero no lo encontró. Al llamar a la policía supo que lo habían trasladado a un hospital y que se encontraba desorientado luego de colapsar mientras corría. Tenía una hemorragia en su cabeza cuya causa aún no se conocía. La mente médica de Frauke se disparó. ¿Por qué ocurrió? ¿Qué será de Charlie? ¿Su cerebro quedará afectado a largo plazo? ¿Quedará discapacitado? ¿Podrá seguir trabajando con misioneros? El ritmo cardíaco de Frauke se aceleró, sus músculos se tensaron y sintió náuseas. Estaba experimentando esa carga de adrenalina que, sin lugar a dudas, señala un alto nivel de estrés. Se enfocó y estuvo alerta, pues para este momento estaba muy lejos de experimentar cualquier sentimiento amable. Frauke, había entrado en modo "manejo de crisis"; un estado mental al que estaba muy familiarizada como médico.

Afortunadamente, Frauke tuvo el impulso inmediato de pedir ayuda a su familia y a la comunidad de la iglesia. Lamó a los clientes que Charlie debía ver al día siguiente y encontró un sustituto para el retiro donde Charlie debía ser el orador principal. Poco después, nuestro pastor, la familia de Charlie y nuestros colegas más cercanos estaban al lado de Frauke.

Charlie sobrellevó la terapia intensiva neurológica y su posterior recuperación en casa rodeado por una comunidad solidaria que le dio apoyo práctico, emocional y espiritual durante varias semanas. Una sabia mujer aconsejó a Frauke: "algunas veces, la mayor ayuda que puedes dar a otros es permitir que te ayuden". Ella tomó en serio el consejo y recibió de buena gana un equipo de personas amorosas que trajeron comida y brindaron compañía, venían a orar y se quedaban por un rato. Sus cuidados eran la presencia de Dios en medio de sueños rotos y planes desbaratados.

Después del colapso de Charlie, Frauke se sintió lejos de Dios y evadía Su presencia. Aunque su comunicación con Dios era buena, cuando bajaba el ritmo surgían preguntas persistentes como ¿Por qué nos ocurre esto cuando estamos haciendo lo que consideramos la voluntad de Dios para nosotros? ¿Cómo es posible que el colapso de Charlie sea parte del plan de Dios? ¿Por qué no pudimos liderar un retiro para el que estábamos preparados y por el que habíamos orado tanto? Después de un tiempo, Frauke tuvo el valor de hacer estas preguntas directamente a Dios. La paz que vino al darse cuenta que Dios le aseguraba "estoy contigo, yo sé" fue la respuesta inmediata. Dios también parecía decirle que en este momento era más importante profundizar nuestro amor y nuestra confianza en Él.

Qué Entendemos por Trauma en este Libro

En este libro entendemos como trauma cualquier evento serio que afecte o amenace la vida o la integridad física de una persona o de un ser querido. Experimentar, presenciar o estar al tanto de eventos como esos, produce sensaciones de miedo intenso, impotencia u horror en la persona afectada. Varios de nuestros autores pueden tener una comprensión algo diferente del trauma y así lo explican en sus respectivas secciones.

Bosquejo y Uso del Libro

Nuestro libro provee herramientas prácticas, teológicas y psicológicas, así como el manejo de recursos espirituales para las personas que apoyan a los obreros durante las crisis. Es probable que muchas de las secciones también sean de utilidad para aquellos que han atravesado alguna crisis significativa.

Aunque puede comenzar a leer en cualquier sección del libro, según sea su necesidad, es importante tomar en cuenta que los conceptos del Capítulo 1 "Reflexiones sobre una Teología del Sufrimiento", son fundamentales.

El Capítulo II, "Historias de Trauma en el Ministerio", nos introduce a la comunidad de los que han atravesado por crisis. Cada una de las historias y situaciones traumáticas es única. Los narradores permiten al lector visitar sus dolorosas luchas y reflexionar acerca de qué les ayudó a superarlas. También explican la profundización y el fortalecimiento que ocurren como resultado de la crisis y su posterior lucha. A medida que lee los ejemplos, note el alcance de las situaciones, las reacciones producidas y lo que ha sido provechoso cuando las personas se unen para ayudar. Confiamos en que estas historias personales de vulnerabilidad, dolor y fortaleza hagan eco entre ustedes y les inspiren.

El Capítulo III, "Recursos para un apoyo efectivo", ampliará su comprensión sobre las reacciones, el manejo del estrés y los tipos de apoyo efectivo. Incluye una variedad de herramientas prácticas y hace énfasis especial en los recursos que tratan con las luchas espirituales postraumáticas. Así también, se da particular atención a los factores espirituales que son importantes para lograr un resultado positivo, tales como el apoyo de la comunidad, la religiosidad intrínseca y el perdón. Esta sección de recursos concluye con el rol que la oración tiene de sanidad en la restauración y en fortalecimiento de nuestra relación con Dios.

El Apéndice incluye hojas de trabajo útiles, una colección de recursos adicionales, sitios web, oportunidades de entrenamiento e información de contactos de centros de consejería para misioneros alrededor del mundo.

Limitaciones

Aunque nuestros conceptos principales son producto de la investigación, este libro pretende ser un recurso práctico para el uso de aquellas personas que acompañan a los que se encuentran en el crisol del trauma. Se esfuerza por aclarar conceptos y procesos sin aspiraciones de ser una obra completa. Presentamos las herramientas que han resultado útiles a lo largo de nuestra amplia experiencia como consejeros profesionales ministrando a cristianos traumatizados. Los cristianos y misioneros que desean ayudar, no requieren de un entrenamiento profesional en el manejo de crisis, sino que puedan ser entrenados fácilmente y usar estas herramientas que hemos seleccionado. Aunque este libro entrena a cristianos no profesionales, el cuidado profesional debe acoplarse con el apoyo mutuo de una comunidad de colegas. El capítulo "Reflexiones sobre una Teología del Sufrimiento" es el enfoque muy meditado de un pastor, director espiritual, y entrenador que presta apoyo a misioneros. Otros pastores y teólogos tendrán una comprensión y énfasis diferente sobre el tema. Que el desafío que presentamos nos lleve a todos a desarrollar nuestra propia teología bíblica del sufrimiento. Con el tiempo, esperamos conversar con los que leen y trabajan con este libro para hacer una actualización posterior y complementar el contenido.

Nos complace que "Trauma y Resiliencia: Un Apoyo Efectivo para los que Sirven a Dios" haya llamado su atención. Que el Espíritu de Dios le acompañe durante su lectura y cuando lo ponga en práctica con aquellos que sufren en su servicio al Señor.

Capítulo 1
Reflexiones sobre Una Teología del Sufrimiento

Scott E. Shaum

La vida me confunde fácilmente. Por momentos, los misteriosos caminos de Dios son solo eso: misterios que nunca seré capaz de resolver. Por ejemplo, cuando leo el caso de Ana, una mujer amada por su marido pero estéril por voluntad de Dios (y el ridículo que tuvo que enfrentar por eso) entiendo que no comprendo los caminos de Dios (1Samuel 1:56). Sé que Dios es bueno y amoroso; sin embargo, ¡hace cosas que no me gustan! Esta doble dinámica de un mundo lleno de belleza pero también lleno de dolor, y un Dios que es Padre persistente y personal y a la vez es el Santo, Otro Misterioso, me puede dejar confundido. Precisamente, es en estos momentos de mayor confusión que tampoco tengo la energía para contemplarlos. Cuando estoy en mi punto más bajo, más débil, más oscuro y más confundido en este tortuoso viaje, lo que más anhelo es recibir ánimo, ser reconocido y atendido.

He aprendido que Dios siempre está allí, que siempre cuida de mí, puede que no lo sienta o que no me dé cuenta, aun así Él está allí, es verdad. ¿Qué cómo lo sé? He recogido esta verdad de las muchas historias bíblicas que hablan sobre vidas destruidas, de los cientos de gente maravillosa que junto a mi esposa hemos tenido el privilegio de acompañar en todo el mundo y de nuestras propias vidas llenas de dolor y belleza a la vez. La paradoja es una realidad en el Reino de Cristo. Se nos ofrece amor, gracia, perdón y vida; sin embargo, se nos lleva al camino que conduce al Calvario. A todo lo largo de nuestras vidas, experimentamos el proceso de renunciar al control para poder conocer cada vez más el amor con que Dios nos ama y ser conformados a la imagen de Cristo, de manera que podamos mostrar a otros ese mismo amor. Como veremos en este capítulo, el sufrimiento personal es una de las formas y medios que Dios usa para llevarnos donde sabe que mejor vamos a experimentar la plenitud de su amor y redención.

Este capítulo dará un vistazo a lo que espero, lleve al lector a desarrollar una teología personal del sufrimiento. Existe gran cantidad de libros sobre el tema del sufrimiento; aun así, hay espacio para reflexionar un poco más. La perspectiva es crítica cuando nos encontramos sumergidos en esos tiempos muy personales de adversidad y pérdida. La perspectiva no me libra del dolor ni resuelve mis problemas, pero puede darme el regalo de la verdad. Esa verdad es que Dios es amor, que el dolor es una norma de la experiencia humana y también un tipo de gracia, sí, gracia de Dios.

Su sabiduría supera tanto a la mía, que sabe mejor que yo dónde debo ir en mi peregrinaje. Con esa perspectiva en mente, puedo tomar un respiro profundo y descansar un poco.

Permítanme explorar un poco esta paradoja a partir de un pasaje bíblico en 2 Corintios 1, Pablo nos dice que tenemos "un Dios de toda consolación". En los versos del 3-7, la palabra consolación o misericordia se repite varias veces pero también, junto a esas palabras de consolación, aparecen muchas veces palabras de adversidad y sufrimiento. Pablo deja claro que estas palabras pueden coexistir, como de hecho lo hacen. El consuelo que tanto busco en mi vida es, en realidad, la solución a la situación que enfrento. Clamo a Dios para que resuelva mis problemas y sane mi dolor. Algunas veces Dios resuelve; otras, no. Aunque puede que Dios no resuelva nuestros problemas, él sí ha prometido que estaría con nosotros en medio de ellos. En 2 Corintios, la raíz griega de la palabra "consuelo" es la misma usada por Jesús en el aposento alto para anunciar que Dios enviaría "al Consolador". El consuelo que Dios promete, sin importar lo oscuro de nuestra senda, lo profundo de nuestra pérdida, lo penoso de nuestro dolor, es El mismo. Está con nosotros en todas las cosas y a través de ellas. Mi primera reacción es resentirme por las heridas recibidas en esta vida, pero también está la gracia de Dios que he disfrutado en esos dolores y que hubiera sido imposible de experimentar si todo hubiera estado bien: la realidad del Dios Verdadero conmigo. Esto, ciertamente, es de mucho ánimo.

A. Un Roce Personal con el Sufrimiento

Poco después de los trágicos sucesos del 11 de septiembre del 2001en los Estados Unidos, estaba en la conferencia[1] anual de Pastores a Misioneros (PTM por sus siglas en inglés), cuando, a través de los temas expuestos, Dios me movió a desarrollar una teología sana del sufrimiento. A lo largo del año siguiente, escudriñé los textos más importantes con la finalidad de descubrir una teología bíblica del sufrimiento que fuera más realista. A partir de ese momento, ocurrieron dos grandes cambios: uno fue que empecé a recibir invitaciones internacionales para hablar sobre el tema, aceptarlas y participar en ellas continúa dando forma a mi peregrinaje. Pero lo más transformador fueron dos experiencias con enfermedades tropicales graves, la última de la cuales me dejó como secuela un caso moderado de Síndrome de Fatiga Crónica. Dios me mostró que no basta solo con enseñar acerca del sufrimiento también debo sufrir. No solo tengo que experimentar la adversidad por mí mismo, sino también entrar en las dificultades de la vida como resultado de cuidar a otros. La adversidad es un elemento de mi llamado y el sufrimiento posee otro matiz. Existe mucho dolor y sufrimiento alrededor nuestro y en el mundo, y la habilidad para navegar bien las aguas de los desafíos y los tiempos de oscuridad personal es muy importante para cualquiera que tiene el llamado a cuidar de otros.

B. Hacia una Teología Bíblica del Sufrimiento

A través de los siglos se ha escrito mucho sobre el tema del sufrimiento. Lo que aquí presento son algunas consideraciones breves sobre el tema ,basadas en algunos textos claves de Nuevo Testamento. Son suficientes como para dotarnos de un nuevo par de lentes que nos permitan ver los eventos de la vida con otra óptica[2]. No es mi intención buscar las razones del sufrimiento, ya que eso está envuelto en un manto de misterio, pero aun así, el tema nos angustia. Voy a tratar con la manera en que Dios usa el sufrimiento en nuestras vidas, al tomar la dolorosa realidad y sacar belleza de ella. Por un año, durante mis problemas de salud, luchaba con la pregunta: ¿qué es lo que Dios hace? ¿Por qué la pérdida y el dolor? Fui a servir a otros y yo mismo me enfermé. ¿Es así como funciona?

Todos experimentamos situaciones difíciles. A medida que atravesaba mi oscuridad ciertas verdades me ayudaron a recuperar la perspectiva, y estas mismas verdades pueden guiarnos para acompañar a otros a salir de su oscuridad.

La Importancia de la Teología del Sufrimiento

Como personas que cuidamos de otros, necesitamos meditar mucho sobre el tema del sufrimiento. Los pastores y siervos globales viven bajo condiciones de presiones extremas. La Palabra de Dios nos indica que a medida que se acerca la segunda venida de Cristo nuestro volátil mundo será cada vez más violento. Alcanzar a las regiones y a las subculturas modernas que no han sido alcanzadas todavía, tendrá un alto costo personal. La iglesia occidental se ha desviado hacia una cultura de consumismo y comodidad. Esta realidad ha hecho mella en nuestra comprensión de la cruz y el sufrimiento, un tema central en la Palabra de Dios. Las dificultades son la norma y en ningún momento Dios trata de disfrazar esa realidad, por lo tanto, es imperativo pensar de manera bíblica.

Nuestra Transformación

La transformación holística nos conduce a la madurez y al crecimiento. Este crecimiento comprende el área emocional, el área espiritual y el área relacional de nuestras vidas. De manera que, cuando Dios transforma mi carácter, crezco en mi capacidad de amarle a Él y de amar a otros; incluso, aprendo a amarme a mí mismo con un concepto más sano y sabio. En mi relación con Dios y con otros uso un juego de creencias y habilidades relacionales. Si otros me consideran como una persona reservada y distante, ciertamente, mi vida de oración no será una relación íntima, transparente y cálida con el Señor, sino que muy probablemente también sea distante y reservado con Dios. Quien soy a nivel interpersonal revela mucho de mi relación con Él. En la misma medida en que sobrellevo mis momentos difíciles y mi paciencia crece, soy más paciente con mis circunstancias, espero más en Dios y en otros. Lo que Dios busca es transformarnos de manera integral, a mayor parecido con Cristo mis acciones serán más como las Suyas en lo espiritual, emocional y relacional. Cada vez me parezco más como *todo* a Cristo. Dios usa el sufrimiento como un medio para hacernos crecer y llegar a ser adultos maduros conformados a la imagen de nuestro Señor.

El Propósito Redentor del Sufrimiento

Al estudiar los pasajes bíblicos claves, llegué a la conclusión que Dios ha diseñado el proceso redentor para que avancemos a la madurez integral usando varias aflicciones. Madurar requiere mucho más que meras dificultades: requiere amor, verdad, gracia, tiempo y relaciones. Para fortalecernos Dios orquestó dificultades, aflicciones, pruebas externas mezclados con tentaciones internas. En las pruebas comprendí verdades que, de otra manera hubieran seguido ocultas para mí. Más allá del solo aprendizaje, el alma humana se profundiza, se fortalece y se madura. Las pruebas son parte del sendero que debemos andar todos los que deseamos ser transformados a la imagen de Cristo. De la misma forma en que el crecimiento físico implica estrés, dolor y retos, el alma humana necesita de las dificultades para madurar. En resumen, el sufrimiento es necesario para llegar a la madurez. Puede que no nos guste o que no lo entendamos completamente, pero es una realidad bíblica.

Evitar todo sufrimiento, procurar una vida de comodidad interminable o erradicar toda dificultad de nuestras vidas constituye un sabotaje a una parte vital del proceso que produce la madurez. En nuestra opulenta cultura occidental (con asientos de cuero que se calientan en nuestros autos, casas con clima controlado y mega mercados) no solo creemos en una vida de comodidad, sino que creemos que la merecemos. Este sentimiento ha penetrado en la iglesia e impacta nuestra opinión acerca del sufrimiento. No solo en nuestro entorno, también en todo el mundo, los medios de comunicación han afectado cada estrato de la sociedad, cristiano o no. No perdamos de vista que la cruz es la verdad central de la obra redentora de Dios, un lugar de intenso sufrimiento físico, emocional y espiritual.

Definición de Sufrimiento

El Nuevo Testamento griego usa varias palabras para sufrimiento, tales como aflicción, tribulación, prueba, tentación, persecución, represión, insulto, tristeza, reproche y algunas otras. Hay dos palabras griegas que serán muy importantes en muchos de los pasajes a los que me referiré y cuyo significado implica la idea de que toda dificultad cae dentro de la categoría de sufrimiento. La Biblia no compara ni minimiza cualquier dificultad experimentada por los seres humanos, y será sabio de nuestra parte hacer lo mismo. Si le resulta difícil, entonces ciertamente es una dificultad. La primera palabra a considerar es *parasmos*. Este término, usado en pasajes claves como Santiago 1 y 1 Pedro 1, tiene una doble connotación: se refiere a las pruebas externas y a las tentaciones internas. Por ejemplo, Santiago dice "Hermanos míos, considérense muy dichosos cuando estén pasando por diversas pruebas."(Santiago 1:2 RVC). Luego, en el verso 12, agrega "Dichoso el que hace frente a la tentación; porque, pasada la prueba, se hace acreedor a la corona de vida, la cual Dios ha prometido dar a quienes lo aman." Las pruebas del verso 2 son externas y las tentaciones del verso 12, son internas. Ambas vienen de la misma palabra griega. Santiago no menciona cuáles son las pruebas ni cuáles son las tentaciones. Muy raramente los autores del Nuevo Testamento las definen y esto es deliberado. Lo más importante no es la naturaleza de las pruebas por las que atravesamos, ya que lo que importa es cómo esas circunstancias nos impactan y cómo reaccionamos ante ellas. Puede que lo que para mí es una tremenda prueba no sea nada para usted. Lo importante es el impacto total que una situación hace a nuestra persona. Esta palabra *parasmos* abarca toda la variedad de la experiencia humana dentro del contexto de un mundo caído. Cualquier dificultad que experimentemos, sea física, emocional, espiritual, relacional, o circunstancial (cáncer, terremotos, o conflictos interpersonales) cabe dentro del significado de esta palabra.

La segunda palabra griega es *thlipsis*. Esta palabra aparece 45 veces en el Nuevo Testamento, solo Pablo la menciona en 24 ocasiones. También tiene una naturaleza genérica que abarca cualquier dificultad física, emocional o espiritual conocida para la humanidad. Particularmente, yo prefiero interpretarla como "aflicción". La mentalidad occidental tiende a reaccionar de dos maneras deshonrosas en cuanto al sufrimiento: una es sobre espiritualizar las cosas, podríamos creer que si no hemos sido perseguidos o atacados por nuestra fe, entonces, verdaderamente, no hemos sufrido. Esta percepción hace del sufrimiento una condecoración espiritual y, en algunos casos, hasta buscamos ese sufrimiento. Por el contrario, la otra respuesta extrema es que los occidentales se inclinan a minimizar o de plano desestiman toda herida. Creemos que no deberíamos tomar las cosas tan a pecho, que "no es gran cosa", "que no hay por qué matarse tanto". En Estados Unidos, el espíritu de "puedo hacerlo" ha permeado la sociedad, de manera que si solo nos esforzamos más intentándolo y lo hacemos mejor entonces habremos descifrado la vida y lo podemos superar todo. Estas respuestas ante las dificultades de la vida son humanistas, no-bíblicas y deshonrosas. La Palabra de Dios nunca espiritualiza, desecha o minimiza nuestro dolor. Debemos hacer lo mismo, honrando completamente las situaciones que encontramos y viviéndolas de la mejor manera.

El significado de las palabras bíblicas *parasmos* y *thlipsis* abarca *cualquier* dificultad , sea física, emocional, relacional, espiritual o circunstancial, autoinfligido o no; en ellas caben los desastres naturales, las enfermedades, los accidentes, el abuso y la opresión. Esas palabras no permiten respuestas simplistas, sobre espiritualización o minimización. Cuando comencé a reevaluar mis propias experiencias, me di cuenta que, en mi formación, Dios me ha permitido tener diversas aflicciones y las ha usado de manera redentora. Aun así, este descubrimiento no quitó mi dolor.

Sufrimiento, una Definición para el Trabajo

Esta es una definición laboral para sufrimiento: sufrimiento es cualquier experiencia que cause fuerte presión, sea física, emocional, espiritual o relacional. Toda la humanidad sufre en este mundo caído. Los versículos bíblicos claves indican que Dios, en su bondad, usa el sufrimiento para nuestro beneficio temporal y eterno. Es en medio del sufrimiento donde se conoce poderosamente la obra redentora de Dios.

Varios pasajes bíblicos muestran cómo Dios usa las dificultades personales para moldearnos y transformarnos. Otros pueden causarnos dolor, deliberada o accidentalmente, o por circunstancias externas (desastres naturales o un accidente automovilístico) o aun generada por nosotros mismos gracias a nuestras malas decisiones. Desde la perspectiva espiritual, existen otros asuntos en juego más importantes que las circunstancias observables. Por ejemplo, si tomo la decisión de malversar dinero porque tengo deudas, voy a enfrentar consecuencias. Sí, yo me busqué este sufrimiento y merezco las consecuencias. Pero Dios es toda gracia, me va a perdonar si confieso y me arrepiento, utilizará la circunstancia sabiamente a fin de moldearme. Si soy víctima de abuso sexual, habrá capas de dolor físico y emocional, sin mencionar las implicaciones legales. Todas estas capas resultan extremadamente dolorosas. Dios usa cada aspecto del sufrimiento para cumplir su propósito bueno con nosotros, para sacar a la luz verdades de nosotros que no hubiésemos descubierto de ninguna otra forma. Ahora voy a examinar cómo Dios usa el dolor para moldearnos a la imagen de Cristo, no un dolor específico, ni sus causas, ni siquiera sus ramificaciones. El sufrimiento y las pruebas son comunes en cristianos y no creyentes por igual. ¿Qué es diferente para un seguidor de Cristo? Para los creyentes, el sufrimiento adquiere otra dimensión: compartimos los sufrimientos de Cristo.

A veces, solo la persecución se percibe como compartir los sufrimientos de Cristo, pero a medida que profundizo en la palabra, aprendo acerca de un gran misterio: en nuestro caminar con Dios, todos tenemos nuestros tiempos de sequía o de desierto. San Juan de la Cruz escribió ampliamente sobre "la noche oscura del alma". Existen dificultades a las que el mismo Espíritu de Cristo nos llevará y Dios también usará este sufrimiento para darnos forma.

C. El Propósito de Dios para el Sufrimiento de un Creyente

Propósito 1: Aflicción y Transformación.

Santiago 1 y Romanos 5 y 8 son claves en el tema de la aflicción personal. Al compararlos descubrimos varias verdades esenciales.

> "Hermanos míos, considérense muy dichosos cuando estén pasando por diversas pruebas. 3 Bien saben que, cuando su fe es puesta a prueba, produce paciencia. 4 Pero procuren que la paciencia complete su obra, para que sean perfectos y cabales, sin que les falte nada." Santiago 1:2-4 (RVC)

> "Por quien tenemos también, por la fe, acceso a esta gracia en la cual estamos firmes, y nos regocijamos en la esperanza de la gloria de Dios.3 Y no sólo esto, sino que también nos regocijamos en los sufrimientos, porque sabemos que los sufrimientos producen resistencia, la resistencia produce un carácter aprobado, y el carácter aprobado produce esperanza." Romanos 5:2-4 (RVC)

Ambos pasajes describen un proceso de crecimiento personal y espiritual que ha sido estimulado por la aflicción:

Considérense muy dichosos… **bien saben que:**
Diversas pruebas>> paciencia >> cabalidad, perfección, sin que
les falte nada"
(Santiago 1:2-4).

Regocijo en los sufrimientos… **sabiendo que:**
Sufrimiento >> resistencia >> carácter aprobado >> esperanza
Romanos 5:2–4

El propósito de Dios: que alcancemos la madurez que se evidencia cuando nuestro carácter se conforma al de Cristo (ver Romanos 8:29). La voluntad de Dios es que crezcamos de manera integral. Esta verdad aparece en las frases "perfectos y cabales, sin que les falte nada" y en "produce…. carácter aprobado". La prueba puede ser algo tan sencillo como ser paciente en una casa llena de niños bulliciosos, o tan traumático como la muerte de un hijo. Los traumas no son pre requisito para el crecimiento; sin embargo, el texto afirma que Dios usa toda dificultad como herramienta redentora. Tanto Pablo como Santiago dejan claro que la paciencia (resistencia o perseverancia) pueden ser el fruto de las dificultades. Dios nos diseñó de manera tal que la aflicción es necesaria para llevarnos a ciertos niveles de nuestro crecimiento. Si nunca hubiera tenido un fracaso, si siempre hubiera obtenido lo que deseaba y cuando lo deseaba, mi paciencia *nunca* hubiera crecido. No existe ninguna otra forma para desarrollar la paciencia que mediante la adversidad. La paciencia engendra formación de carácter en lo que se refiere a amor, amabilidad y piedad. El carácter incluye todos estos rasgos.

Jerry Sittser comparte la pérdida traumática de su madre, su esposa y su hija en un accidente automovilístico y lo que aprendió: "aunque experimenté la muerte, también experimenté la vida en formas que nunca creí posibles, no después de superar la oscuridad, como podríamos suponer, sino *dentro* de la oscuridad. No pasé a través del dolor solo para salir al otro lado; al contrario, viví en el dolor y descubrí en el dolor la gracia para sobrevivir y, eventualmente, crecer. El dolor vino a vivir en mi alma y la ensanchó." (Sittser, 1995, 37). La trasformación de Sittser se produjo en medio de la oscuridad, "experimenté la vida de formas que nunca creí posibles", creció, su alma se agrandó. ¡Qué descripción tan maravillosa de la madurez holística! Aunque no deseo a nadie semejante dolor o pérdida,

Dios puede usar el más leve de los inconvenientes y la más horrible de las pérdidas para moldearnos. Él es un Dios bueno, sabio, poderoso y amable que toma las experiencias más horrendas de nuestras vidas y crea belleza a partir de ellas.

Pablo, Santiago y otros autores del Nuevo Testamento dejan muy claro que las pruebas producen "carácter". Sin la prueba, nunca habríamos obtenido algunos niveles del carácter. Aunque el sufrimiento no es la única forma para alcanzar la madurez (también se necesita gracia, amor, verdad, otras personas y el tiempo para crecer) es una parte importante del proceso.

Desde la perspectiva del creyente: la frase "sabiendo que" en ambos pasajes es clave, pues allí hay una verdad que nos da perspectiva en medio de la dificultad. Esta perspectiva es esencial, transcendente y eterno, el propósito de Dios con las dificultades es bueno y nada tiene que ver con el azar. Cuando nos encontramos en medio de la prueba, "la perspectiva lo es todo". Dios va a usar esas experiencias tan terribles para buenos propósitos; es decir, el proceso apesta, pero los frutos serán de nuestro agrado.

La Respuesta del Creyente: Santiago dice "¡considérense muy dichosos!", Pablo exclama "¡regocíjense!", términos que encuentro extraños cuando ando a tientas en medio de la oscuridad. Santiago y Pablo pueden hablar de gozo en medio de las pruebas porque están conscientes de la actividad buena y redentora que Dios hace a través de ellos. Para ellos, no es el dolor lo que produce el gozo, sino es el saber que Dios está obrando. Santiago y Pablo aprendieron a desear el parecido con Cristo que Dios quiere para Su pueblo. Si el sufrimiento es un medio para lograr ese parecido con Cristo, entonces, bienvenido el sufrimiento. Ellos pudieron ver los beneficios a largo plazo más allá de las circunstancias dolorosas del presente. La Biblia nunca nos anima a gozarnos por el dolor, nos anima a gozarnos por la amorosa presencia de Dios con nosotros cuando experimentamos el dolor y esperamos la tan ansiada transformación. ¿Cómo es que podemos responder así? Solo anhelando lo que Dios desea para nosotros: un carácter maduro, como el de Cristo. Cuando el deseo de Dios para nosotros se hace nuestro, aumenta nuestra capacidad de aceptación, y quizás agradecimiento y gozo a través de la adversidad.

Es más fácil escribir acerca del tema del sufrimiento que vivirlo. En medio de la adversidad lucho con Dios, en ocasiones estoy muy molesto, triste o herido, odio el dolor, quiero tener resueltos todos mis problemas, no quiero soportar nada. Dios, sin embargo, permite que permanezca en mi dolor, para llevarme amorosamente a la madurez integral. Cuando recuerdo esta verdad, gano en perspectiva y así navego mejor las paradójicas aguas de la tensión y las dificultades que no van a cambiar. Quiero librarme del dolor pero estoy aprendiendo a soportarlo bien. Un día, en la lucha contra mis propias enfermedades, llegué a orar: "Padre, esto no me gusta nada, todavía quiero que te lo lleves, solo enséñame a manejarlo bien. Enséñame lo que necesito aprender". En ese tipo de oración hay honestidad y el deseo de buscar a Dios sin minimizar o espiritualizar la situación. Él ha respondido esa oración y si bien el dolor no ha desaparecido por completo, hoy soy una persona transformada.

Un comentarista de la carta de Santiago nos recuerda que Dios "está en el negocio de formar hombres y mujeres fuertes que perseveren, sin desmayar en las dificultades… Con demasiada frecuencia deseamos más salir de las dificultades que obtener de ellas todo el beneficio espiritual que sea posible" (Hodges, 1994, 19). El primero de los propósitos que consideramos es que Dios usa la aflicción como un elemento esencial para la madurez holística. Dios desea que sus hijos respondan a las pruebas perseverando con gozo ante la expectativa de lo que Él está haciendo en medio del sufrimiento, en lugar de un consentimiento malhumorado. Lo más importante para nuestra respuesta es la perspectiva, un sagaz y transcendente reconocimiento de que Dios obra para nuestra madurez en Cristo con amor.

Propósito 2: La Aflicción Prueba y Fortalece la Fe

Pedro afirma: "Esto les causa gran regocijo, aun cuando les sea necesario soportar por algún tiempo diversas pruebas y aflicciones; pero cuando la fe de ustedes sea puesta a prueba, como el oro, habrá de manifestarse en alabanza, gloria y honra el día que Jesucristo se revele. El oro es perecedero y, sin embargo, se prueba en el fuego; ¡y la fe de ustedes es mucho más preciosa que el oro!" (1 Pedro 1:6-7, RVC). Nuestra respuesta a las dificultades es crucial para el efecto fortalecedor, muchos eligen dudar acerca de la bondad de Dios, se vuelven ególatras y su meta más importante es su comodidad. Tal elección resulta perjudicial para los beneficios que conllevan el soportar las pruebas, de manera que el segundo propósito es que Dios usa la adversidad para probar y fortalecer nuestra fe.

Puede que el término "prueba de fe" se haya perdido dentro de nuestra jerga cristiana, lo sabemos, pero la familiaridad hace que lo pasemos por alto. El nuestro, es un viaje de fe y sin ella es imposible agradar a Dios (Hebreos 11:6). La fe es una cualidad tan importante en un seguidor de Cristo, que Dios siempre obra para que nuestra capacidad de confiar aumente. Aprendemos a confiar en que Dios es bueno y sabio aun si nuestras vidas no van como quisiéramos. He aprendido que Dios tiene una clase de sabiduría que no siempre puedo entender. En medio del sufrimiento aprendemos que sus caminos no son los nuestros. Si se tratara de hacer mi voluntad, me inscribiría en un taller para aprender a madurar mi fe, y ¡listo! Pero el camino de Dios es usar las pruebas para purificar mi fe, de la misma forma como el fuego purifica el oro. Aunque no puedo entenderlo, se me pide que confíe en que sus intenciones son buenas y están repletas de amor. He aprendido a confiar en la medida en que mi fe ha sido probada.

Propósito 3: La Respuesta Natural es Evitar el Dolor, pero la Aflicción Promueve Obediencia

Más adelante, en su primera carta, Pedro nos dice "Puesto que Cristo sufrió por nosotros en su cuerpo, también ustedes deben adoptar esa misma actitud, porque quien sufre en su cuerpo pone fin al pecado, para que el tiempo que le queda de vida en este mundo lo viva conforme a la voluntad de Dios y no conforme a los deseos humanos." 1 Pedro 4:1-2 (RVC) 1 Pedro 3:17 define la clase de sufrimiento a la que Pedro hace referencia en este pasaje, el sufrimiento por hacer lo bueno. Pedro escribió sus cartas a una audiencia perseguida por su fe en Jesucristo. En repetidas ocasiones, Pedro presenta a Jesús como el modelo que debemos seguir en nuestra respuesta a un ambiente hostil.

Pedro hace una increíble afirmación con respecto a nuestro crecimiento espiritual cuando nos rendimos a la adversidad: "quien sufre en su cuerpo, pone fin al pecado". Pedro sostiene que la persona que elija soportar la adversidad, demuestra que obedecer a Dios es la motivación más importante. Elegir obedecer a Dios, aun si esto implica sufrimiento tiene efectos que fortalecen nuestra moral. La transformación y el crecimiento en buscar a Dios, a pesar de la dificultad, son el resultado del compromiso de priorizar la obediencia sobre mi propia comodidad. Este es un proceso de vida, el sufrimiento es uno de los medios para este crecimiento.

¿Cómo respondemos al dolor incesante? ¿Nos automedicamos con compras excesivas, comida, alcohol, juegos, rabia o trabajo? ¿O seguimos el paso que nos marca el Espíritu, caminamos en obediencia y soportamos gozosos? Dios desea que andemos en sus caminos a pesar de las dificultades temporales. Dios está comprometido a construir en nosotros esa determinación. ¿Tenemos la misma determinación para aprenderla? El Padre está en la búsqueda de hijos e hijas que soporten bien la adversidad.

Propósito 4: Dios usa las Dificultades para Transformar nuestro Carácter

Hebreos 12: 5-11 es un pasaje clave para entender las motivaciones de nuestro Padre Celestial al permitir que sus hijos atraviesen momentos difíciles. Como se trata de un pasaje más largo, vamos a estudiarlo por secciones:

> "Y ya han olvidado la exhortación que como a hijos se les dirige: "Hijo mío, no menosprecies la disciplina del Señor, ni te desanimes cuando te reprenda; porque el Señor disciplina al que ama, y azota a todo el que recibe como hijo." Hebreos 12:5-6 (RVC)

La instrucción puede ser el propósito del sufrimiento. Cuando atravesamos por tiempos difíciles, Dios tiene nuestra atención como en ningún otro momento. Nos hacemos diferentes preguntas acerca de Dios, de la vida y de nosotros mismos. Todas estas son maneras en que el Espíritu busca moldearnos. La actitud más útil de nuestra parte sería preguntar: Dios, ¿qué quieres que aprenda de todo esto? ¡Enséñame, por favor!

> "Si ustedes soportan la disciplina, Dios los trata como a hijos. ¿Acaso hay algún hijo a quien su padre no discipline? Pero si a ustedes se les deja sin la disciplina que todo el mundo recibe, entonces ya no son hijos legítimos, sino ilegítimos. Por otra parte, tuvimos padres terrenales, los cuales nos disciplinaban, y los respetábamos. ¿Por qué no mejor obedecer al Padre de los espíritus, y así vivir?" Hebreos 12:7-9 (RVC)

Otro principio es que el sufrimiento es indicador del cuidado parental divino. No deberíamos desear ser libres de la disciplina. Si un padre no nos corrige, entonces es un padre negligente. Dios siempre nos enseña desde su amor sano, puro y paternal. Es importante recordar esta verdad cuando la vida se siente oscura y Dios se percibe distante: el Padre siempre está presente y nos ama.

> "Por otra parte, tuvimos padres terrenales, los cuales nos disciplinaban, y los respetábamos. ¿Por qué no mejor obedecer al Padre de los espíritus, y así vivir? La verdad es que nuestros padres terrenales nos disciplinaban por poco tiempo, y como mejor les parecía, pero Dios lo hace para nuestro beneficio y para que participemos de su santidad. Claro que ninguna disciplina nos pone alegres al momento de recibirla, sino más bien tristes; pero después de ser ejercitados en ella, nos produce un fruto apacible de justicia." Hebreos 12:9-11 (RVC).

Otra verdad clave es que rendirnos al proceso de moldeado de Dios conduce a la vida, esa que tenemos por la gracia de Dios que lleva consigo el "fruto apacible de justicia". Es mediante la disciplina que somos moldeados a la imagen de Cristo, es la meta de Dios que compartamos "Su santidad" y nuestro carácter crezca en semejanza al de Su Hijo.

Por lo tanto, tomando en cuenta 1 Pedro 4:1-2, buscar comprender qué rasgo de nuestro carácter es el que Dios quiere tratar y responder en confiada aceptación y sumisión, es una respuesta muy fructífera. Mi propia enfermedad expuso mi tendencia a la egolatría. Cuando estuve más enfermo fue cuando sentí más rabia por no poder hacer lo que quería y cuando quería. Al transcurrir del tiempo, las cosas que eran importantes para mí, como mantener mi rutina de ejercicios, comenzaron a desvanecerse porque no tenía energía para ello. Con el tiempo, obtuve una perspectiva diferente: Dios me estaba entrenando para cambiar mis prioridades. Tuve que descubrir el área en que Dios trabajaba para poder aprender mi lección. De no haber sido así, una vez superada la dificultad, hubiera regresado a mi antigua manera de vivir. Con mis niveles de energía ya recuperados, puedo elegir vivir las lecciones aprendidas, puedo decidir obedecerle y no buscar mi propia comodidad.

Todos tenemos fallas en nuestro carácter que Dios irá tratando en su momento oportuno. Podemos pedirle a Dios que nos enseñe a medida que nos tambaleamos en medio de la dificultad, eso es lo que anhela para sus hijos. El Espíritu nos ayudará a ver. Tenemos un Padre que adiestra a sus hijos para que vivan vidas piadosas, semejantes a Cristo. Esa es la vida verdadera, no una ilusión.

Asumir que Dios nos castiga es una respuesta muy común cuando las dificultades se prolongan por largo tiempo. ¿Qué hicimos mal? ¿Qué clase de restitución debo hacer? Estos pensamientos no son sanos ni bíblicos. La aceptación de Dios no se basa en nuestro desempeño, con base a eso, tampoco nos rechaza o nos castiga. Su acercamiento a nosotros siempre se basa en la obra de Cristo en la cruz. Sin excepciones, la respuesta de Dios hacia nosotros siempre se basa en el amor. ¿Dios todavía me ama si yo peco? Mi respuesta es sí, Él siempre se deleita en mí. Puede que no le complazcan mis actuaciones, pero Dios no me valora por ellas. Puede que mi intimidad con Dios se vea afectada por mis acciones dolorosas y pecaminosas, pero el camino de la confesión y el perdón siempre está abierto para mí gracias al poder del sacrificio de Jesús. A Dios le pueden doler mis acciones, pero su amor prevalece. Todavía está allí para mí, todavía me busca. Cuando confieso y busco su perdón, entonces la relación es restaurada. "Sino que el amor perfecto echa fuera el temor. El que teme espera el castigo, así que no ha sido perfeccionado en el amor." 1 Juan 4:18 (NVI) Dios nos ama profundamente, pero nosotros tememos que nos descubra y nos castigue, "ser perfeccionado en el amor" nos permite pararnos en la luz cuando nos hallamos desviado, allí hay perdón y restauración. Pero hay consecuencias para mis acciones; por ejemplo si robo un banco, Dios me perdonará pero aun así tendré que ir a la cárcel. Dios usará nuestras fallas y el dolor que ellas causan para moldearnos. Como humanos asumimos que el dolor es "malo" y debe evitarse a cualquier costo, pero, ¿qué pasa si Dios, en su gracia, ha permitido ese dolor para llevarnos a un lugar donde nunca hubiéramos ido de otra manera?

Todos sufren, el justo y el malvado. Un espíritu sumiso, confiado y enseñable nos permite sacar ganancias de una experiencia difícil. No hay nada peor que atravesar por tiempos difíciles ¡y no sacar algo positivo de ello! La aflicción es una oportunidad para los que se acercan a Dios.

Propósito 5: Herencia Espiritual y Recompensa Eterna

El sufrimiento y las pruebas marcaron la vida de Jesús: la huida a Egipto en su infancia, el rechazo en Nazaret, la cruz. En el Sermón del Monte,

Jesús enseña acerca del sufrimiento causado por la resistencia humana a los creyentes que viven para los propósitos de Dios

> "Bienaventurados los que padecen persecución por causa de la justicia, porque de ellos es el reino de los cielos. Bienaventurados serán ustedes cuando por mi causa los insulten y persigan, y mientan y digan contra ustedes toda clase de mal. Gócense y alégrense, porque en los cielos ya tienen ustedes un gran galardón; pues así persiguieron a los profetas que vivieron antes que ustedes." Mateo 5:10-12 (RVC)

En este contexto, la palabra "alégrense" parece contradictoria. La traducción del término griego se deriva de dos palabras que significan "brincar excesivamente", ciertamente, ¡una imagen muy vívida! En esta enseñanza, Jesús une dos realidades: la recompensa eterna ("en los cielos ya tienen ustedes un gran galardón") y la herencia espiritual ("pues así persiguieron a los profetas que vinieron antes que ustedes") y las relaciona al sufrimiento personal. Sufrir por la fe es mostrar lealtad a Jesucristo. Sufrir persecución es caminar por la misma senda que los profetas, santos y mártires. Según Jesús, compartir la persecución no es un castigo, es más bien compartir la gloria. Jesús dijo "gócense y alégrense", consideren un privilegio el unirse a la comunidad de los que sufren en Cristo.

Esta es una línea de pensamiento del Reino y en nuestra cultura occidental hay muy poco que la promueva. En los Estados Unidos existe una suposición profundamente arraigada de que tengo derecho a la "búsqueda de la felicidad" y nada ni nadie deberían oponerse. De manera que ni siquiera Dios puede impedir esa búsqueda de la felicidad. ¡Esto no es bíblico! La realidad es la gloria *mediante* la cruz. La realidad es la trayectoria descendente de Cristo que Pablo describe en Filipenses 2:5-8. Cristo despojado de su estado divino para convertirse en hombre. No buscó pedestales humanos, sino que se hizo siervo, aún más, sufrió la muerte de un criminal. Este es el camino que estamos llamados a emular y no el de la comodidad, los logros, el facilismo y la abundancia. El llamado de Cristo a seguirlo deja sin efecto cualquier llamado cultural o social. Una referencia importante para esta enseñanza está en la carta a los Filipenses. Pablo escribe: "Porque, por causa de Cristo, a ustedes les es concedido no sólo creer en él, sino también padecer por él." Filipenses 1:29 (RVC)

Dios mostraba su gracia a los Filipenses de dos formas: la primera, la salvación en Cristo y la segunda, el sufrir por Cristo. Esta afirmación tiene profundas implicaciones para cómo respondemos a este tipo de sufrimiento. Desde la perspectiva de Dios, sufrir por causa de Cristo es un regalo que va a la par con la salvación personal. Es gracia, un regalo. Y ¿cómo puede ser esto? "Porque suyo es el Reino de los Cielos", respondería Jesús.

Según Mateo 5 y Filipenses 1, sufrir por la causa de Cristo es un regalo. De hecho, Policarpo (70-155 DC), discípulo del apóstol Juan, dio muestra de haber entendido esta verdad, cuando, al borde de la muerte por la persecución exclamó: "Te doy gracias que en Tu gracia me consideres merecedor de este día y de este honor", un claro eco de Pedro y Juan en Hechos 5:41 "Así, pues, los apóstoles salieron del Consejo, llenos de gozo por haber sido considerados dignos de sufrir afrentas por causa del Nombre." (NVI)

Propósito 6: El Sufrimiento Aumenta la Capacidad para el Misterio.

"El sufrimiento no es una pregunta que requiera respuesta, no es un problema que demande solución. El sufrimiento es un misterio que demanda una presencia" escribe Pat Russell (Russell 2011, 29). La "presencia" a la que Russell se refiere es la de estar alerta y pendiente y atento de Dios dentro del contexto en que me encuentro. Es muy fácil insensibilizarme y perder así la oportunidad de conocer a Dios en formas nuevas. En el sufrimiento hay muchas cosas que no podemos comprender, ciertamente, los caminos de Dios no son los nuestros y su sabiduría es incomprensible. Sé que Dios es bueno y sabio, y todas las circunstancias dolorosas entran en el rango de Su bondad y sabiduría. José, Daniel, Ruth, Ana, y Samuel sufrieron pérdidas y dolor profundo, algunos de los cuales fueron extremadamente injustos. Todos experimentaron la redención en medio de las dificultades. José no pudo crecer en su cultura, a Daniel se le negó el derecho a adorar en su propia tierra. Ruth fue una viuda extranjera. Ana sufrió abusos por parte de su rival aun cuando tuvo un hijo para cumplir su promesa. Samuel pasó su infancia y su adolescencia lejos de su hogar trabajando en el Tabernáculo. (1 Samuel 2-3)

A medida que busco entender mi propia historia, me doy cuenta que las historias anteriores muestran que hay un propósito mayor que no puedo ver. Ana era una simple ama de casa que llevó en su vientre a un gran profeta que logró la unificación de la nación (1 Samuel 1). Ruth fue una viuda extranjera que llegó a ser la tatarabuela del rey David (Ruth 1 y 4:1-22). Estas mujeres nunca pudieron ver el beneficio nacional que trajo su pérdida personal. ¿Cómo es que mi pérdida personal puede beneficiar a otros? Pablo afirma enérgicamente que sus sufrimientos completan en sí mismo lo que falta a favor de la iglesia (Col. 1:24). De alguna manera, por nuestro sufrimiento por Dios estamos uniéndonos a los sufrimientos de Cristo (2 Tim 1: 8; Filipenses 1:29; 3:10). Más aún, nos unimos a las aflicciones de la Iglesia en todo el mundo. No solo la persecución, sino por atender la pobreza, opresión social, política o religiosa; y la falta de muchos recursos son maneras de unirse a su sufrimiento. Las dificultades que nos sobrevienen cuando seguimos a Cristo se unen a las heridas universales de todos los que invocan Su nombre.

Sigo confundido con muchas de las heridas que mis amigos y yo hemos experimentado. No comprendo la muerte de mi suegra en un accidente automovilístico, o la muerte de mi amigo Kirk por ELA cuanto solo tenía cuarenta años, ni tampoco entiendo el sufrimiento de mis hermanos en Cristo en otros países del mundo, y aunque reclamo las promesas bíblicas por fe, todavía duele, todavía me duelen las pérdidas, tanto pasadas como futuras. Para honrar la revelación bíblica (la verdad) y las experiencias de vida, simultáneamente lloramos y caminamos por fe en ese Dios que es capaz de atravesar con nosotros todas y cada una de las dificultades de la vida. Mi sufrimiento me exige caminar en la presencia de Dios y en unión a mis compañeros peregrinos en este mundo tan cruel. La adversidad me ha vuelto lento y me ha llevado a niveles más profundos que puedo habitar mejor con Dios. A medida que avanzo en este viaje, la guía de Dios continua allí, pero necesito más tiempo tranquilo con Él, y más tiempo de espera para discernir lo que me quiere decir. El sufrimiento me enseña a estar presente.

Resumen: los que Nacen a Cristo, Nacen también a la Adversidad.

Hemos considerados seis verdades fundamentales del sufrimiento que encontramos en el Nuevo Testamento, lo que de ninguna manera pretende ser una lista exhaustiva de los muchos propósitos y usos de

Dios para el sufrimiento. Algunos de los propósitos divinos para nuestra aflicción son:

1. Para madurarnos en un carácter como el de Cristo.
2. Para fortalecer nuestra fe y desarrollar en nosotros perseverancia como hijos e hijas.
3. Desarrollar la clase de resolución que nos lleva a obedecer a Dios por encima de evitar el dolor.
4. Entrenarnos para eliminar cualidades que no son de Cristo, hacia más piedad.
5. Acumular recompensas eternas y compartir la rica herencia espiritual de los siervos de Dios que han soportado la aflicción en medio del servicio.
6. Aumentar nuestra capacidad para el ministerio.

Dios creó el alma humana de tal manera que necesita del sufrimiento para poder alcanzar su nivel máximo de madurez. Este es el camino que Él ha señalado para todos aquellos que desean ser transformados a la imagen de Cristo. El siguiente diagrama ilustra el flujo de las verdades mencionadas en esta sección.

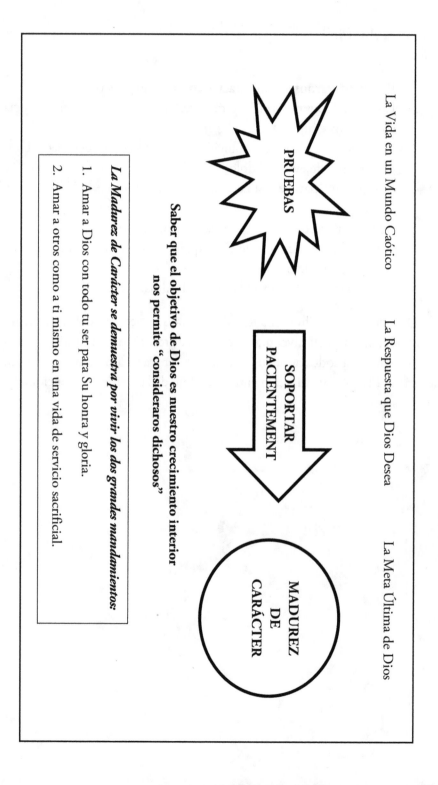

La Vida en un Mundo Caótico   La Respuesta que Dios Desea   La Meta Última de Dios

PRUEBAS

SOPORTAR PACIENTEMENT

MADUREZ DE CARÁCTER

Saber que el objetivo de Dios es nuestro crecimiento interior nos permite "consideraros dichosos"

La Madurez de Carácter se demuestra por vivir los dos grandes mandamientos:

1. Amar a Dios con todo tu ser para Su honra y gloria.

2. Amar a otros como a ti mismo en una vida de servicio sacrificial.

D. Aplicación: Cuidador

Los cuidadores reciben el llamado a adentrarse en las adversidades de otros y acompañarles a través de ellas. Este libro provee medios prácticos y específicos para brindar cuidados en caso de traumas. Me gustaría reflexionar sobre cómo estas verdades impactan la forma en que cuidamos de otros. Proverbios 17:7 nos recuerda ese desafío: "el hermano nace para la adversidad". Les invito a luchar con esta realidad mientras cuida de otros.

Sin Socavar la Obra Redentora de Dios

Dios diseñó un proceso redentor que usa, en parte, el sufrimiento y la aflicción para que alcancemos una profunda madurez espiritual. Esta verdad posee implicaciones enormes sobre cómo proveemos cuidado a otros. Si trato de ayudar a que la persona salga de su crisis lo antes posible, *podría* socavar la obra redentora que Dios está haciendo mediante un tiempo prolongado de perseverancia. En presencia de dificultades, de cualquier naturaleza, la respuesta *primaria* de un cuidador no es encontrar el remedio, sino ser un compañero de viaje a través de las dificultades mientras que se exploran los propósitos de Dios.

Hago énfasis en *primaria* porque podríamos tener muchas otras respuestas. Frecuentemente, tendremos que derivar a las personas a un profesional de salud mental o a un médico que proporcione el cuidado adecuado. Sin embargo, como pastor, uno siempre se une a los que sirven a Dios en este mundo tan convulsionado. Aun después de que derivemos a alguien para terapia, me interesa seguir *con ellos* en su proceso. Todos necesitamos un pastor, especialmente a través del valle de la oscuridad.

Cuando decidimos obedecer este llamado, hay dos tentaciones que debemos tener en mente: Primero, nos gusta que nos necesiten, aunque lo que las personas realmente necesitan es a Cristo. Nuestra meta debe ser presentar a Cristo a la persona y llevar esa persona a Cristo. La segunda tentación es que nos encanta "arreglar" las cosas. Por favor, nunca trate de arreglar las cosas o arreglar a las personas. Lo que sea que necesite "arreglo" se logrará solo mediante el amor y el acompañamiento. Dios los liberará cuando sea el momento apropiado. Mi papel es solo acompañar a la persona durante el proceso. No existe nada mejor que darle a alguien que sufre que nuestra presencia sencilla, acompañante y perseverante.

Cuatro Posiciones que Adoptar para Acompañar a los que sufren.

Existen cuatro posiciones esenciales para acompañar alguien durante un tiempo de aflicción, las cuales mejoran nuestra habilidad para *discernir* la obra transcendente de Dios y nuestra capacidad de *acompañar* a otros en estos procesos. Para cada posición, se sugieren algunas preguntas de reflexión que nos ayudan a posicionarnos apropiadamente en tiempos muy intensos de ministerio.

Posición 1. Conciencia de la presencia de Dios.

El apóstol Pablo nos enseña que Dios nos ha destinado para que "seamos transformados a la semejanza de su Hijo" (Romanos 8:29, NVI). Jesús siempre buscó discernir la voluntad de su Padre, de manera que nuestra primera respuesta en la presencia de alguien afligido debería ser preguntar, "Dios, ¿qué es lo que tratas de hacer?", pues no buscamos soluciones, buscamos percepción. Proverbios 18:13 (NVI) declara: "Es necio y vergonzoso responder antes de escuchar." La primera y principal de nuestras posturas es la de *escuchar con detenimiento*. ¿Qué es lo que Cristo ya está haciendo aquí? ¿Cómo puedo unirme a los propósitos soberanos de Dios? ¿Estoy dispuesto a buscar a Dios y a escucharle tomando el lugar del que sufre?

Cuando acompaño a otra persona en un período de profunda angustia y llanto, trato de discernir qué es lo que Dios está haciendo y el nivel de consciencia del individuo. Aquí debemos andar con cuidado pues durante un trauma, frecuentemente, las heridas están tan abiertas que es casi imposible lograr la objetividad. Puede que percibir lo que Dios está haciendo no sea algo inmediato, esa es la necesidad a largo plazo. Sencillamente hay que estar presente, en el nombre de Cristo. El grado en que me involucro para acompañar a la persona depende de la medida de mi discernimiento. Como en la formación espiritual, asumimos que Dios está presente moldeando a la persona. No soy el alfarero, observo al Alfarero trabajando. Escuchar detenidamente demuestra que nos preocupamos por la persona que sufre.

POSICIÓN 1: Preguntas para Reflexionar

1. *¿Cómo puedo crecer en mi conciencia de Dios y escuchar a esa persona?*
2. *¿Cómo puedo recordarme que no soy el cuidador primario, sino Dios?*
3. *¿Cómo puedo crecer en traer a Cristo a esa persona y llevar a esa persona a Cristo?*

Posición 2. Acompañar.

La mayor necesidad en tiempos de trauma es el acompañamiento. Un buen acompañante toma del brazo a la persona que sufre, y lenta y sabiamente le guía a través de la restauración gradual. La postura de mi corazón no es de superioridad ni la de solucionador de problemas, solo la de un acompañante. Sí, existen protocolos profesionales, y, aunque estoy consciente de ello, me ofrezco para estar presente, atento, disponible y amable.

Este acto de presencia sencillo pero profundo es un gran regalo. En 2 Corintios alabamos al Dios de toda consolación y misericordia. La palabra griega para consolación es paraklete, es la misma palabra que Jesús usó para referirse al Espíritu como consolador y ayudador. Esa palabra griega significa "ponerse al lado de". El consuelo de Dios para nuestro dolor es Su Presencia. Puede que no resuelva nuestros problemas como desearíamos, pero estará allí, presente, junto a nosotros en medio de ellos. Tal y como escribió Pablo en 2 Corintios 1:3-7, también nosotros debemos ser parakletes . Uno de los grandes honores de esta vida es poder acompañar a otros durante sus momentos de trauma, pérdida, dolor y redención.

POSICIÓN 2: Preguntas para Reflexionar

1. *¿Sencillamente, cómo me siento al estar con otro?*
2. *¿Cómo puedo crecer en esta postura del corazón de acompañar a otros?*
3. *¿Qué disciplinas espirituales me pueden ayudar para estar presente con otros?*

Posición 3: Entregarnos por Completo.

"...El buen pastor da su vida por las ovejas."(Juan 10:11, NVI). Como una acción continua en el tiempo, somos llamados a ser un pueblo que da la vida por sus hermanos y hermanas (1Juan 3:16). Epafrodito es un ejemplo bíblico de esta posición. Pablo nos cuenta que, por su bienestar, Epafrodito estuvo al borde de la muerte (Filipenses 2:27). La iglesia de Filipo envió a uno de los suyos, al héroe anónimo llamado Epafrodito, para que cuidara a Pablo. Seguramente la carta que traía, la ayuda monetaria y las prendas de abrigo, fueron de mucho ánimo para el apóstol, quien agradeció a la iglesia por sus regalos; sin embargo, fue la persona misma de Epafrodito quien realmente ministró a Pablo. ¿Qué fue lo que él hizo para ministrar a Pablo quien, al igual que pastores y misioneros de hoy, parece que nunca estaba lejos de las dificultades?

> "Porque por la obra de Cristo estuvo a punto de morir, y hasta arriesgó su vida por mí, para suplir el servicio que de ustedes me faltaba." Filipenses 2:30 (RVC)

La frase "estuvo a punto de" es una imagen fascinante. La palabra griega para estuvo "a punto de" es una sola, *paraboloni*, un término usado en los juegos de apuestas que se refiere a aquel que se expone al peligro por el bienestar de otro. En el Siglo Primero, era un abogado quien, en aras de la amistad, se exponía a los peligros. En los litigios legales llevaba la causa del cliente hasta las últimas instancias, incluso al emperador. En la iglesia post apostólica había grupos que se dedicaban a cuidar a los enfermos contagiosos y a enterrar los muertos. Se llamaban así mismos los *paraboni*.

Epafrodito fue esa clase de apostador, su trabajo era sacrificial. Fue enviado a servir a Pablo y lo hizo sin importar los riesgos, no guardó nada para sí, arriesgó su vida por el bienestar de Pablo, el prisionero, que recibió ministración gracias a la presencia y sacrificio de otro. Este es el papel de un pastor, llamado a vivir sacrificialmente y a entregar su vida por otros.

La atención a las personas que atraviesan traumas puede causar un trauma vicario o secundario. Cuando el cuidador se aproxima con empatía al que sufre, escuchando sus historias trágicas, se expone al dolor propio. Todo ese dolor se acumula y nos impacta. Atender a los que sufren, hasta cierto punto significa que también tendré que sufrir. Voy a llorar y a recordar cuan cruel puede ser este mundo. Mi corazón estará profundamente atribulado. Mientras beneficio a otros, también voy a sufrir. En la medida que acompañe a otros en su profundo dolor y trauma, literalmente estoy entregando mi vida por otro. Jesús nos dice que no hay amor más grande que éste. (Juan 15:13)

POSICIÓN 3: Preguntas para Reflexionar

1.   *¿Hasta qué punto estoy preparado para entregarme a otros?*
2.   *¿Repetidamente estoy dispuesto a entrar en relaciones difíciles y países inestables para servir a sus siervos? ¿Estoy dispuesto a entregar mi vida por otros? ¿Por qué sí o por qué no?*
3.   *¿Cómo estoy cuidando de mí mismo, como cuidador de otros?*

Posición 4: Sobrellevar.

Las cosas de Dios son urgentes, pero Él no está apurado. Es urgente que nuestros corazones sean moldeados a la imagen de Cristo, sin importar si el proceso toma décadas. Sería muy pretencioso pensar que puedo brindar sanidad y cerrar el caso con una corta visita o un consejo sencillo. Aprender a sobrellevar bien mis propias dificultades y la práctica de la soledad (sentarme quieto, en silencio y a solas con Dios) me ha ayudado a prolongar mi presencia con otros. Estoy aprendiendo a quedarme quieto, a esperar, a maravillarme, a acompañar, a estar con otros. Todas estas cualidades son esenciales para los llamados a pastorear a los que sufren.

Muchas veces las personas traumatizadas van a luchar por un tiempo extenso. Puede que mi paciencia con el dolor ajeno se acabe antes de que pase su dolor. Dios me ha hecho soportar mi propio dolor a fin de que aprenda a sobrellevar con otros su dolor.

> **POSICIÓN 4: Preguntas para Reflexionar**
>
> *1. ¿Estoy dispuesto a sobrellevar con la persona que Dios llama para soportar el dolor?*
>
> *2. ¿Ha creado en mi propio corazón el espacio y la capacidad para permanecer en situaciones difíciles de cuidado?*
>
> *3. ¿Mi ritmo de vida permite tiempos sin apuro para esperar a Dios y sentarme con otros, mientras soportan dificultades?*

E. Conclusiones

El mundo es un sitio violento y volátil. Todos experimentamos aflicciones y Dios está eternamente presente en nuestros momentos más oscuros. Dios ha diseñado el alma humana para que el sufrimiento sea parte de su proceso de madurez integral. Las dificultades no son el único requisito para madurar de manera integral, pero las necesitamos. La responsabilidad primaria de un cuidador es colaborar con Dios mientras acompañamos a otros en su sufrimiento. Servimos bien cuando aumentamos nuestra comprensión de cómo Dios usa la aflicción para moldearnos y desarrollar en nosotros la capacidad para acompañar a otros en tiempos difíciles ¿Estamos dispuestos a ofrecer nuestras vidas por los demás? ¿Hemos creado espacio en nuestros corazones para "estar" con otros en sus tribulaciones? Los llamados a este ministerio nacen para "… para ayudar en la adversidad…" Proverbios 17:17

Notas para el Capítulo I.

1. Ver barnabas.org para información sobre la Conferencia Anual PTM (Pastores a Misioneros por sus siglas en inglés).

2. Algunas porciones de este capítulo se publicaron con anterioridad en Tender Care (Rockford, II, Libros Barnabas, 2008). Barnabas International dio su permiso para volver a publicarlas en este libro.

Capítulo 11

Historias de Traumas en el Ministerio

Historia 1
La Guerra Civil y la Evacuación
Karen Carr, Ghana

Una cosa es estar intelectualmente al tanto de los posibles riesgos y otra, muy distinta, vivirlos en la realidad cotidiana. El Equipo Móvil de Cuidado a los Misioneros (MMCT por sus siglas en inglés) es un grupo interdisciplinario, entre agencias misioneras, con habilidades para el entrenamiento, la consejería y la administración, cuyo propósito es aumentar la resiliencia y promover relaciones solidarias de apoyo entre misioneros. Nos rige una Junta de líderes de misiones y trabajamos en colaboración con organizaciones misioneras en respuesta a sus solicitudes de talleres, intervención en crisis y consejería. La mayoría de nosotros ya habíamos vivido en África y sabíamos que estaríamos expuestos a los traumas y al reto de mantener nuestra propia salud mental mientras cuidamos de otros. En el año 2000, un equipo de tres llegó a Abidjan, Costa de Marfil, para trabajar con misioneros en 14 países del África Occidental.

Los primeros dos años fueron especialmente intensos, además de los desafíos normales del ministerio en lo que se refiere a arrancar el ministerio y la cotidianidad intercultural, ya que estábamos en un país muy volátil donde aumentaba la violencia y los disturbios civiles. Como psicóloga entrenada para evitar las "relaciones duales", el dolor y el sufrimiento me impactaron mucho porque los misioneros que atendía formaban parte de mi familia misionera. A algunos ya los conocía desde el entrenamiento o de algún evento social, y ahora atravesaban por crisis graves como la muerte de un ser querido, sobrevivir a un asalto a mano armada, secuestro, golpizas y violaciones. Estos misioneros eran parte de mi vida personal; parte del tejido de mi propio sistema de apoyo, estaba en su mundo y ellos en el mío y nuestros mundos habían cambiado para siempre.

Estas experiencias, y mis reacciones internas a ellas, sentaron las bases para cómo iba a responder a las crisis a gran escala que me esperaban a la vuelta de la esquina. El 19 de septiembre del año 2002, en Bouaké, una ciudad en la región central de Costa de Marfil, el ruido de ametralladoras me despertó. Apenas habíamos comenzado un taller para 14 obreros interculturales, entrenándolos en cómo facilitar talleres en habilidades interpersonales. Me quedé en cama escuchando el intercambio de disparos en la distancia, mi primer pensamiento fue que al fin habían atrapado a una banda de ladrones que se resistían a la policía. A medida que el fuego se hacía más intenso sospeché que se trataba de otro intento de golpe de estado en el país. Las noticias de las 6 a.m. En la radio confirmaron que los rebeldes estaban atacando a las tropas del gobierno en tres localidades estratégicas, incluida Bouaké. Fue el comienzo de un asedio que duró ocho días y que nos mantuvo atrapados en un edificio en medio del fuego cruzado entre las tropas rebeldes y las tropas del gobierno.

Hubo momentos en que el fuego de los morteros se sentía muy fuerte y cerca, entonces poníamos los colchones contra las ventanas para protegernos de las astillas de los vidrios. Nos acostábamos boca abajo en el piso, haciendo presión hacia un lado de la pared. Recuerdo agarrarle el talón a la persona acostada delante de mí clamando al Señor por paz en nuestros corazones. Ciertamente, nos dio paz y consuelo. Por momentos, cantábamos himnos haciendo armonías (muy bajito para que los rebeldes no nos descubrieran) para resaltar nuestra unidad en Cristo. Nadie entró en pánico, lloró o discutió. Encontramos nuestros roles de manera natural mientras que juntos, aguantábamos la crisis. Cuatro de nosotros dirigimos el proceso de toma de decisiones; otros sacaban agua del pozo (nos habían cortado el agua), preparaban los alimentos, se ocupaban de nuestra seguridad o permanecían orando de rodillas.

Continuamente recibíamos llamadas de familiares, amigos, líderes de misiones y de la Embajada de los Estados Unidos. A diario y casi cada hora, recibíamos llamadas de nuestros líderes de misiones dándonos aliento y asegurándonos que estaban haciendo todo lo posible para asegurar nuestra evacuación. Se nos pidió permanecer donde estábamos y esperar por una evacuación segura. Nos preocupaba que los planes elaborados por la Embajada Americana no incluyeran a los nigerianos que eran parte de nuestro grupo, de manera que acordamos que de ser esto cierto, alguno de nosotros se quedaría con ellos.

Luego, a nuestra puerta llegó un grupo de unos 40 Liberianos, amenazados, aterrados, buscando refugio. Conocíamos a uno de ellos, el resto era su familia extendida. Les permitimos entrar, pero nuestras opiniones, en cuanto a permitirles quedarse, estaban divididas. Si se quedaban, nuestro riesgo sería mayor, pero si les pedíamos que se marcharan, podrían haberlos culpado de pendencieros y les habrían matado. En oración decidimos esconderles en nuestro complejo. Me tocó luchar con la culpa de haber pensado, por un momento, en echarlos fuera.

Durante esos ocho días, dos episodios fueron especialmente duros para mí. Uno, cuando escuchamos una turba aproximarse cada vez más. Los liberios permanecían en total silencio y podía ver el terror y el shock en sus rostros. Hasta los niños más pequeños estaban en silencio. Yo, que había estado en Ruanda, sabía historias del genocidio en ese país, y me imaginaba a esas turbas irrumpiendo donde estábamos para asesinar a los liberios delante de nuestros propios ojos. Todos oramos por protección y, gradualmente, el ruido de la turba se fue extinguiendo a medida que se movían en otra dirección.

El segundo episodio que fue duro para mí, fue cuando de repente comenzó una batalla con artillería pesada justo fuera de nuestros muros. Corrimos al edificio, nos agachamos y nos tiramos al piso en cada ráfaga de fuego. Cuando corría detrás de un querido amigo, traté de imaginar qué haría si alguno de nosotros recibía un disparo. No había manera de trasladar a nadie a una clínica y nuestros conocimientos de primeros auxilios eran elementales. Todos llegamos a salvo al edificio, pero el solo pensamiento de lo que hubiera podido pasar me impactó más emocionalmente que si de veras hubiera ocurrido.

Los soldados franceses supervisaron nuestra evacuación de Bouaké, después de ocho días de espera. Todos salimos juntos, como un solo grupo. Antes de dispersarnos a nuestros países de residencia, pasamos un tiempo juntos para reconocer y celebrar lo que cada uno de nosotros había hecho para contribuir a la supervivencia del grupo. Nos reímos, lloramos y nos abrazamos, conscientes de que esta experiencia nos uniría de por vida.

Los días siguientes estábamos exhaustos, entumecidos y desorientados. Era difícil producir algo. El futuro de Costa de Marfil era incierto. Poco después de la evacuación, tuvimos la bendición de recibir cuidado de consejeros de los Estados Unidos que vinieron a Abidjan, donde quedaba nuestra base. Nos dedicaron horas, a cada uno individualmente y al grupo como equipo.

Con la ayuda de las habilidades de los consejeros para escuchar, acompañar y crear un ambiente seguro, pude hablar del efecto acumulativo, los eventos estresantes del año anterior y comencé a trabajar el miedo, la ira y el dolor. Lloré, hice preguntas que no tenían respuesta como "¿Por qué Dios permitió esto?" Regresé a la raíz de la razón de mi presencia allí (Dios puso en mi corazón un gran amor por los misioneros y me llamó a este trabajo). Estas raíces eran profundas, duraderas y me dieron la certeza de que Dios mismo me equiparía para hacer el trabajo para el cual me llamó. No se trataba de mis fuerzas, energía o voluntad, se trataba de saber que esto era exactamente lo que se suponía que hiciera. Pude continuar porque me motivaron al amor por las personas que ayudaba y el gozo que sentía al hacerlo.

La clave para mi recuperación y la habilidad para regresar a la intensidad del ministerio y sus demandas fue recordar el llamado del Señor para mi vida. También trabajé en mi teología del sufrimiento. Mucho de lo que escuché y presencié superó con creces mi sentido de justicia, imparcialidad, aun mis conceptos sobre el carácter y la voluntad de Dios. Una parte importante para procesar el trauma fue llorar, luchar con todo eso y hacer las paces con la soberanía de Dios en medio de la confusión y la incertidumbre. Apartarme, junto a mis amados compañeros de equipo, a una hermosa playa a las afueras de la ciudad, observar las aves, orar y estudiar los salmos, me llevó a un lugar de reflexión, verdad y perspectiva. Job 19:25 "Yo sé que mi redentor vive, y que al final triunfará sobre la muerte." fue muy significativo, me ayudó a darme cuenta que si bien todas esas injusticias no serían redimidas durante mi vida, ciertamente serán redimidas.

Nuestro equipo comenzó una nueva temporada de trabajo con visión y energía renovadas luego de unos días de vacaciones y descanso. La violencia y la guerra continuaron, así que decidimos mudarnos a Ghana, de manera que geográficamente continuamos en medio de los 14 países de nuestra área de servicio. Esta mudanza abrió puertas para nuevas oportunidades de involucrarnos más profundamente con africanos. Tiempo después, el Señor me llevó a trabajar más en el área de perdonar a los que habían herido a la gente que amaba. Mi libertad fue mayor y me permitió continuar caminando con otros en medio del dolor intenso y el sufrimiento, llevar sus cargas y soltarlas a los pies de la Cruz.

Historia 2.
Un Roce con Cáncer Renal
Allan y Betsy Poole, Estados Unidos

Allan había conocido al Señor desde sus años en la universidad y sintió un fuerte llamado de servir a Dios como pastor, una vocación tan emocionante como intimidante. Conocer a Betsy, quien tomó en serio el llamado de ser una esposa de pastor y accedió a unir esfuerzos con él, para bien o para mal, fue un regalo. Disfrutaron de un sólido matrimonio lleno de amor y tuvieron dos hijos a quienes amaron intensamente. Su ministerio era gratificante y fructífero, y la relación de Allan con su pastor principal era profunda y sólida. Ambos contaban con amistades fuertes en la iglesia y alrededor de ella. Con frecuencia, Allan quedaba estupefacto con lo que descubría acerca de Dios en sus estudios teológicos. Ambos estaban abiertos a experimentar a Dios de maneras únicas, directas y personales.

Durante un retiro con amigos del seminario, Allan sintió que el siguiente sería el "gran año" para él. Sin embargo, lo que menos esperaba era verse sorprendido por "un flujo de sangre y porquería" un día cuando fue al baño. Estaba muy alarmado, pero, después de examinarlo, su médico le aseguró que no había por qué preocuparse. Allan y Betsy disfrutaron a plenitud los meses siguientes, incluyendo un tiempo de estudios teológicos. Allan, especialmente, disfrutó mucho de aprender más acerca de la Trinidad. Betsy estudió "El Progreso del Peregrino", lo cual expandió su panorama espiritual interior. Ambos estaban todo lo "reforzados" posible para algo inesperado. Hasta el momento Betsy nunca había experimentado algo inesperado.

Unos meses más tarde, Allan sufrió un ataque más serio. Esta vez lo refirieron de inmediato a un especialista. Después de examinarlo, el doctor le dio una noticia perturbadora: "Tenemos un problema", Allan tenía en uno de sus riñones un tumor canceroso del tamaño de una pelota de tenis. Cuando llamó a Betsy para darle la noticia, ella estaba con unas buenas amigas pintando la habitación para su tercer bebé que estaba en camino. La noticia causó conmoción, pero el hecho de estar acompañada de sus buenas amigas fue una gran ventaja. Durante los retos que se presentaron en las semanas siguientes, los amigos ayudaron de innumerables formas bien pensadas. De inmediato, ordenaron más pruebas para Allan y revelaron una lesión en su hígado. Esto era difícil de digerir. Era desgarrador pensar que no estaría vivo para ver crecer a sus hijos, incluyendo al que aún no había nacido; podría dejar a su esposa sola con toda esa responsabilidad.

Poco después de este diagnóstico, Allan se sentó en su escritorio y sus ojos se posaron en el icono de la Trinidad del curso que recién había hecho. En ese momento experimentó a Dios de una manera especial. Se sintió como si Dios le hablara a Allan mientras que él observada el icono que representaba La Trinidad del Antiguo Testamento de Rublev sentada en una mesa: "Tu sitio en la mesa está seguro". En ese momento fue capaz de "renunciar a su propia incertidumbre ante la certeza de la bienvenida de Dios: "Eres mío".

Allan y Betsy mantuvieron a Ed, su pastor principal, informado desde que supieron que había un problema de salud. Entre otros rasgos de un gran pastor, Ed tuvo una asombrosa habilidad para acompañar y escuchar, y luego presentar a Dios en oración todas las preocupaciones. Al mismo tiempo, fue muy práctico y de inmediato relevó a Allan de sus obligaciones pastorales. Esa noche se convocó a la congregación a una reunión de oración por Allan y Betsy, y los amigos planificaron como ayudarían con el cuidado de los niños y las comidas de manera que Allan y Betsy pudieran enfocarse en lo que tenían que lidiar emocionalmente. Allan debía ser operado en cuatro días. Esa noche hubo una respuesta avasallante al llamado a la oración. Las oraciones eran urgentes y expectantes, incluyendo una seria petición para que el Señor "redujera el tumor". Todos se reunieron alrededor de ellos y levantaron sus preocupaciones al Señor. Esta reunión de oración hizo que la presencia de Dios fuera más real para Allan y Betsy, fue como si hubieran entrado a otra esfera.

La cirugía fue un sufrimiento de ocho horas. Los primeros reportes eran esperanzadores sin indicación de que algún ganglio linfático estuviese comprometido. Allan comenzó el lento proceso de recuperación. Fue difícil vivir los meses que tomó fortalecerse después de esta "violenta cirugía".

Por la gracia de Dios, Betsy entró en trabajo de parto con dos semanas de retraso, seis semanas completas después de la cirugía de Allan. Con gratitud, Allan pudo estar de pie, erguido y ser parte de este maravilloso evento. Juntos, Allan y Betsy dieron la bienvenida a su hija a esta vida. Allan sintió que su vida comenzaba nuevamente. Pudo retomar sus actividades en la iglesia unos pocos meses después de la cirugía. Durante esos meses, hubo períodos de oscuridad en los que Allan sintió que quienes le apoyaban "olvidaron orar ese día"; y luego, períodos con suficiente fuerza como para afrontar los retos del día.

A comienzos de la enfermedad, Allan y Betsy se apoyaron mutuamente de múltiples formas, pero, al mismo tiempo, se sentían separados. Betsy solo podía acompañar a Allan en enfrentar la enfermedad hasta cierto punto y ella tenía temores sobre su futuro y el de los niños, que en ese momento no podía compartir. Allan se enfocaba en mejorarse con todas las fuerzas de que disponía.

Allan continuó el seguimiento médico para el cáncer renal. Cada visita y cada escáner despertaba temores por algún hallazgo no deseado, pero ellos perseveraron con las citas regulares. A la cirugía de Allan le siguieron dolores y sufrimientos inesperados que desataban la ansiedad, hacían que su mente se desbocara hacia el diagnóstico más catastrófico. Por ejemplo, cuando tuvo perturbaciones de la vista causadas por una migraña, el temor a una metástasis cerebral se apoderó de él. Nunca había experimentado el temor físico.

La experiencia de Betsy como esposa, madre y cuidadora fue diferente.

Rápidamente, después del diagnóstico de Allan, llegaron los padres de ambos. Los amigos más íntimos de Betsy la sentaron y le insistieron: "Necesitas dejar que la gente te ayude. Este es un evento que afecta la vida de la comunidad. Solo dinos qué necesitas y lo organizaremos". Finalmente convencida, Betsy estuvo dispuesta a preparar una lista de sus necesidades prácticas como bañar a los niños, lavar ropa de segunda mano para el bebé como preparación a su llegada, trabajo en el jardín y la limpieza de las canaletas. Amigos y miembros de la congregación formaron un equipo de cuidado para atender a las necesidades prácticas. El padre de Allan, que tenía mucho más experiencia en asuntos de hospitales que Betsy, se ofreció inmediatamente a pasar las noches con su hijo en el hospital. Los padres de Betsy se alojaron en un hotel local y asumieron la mayor parte del cuidado de los niños.

Al menos dos incidentes tocaron el corazón de Betsy de manera especial: una amiga había lavado toda la ropa del bebé y además, bajo la ropa meticulosamente doblada, había puesto cobijas, ropa y escarpines nuevos para el bebé que venía en camino. Para Betsy, ese gesto se experimentó como una manera tangible de que "Dios te ama". Un hombre cuyo hijo había llegado a Cristo a través del ministerio de Allan, envió un generoso cheque para "imprevistos". Este cuidado llegó hondo al alma de Betsy, fue algo concreto y a la vez sobrenatural.

Durante los primeros días, Betsy se sintió sostenida y fortalecida emocionalmente y enfrentó los desafíos prácticos con gran fortaleza. Cuando Allan regresó a una vida un poco más normal, unos cuatro meses después de la cirugía, ella "entró en crisis" por un tiempo corto, se sentía extrañamente atemorizada. Los amigos que podían aceptarla en ese estado, sin tratar de arreglarla, resultaron preciosos e increíblemente útiles.

Cuando Allan y Betsy miran hacia atrás, ambos están seguros de no querer volver a vivir un calvario como ese; sin embargo, dan testimonio de que en medio de todo eso su fe creció, se hizo más profunda. Ahora saben, sin lugar a dudas, que "aquello en que confiaron, es verdad". Bien preparados en su comprensión bíblica del sufrimiento, nunca hubo una correlación negativa entre su fe y la enfermedad.

Como resultado de su experiencia, Allan y Betsy se sienten mejor equipados para el ministerio pastoral. No temen entrar a una habitación donde alguien acaba de recibir una mala noticia. Los observadores atestiguan que Allan es una presencia calmada y confiable en estas situaciones. Para Betsy, las manifestaciones físicas de la presencia de Dios y su proximidad, cambiaron su vida y una realidad casi tangible creó en ella una "paz que sobrepasa todo entendimiento". La presencia tangible de Dios a través de otros, en muchos actos pequeños y amorosos, le aseguraron que las palabras no son necesarias cuando nos adentramos en el dolor y la crisis con otros. Estas situaciones se tratan menos de nosotros y más de dar paso para que Dios entre.

Allan y Betsy están profundamente agradecidos por el apoyo práctico, amoroso y lleno de oración que recibieron de parte su pastor principal, la congregación, la familia y los amigos. Los miembros de la congregación les agradecerían en repetidas ocasiones por haber aceptado la ayuda. Ciertamente, fue crítico permitir que otros les ayudaran durante el tiempo de crisis. Vivir a través de esto fue una experiencia comunitaria.

Allan reflexiona: "A la mayoría de nosotros nos gustaría vivir una vida que sea todo gozo y libre de sufrimiento. Yo sé que yo lo quisiera así, pero el mundo es un lugar quebrantado y estoy contento de que esto no toma a Dios por sorpresa. De hecho, en Jesucristo, Dios entra al mundo con todas sus heridas y rebelión para sufrir junto con nosotros, no como un ser humano idealizado, sino como uno que sabe, que realmente conoce, nuestra difícil situación. La muy buena noticia es que Dios tiene la última palabra, no nuestro mundo quebrantado. Él vive y al confiar en Él, también viviremos. Estoy agradecido porque eso es un verdadero consuelo.

Historia 3
Un Accidente Devastador en África
Ann Hamel, Ruanda

El 29 de julio de 1990, mi esposo Adrián, mis tres hijos (de 8, 6 y 3 años) y yo íbamos camino a casa en Ruanda después de haber pasado dos semanas en Zimbabue, Zambia y Tanzania. Ruanda era nuestro hogar desde 1982, cuando nos mudamos desde Burundi para ayudar en la construcción y el desarrollo de la Universidad Adventista de África Central. La universidad se construyó para servir a los estudiantes francófonos de África y el Océano Indico. Ruanda resultó el país elegido para construir la universidad porque, para ese momento, Ruanda se consideraba el país más pacífico y estable del África francófona. Nos mudamos allá poco después de que el presidente de Ruanda donara un terreno para la universidad.

Como pioneros que éramos, teníamos desafíos para vivir de la manera que nos tocó, especialmente con un bebé. Nuestro hijo mayor tenía apenas ocho meses cuando nos mudamos. Yo tenía 21 años cuando nos fuimos a África inmediatamente después de mi graduación. Mi esposo se había graduado un año antes que yo. Estamos a mediados de nuestros veintes y ambos sentíamos pasión por servir a Dios. Amábamos el hecho de ser parte de algo más grande que nosotros mismos, como lo era el ayudar a construir una universidad para educar hombres y mujeres que llevarían el evangelio de Jesucristo hasta los rincones más recónditos de África. Con todo y los retos inherentes, disfrutamos de ser los primeros misioneros que vivieron en la universidad.

En 1990 viajamos a Zimbabue con unos amigos, ambos médicos, que también tenían tres niños pequeños de la edad de nuestros hijos. En el último día del viaje, el recorrido fue más largo que los otros días porque queríamos cruzar la frontera Ruanda-Tanzania antes de que la cerraran al atardecer. Ese día, cuando nos detuvimos para nuestro picnic de almuerzo podíamos ver las montañas de Ruanda delante de nosotros y agradecimos a Dios por habernos permitido un viaje seguro y que disfrutamos mucho. Esa tarde, cuando cruzamos la frontera Ruanda-Tanzania todos soñábamos con una ducha y una cama cómoda para dormir esa noche.

Lo siguiente que recuerdo es despertar en una cama de hospital en Bruselas, Bélgica, sin saber dónde estaba ni cómo había llegado allí.

Observé la inmensa herida dentada en mis piernas, no me di cuenta que eran mis piernas. Los amigos que habían viajado con nosotros me dijeron que, poco después de cruzar la frontera, chocamos de frente con un camión. Mi esposo había muerto instantáneamente y lo habían enterrado en Ruanda. Mi hijo de tres años estaba cuatro pisos arriba de mí en la unidad pediátrica. Tenía fractura de cráneo, una pierna destrozada y había perdido dos dedos de su pie. Mis hijos de seis y ocho años estaban todavía en Ruanda. Fueron los únicos miembros de la familia en el funeral de su padre.

A medida que comprendía la realidad, me sentí aplastada. Toda mi vida había visto a Dios como mi Padre celestial. De buena gana dejé mi vida cómoda en América para servir a Dios en África pero confié en que Él cuidaría de mí y de mi familia. Mientras lidiaba con lo que había pasado, lamenté que algunos de nosotros sobreviviéramos al terrible accidente. Parecía que la muerte era preferible a la vida que tenía por delante. Mi dolor era tan intenso que solo pensaba en escapar de él. Miré el goteo intravenoso en mi brazo y le pedí a mi amigo médico que pusiera algo allí que acabara con mi vida. No quería enfrentar un futuro sin mi esposo y sin Dios.

Antes que esto ocurriera no creía que un cristiano fuera capaz de cometer suicidio. Creía que nuestra confianza en Cristo sería una protección adecuada ante ese nivel de desesperación. No me daba cuenta del potencial que tiene el dolor para bloquear la conciencia que uno tiene de la presencia de Dios. En mi mente, imaginé a Dios mirando desde el cielo con amor y atención solo para apartar su rostro de mí cuando nuestro automóvil daba vuelta a esa esquina para encontrarnos de frente con el camión que venía. Las condiciones de mi vida en ese momento gritaban que Dios no estaba allí. Y, sí estaba, no le importaba. Ahora me doy cuenta de que mi teología del sufrimiento era inadecuada para enfrentar la crisis que vivía. Las dos semanas que pasé en Bélgica fueron las dos semanas más difíciles de mi vida. Aun así, Dios no me había abandonado. Estaba allí y vino a mí en muchas formas por medio de muchas personas.

Este accidente tuvo un efecto determinante en mi vida. Aunque desafió mi relación con Dios, más que cualquier otra cosa de mi pasado, a la vez profundizó mi relación con Él de una manera como nada lo hubiera podido hacer. La crisis espiritual en la que me encontraba era tan grave y tan debilitante como la crisis emocional. Había tanto que lamentar, las múltiples pérdidas complicaban el proceso de duelo. Definitivamente, la mayor pérdida fue la muerte de mi esposo, mi mejor amigo y padre de mis hijos. Al perderlo también perdí mi identidad como misionera, mi hogar y la vida que habíamos construido juntos en Ruanda. Ser misionera era la única vida que había conocido desde que me gradué en la universidad. Era la vida que yo pensaba que Dios había creado para mí. Perdí el sistema de apoyo social en la comunidad de colegas misioneros que teníamos allí. Perdí el sentido del valor que viene cuando eres parte de algo que más grande que tú mismo. También perdí esa confianza infantil que tenía en Dios como mi Padre celestial. Ahora enfrentaba la tarea de desarrollar una confianza que pudiera sostenerme para enfrentar los nuevos retos.

Los desafíos que venían eran inmensos, pero muchas cosas ayudaron a medida que los enfrentaba. La estructura de apoyo dentro de nuestra iglesia nos brindó el soporte práctico que necesitaba, médicamente con las secuelas del accidente y de manera financiera cuando comencé el proceso de reconstruir mi vida. Igualmente importante fue el apoyo emocional que recibí por ser parte de la familia de Dios. Mientras que las circunstancias de mi vida gritaban que Dios no estaba allí, Dios se hacía visible y se me revelaba a través de muchas personas. Una y otra vez durante las semanas y los meses después de nuestro accidente, la gente, a veces personas que no conocía, me revelaban el amor de Jesús a través de sus obras de apoyo y amabilidad. También comencé a ver a un consejero cristiano para ayudarme a superar el dolor de las múltiples pérdidas que tenía que enfrentar.

La recuperación física, emocional y espiritual fue lenta. Para el momento que me había recuperado físicamente lo suficiente como para regresar a Ruanda a ver la tumba de mi esposo por primera vez, ya la guerra había comenzado. Transcurrió todo un año después del accidente, como para que el país fuera lo suficientemente estable para volver. Regresar y decir adiós a nuestra vida allá y a las personas que tanto amábamos fue un paso esencial que me permitió comenzar el largo y muchas veces doloroso proceso de reconstruir mi vida. Cuando regresamos a los Estados Unidos después de nuestro peregrinaje a Ruanda, me inscribí en el programa de PhD en Consejería Psicológica en la Universidad Andrews en Berrien Springs, Michigan. Vivir el proceso de duelo por las pérdidas que sufrí y encontrar un nuevo significado para mi vida fueron aspectos cruciales de mi sanidad.

En Ruanda la guerra continuó durante los tres años siguientes. Luego, el 6 de abril de 1994, se informó que el avión del presidente Juneval Habyarimana había sido derribado. La noticia de su muerte desató una reacción violenta, y el pueblo de Ruanda reaccionó en una forma que nadie imaginó posible. Hice duelo por el pueblo de Ruanda. Ambas tribus era mi gente. Los había conocido como gente amable y gentil y mi corazón estaba unido al de ellos. Lo que ocurría en Ruanda me afectó profundamente. A medida que el genocidio se extendía hacia nuestro campus, los misioneros fueron evacuados y perdimos la universidad. Nosotros fuimos los primeros misioneros en mudarse a ese campus. Nuestro hijo menor fue el único hijo de misioneros en nacer allí y mi esposo el único misionero en ser enterrado allí. El genocidio que barrió el país no solo era un espejo del dolor y el sufrimiento que había experimentado, sino que lo multiplicaba. También muchos en Ruanda sentían que Dios los había abandonado.

Afortunadamente, servimos a un Dios que sana. Mientras estudiaba y buscaba integridad y sanidad para mi vida, Dios trajo un hombre maravilloso para mí y mis hijos. Cinco años después del accidente, Loren me pidió que me casara con él y unimos nuestros siete hijos en una sola familia. Recientemente, regresamos a Ruanda como familia, y fue la primera vez que volvíamos después de la visita que hicimos un año después del accidente. Dios también está sanando a Ruanda. Como misioneros, con frecuencia se nos pide que participemos en el sufrimiento de la gente que servimos. Parte de la buena noticia que tenemos es el privilegio de compartir que servimos a un Dios que sana.

Historia 4
Pérdida de Seres Queridos
Jerry Sittser, Estados Unidos

La historia de mi pérdida es sencilla, pero sus consecuencias no lo son. En 1991, mi familia y yo regresábamos de un festival indígena en la reserva Coeur d'Alene, en una zona rural de Idaho. En nuestra minivan íbamos mi esposa Lynda, mi madre Grace, nuestros cuatro hijos (Catherine, 8, David, 7, Diana Jane, 4 y John, 2) y yo. Un vehículo a alta velocidad, conducido por un hombre tan borracho que no podía manejar responsablemente, supimos después, saltó su canal en un trecho solitario de la autopista en la zona rural de Idaho y se estrelló de frente contra nuestra minivan. Mi esposa, mi madre y Diana Jane murieron casi instantáneamente (lo mismo ocurrió a la esposa del conductor y al bebe que mi esposa llevaba en su vientre). Mi hijo menor, John, resultó herido seriamente pero se recuperó; Catherine, David y yo solo tuvimos heridas menores. La línea entre la vida y la muerte fue aterradoramente derecha y afilada y clara, como la incisión de un bisturí.

Eso ocurrió hace veinte años. Todavía hay dos recuerdos que siguen siendo vívidos, como si yo estuviera todavía en la escena del accidente.

Dudo que vayan a desaparecer. El primero de ellos, son las espantosas imágenes, sonidos y olores del accidente. Todavía veo cristales rotos y cuerpos rotos; todavía oigo el sonido del metal crujiendo y el sonido de las sirenas; todavía huelo la violencia de todo aquello. Mi respuesta intuitiva fue sacar a los niños por la puerta del conductor, que era la única que podía abrirse. Rápidamente evalué los daños, tomé pulsos, di respiración boca a boca y grité pidiendo ayuda. Todavía siento estos recuerdos como golpes. Cuando vienen a mi mente, lo cual es bastante frecuente, me estremezco y me da escalofríos. A través de los años, he tenido que decidir entre confrontar esos recuerdos o permitir que me volvieran loco.

El otro recuerdo es el silencio en la ambulancia. Algún testigo debió llamar a la policía, porque eventualmente aparecieron muchas patrullas y muchos vehículos de emergencia llegaron al lugar. Cerca de una hora después del accidente, a mis tres hijos sobrevivientes y a mí nos subieron a una ambulancia y nos llevaron al hospital más cercano que quedaba a unas 45 millas. Durante esa hora, todo era silencio, silencio como el de una catedral vacía, silencio con la gravedad de la tragedia, silencio aunque mis niños gemían muy bajito. El silencio me permitió pensar, mi cerebro se estaba convirtiendo en un bastión de racionalidad. Miré dentro de las mandíbulas del choque que me mostraba sus dientes y vi que solo tenía dos opciones: podría permitir que esto marcara para nosotros una trayectoria de dolor que probablemente nunca terminaría, o podría mirarla de frente y decirle: "¡Ya basta!, la sangre para ya, aquí y ahora". Entre pelear y escapar yo escogí pelear. Es lo más cerca que he estado, creo, de esa clase de amor feroz y de la determinación que se apodera de una mujer cuando da a luz.

¿Cómo puedo explicar esta yuxtaposición de emociones y de calmada racionalidad? Nunca me ha dejado, no por completo. El accidente me transformó en una persona intensamente emocional e intensamente racional. Soy emocional porque la experiencia cortó muy adentro e infligió mucho dolor, y soy racional porque limpió mi mente del desorden, me obligó a pensar en lo que creo que es verdad y me desafió a entregarme a lo que más importa en la vida. Estas dos capacidades del alma, la emoción y la racionalidad, pueden obrar en armonía. A continuación, lo que quiero decir.

Primero, La Emoción. Sorprendentemente, lo que más atormentaba mi alma era el desconcierto. Me sentía como una persona que escucha un idioma familiar pero que por alguna razón no puede entender ni una palabra, como si las letras, las palabras y los acentos estuvieran todos revueltos. Para mí el accidente no tenía sentido. Ladeé la cabeza, arrugué el ceño y miré perplejo pensando "¿Qué es lo que acaba de pasar aquí? Yo no entiendo". Otras emociones también salieron a la superficie pero ninguna tan poderosa como el desconcierto.

Mis amigos fueron tan sabios como para escuchar mis sentimientos sin necesitar modificarlos o apartarlos, aunque estoy seguro que estuvieron tentados a hacerlo, pero no lo hicieron principalmente porque estaban muy preocupados por mí. Ellos se dieron cuenta que las emociones como la ira, el dolor, el miedo y la confusión están allí, son tan naturales para la condición humana como el hambre, la sed o el cansancio. Yo no fui la primera persona en la historia en experimentar esas emociones tan fuertes y no seré el último. La Biblia misma reconoce las emociones como válidas.

Los Salmos dan voz, nada menos que en oración, no solo a la maravilla y al gozo, sino también al dolor, la frustración, la ira y la impotencia. La Biblia no evita los sentimientos. La emoción es canalizada hacia Dios, asumiendo que Dios es lo suficientemente grande para absorberla.

Mis emociones demandaban mi atención. No podían ser y no serían negadas. Tuve que enfrentarlas decididamente, saltar a la oscuridad y trabajar en el asunto. Los amigos ayudaron; el tiempo ayudó. El tiempo no sana ni puede sanar todas las cosas, pero el tiempo sí brinda un espacio donde la sanidad puede ocurrir. Tomó un largo tiempo, mucho tiempo para absorber estas fuertes emociones en mi vida, a medida que eran más familiares y parte natural del paisaje. Nunca me han dejado del todo. Pero, ciertamente, ahora las emociones se sienten diferentes, menos intrusivas, invasivas y brutales. Ahora son más mis amigas que mis enemigas.

Segunda, Racionalidad. La pérdida no es simplemente una experiencia emocional. También es una experiencia intelectual; nos obliga a pensar en lo que es verdadero, correcto y real. Todo el mundo cree algo cuando experimenta una pérdida. Uno puede decidir negar la existencia de Dios y concluir que la vida carece de significado y es obra del azar. Pero esa también es una respuesta racional al problema del sufrimiento. Después del accidente, yo no hui de Dios ni lo culpé; sin embargo, cuestioné todo. ¿Qué es lo que mejor da sentido a la vida? ¿Dios existe o no existe? ¿Hay una moral universal? o ¿no hay ninguna? ¿Qué Dios está en control o que la vida misma es aleatoria? Me di cuenta que era deshonesto e irresponsable juzgar solo a Dios después de una experiencia de sufrimiento. Deberíamos tomar en consideración y examinar todas las grandes interrogantes de la vida. Con el tiempo, regresé a la fe cristiana con una apreciación y confianza renovadas porque me dio las mejores respuestas a las profundas interrogantes impuestas en mí.

Hay peligro en los extremos de una cabeza sin corazón o un corazón sin cabeza. Lo que pasó me golpeó en lo más sensible de mis emociones y puso mis creencias en entredicho. Si queremos seguir siendo humanos, ninguna de las capacidades del alma, las emociones o las interrogantes racionales pueden existir sin la otra. En los años siguientes al trauma, me volví una persona más emocional y también una persona más reflexiva.

Ahora mi perspectiva es no ver el accidente como un evento aislado sino como un capítulo de una historia más grande. Mucho ha ocurrido desde entonces. Hace tres años Catherine se casó y se mudó a Bogotá, Colombia, sirviendo como misionera junto a su esposo. Ahora vive en Portland, donde enseña. El año pasado volví a casarme con una antigua amiga, Patricia. Esta primavera, David se graduó en la Duke Divinity School y John en Seattle Pacific University, todos prosperan y yo también.

El accidente ahora forma parte de un paisaje más grande de recuerdos y significados que es rico sin medida. Por muy profunda y severa, la cicatriz se ha convertido en una marca de gracia. ¿Por qué ocurrió? Todavía no lo entiendo y probablemente nunca lo haga, pero lo que ha ocurrido como resultado, es palpablemente claro y por ello doy gracias a Dios todos los días.

Historia 5
Robo y Traición
Dan Crum, Kenia

Desde 1988, Connie y yo servimos como misioneros de carrera entre el pueblo Masai de Kenia. En agosto de 1997, nosotros y nuestros tres niños pequeños acabábamos de regresar de un tiempo de licencia en nuestro país de origen. Esperábamos tener un período completo en la selva, crecimiento del ministerio y una estrecha conexión familiar.

Una noche oscura de septiembre, nuestro mundo se puso de cabeza cuando una pandilla de tres a cinco hombres armados con machetes y mazos entró a nuestra casa en la selva. En diez minutos nos robaron 1500 dólares americanos y luego corrieron. Me golpearon con un mazo causando un corte profundo en mi brazo que posteriormente requirió sutura. Connie gritó cuando me golpearon. Me obligaron a mostrarles donde estaba nuestro dinero. Mantuve mis ojos mirando hacia abajo, pues si reconocía a alguno y ellos se daban cuenta podían matarme. A Connie la amenazaron en el pasillo con un machete cuando se disponía a llevar a los niños a un solo sitio. Los niños vieron y oyeron todo. Fue una experiencia horrible.

Al amanecer salimos para buscar atención médica. Regresamos al pueblo luego de pasar diez días en Nairobi, donde recibimos atención médica y compramos cerraduras nuevas. Yo quería hablar con los líderes de la iglesia para informarles que estábamos bien. Para este momento todos estaban hablando del robo y pensando cómo podían atrapar a los ladrones.

Cuando estacionamos en la casa, había un puñado de personas

esperando para mostrar su apoyo y ver cómo estábamos. Visité y conversé del robo con algunos líderes de la iglesia y con los vecinos. Los líderes de la iglesia comprendieron, eran solidarios y estaban preocupados por nosotros. Obviamente se preocupaban por nuestro bienestar y estaban allí mostrando amor y apoyo. Ninguno parecía saber quién lo había hecho.

Nuestro vecino estaba convencido de que sabía a quién culpar: un líder celoso de otro clan. En lugar de preocuparse por nuestro bienestar, este vecino empezó a enfocarse en cómo nosotros seguiríamos cubriendo sus propias necesidades y contribuir con su estatus. Me impactó que alguien que conocíamos y en quien confiábamos nos usara para competir con otro clan. Mientras que esos celos y competencia existieran, nuestras vidas estarían en continuo peligro. Yo estaba furioso y profundamente afectado, repentinamente me sentí desprotegido ante la obvia carencia de cuidado para mi familia y supe que teníamos que mudarnos inmediatamente. La pérdida de su hogar y de la comunidad que llegó a conocer y amar profundamente en lo profundo de Maasailandia producía en mi esposa una intensa angustia. Gritó con frustración   "¿Acaso estos hombres no saben lo terrible que están haciendo las cosas para todo el mundo aquí?" Partimos poco después en medio de una total incertidumbre causada por la doble crisis de robo y traición.

Los días siguientes los pasamos en casa de un compañero de equipo, como entumecidos y en shock, tratando de comprender qué significaba todo esto. Habíamos perdido nuestra casa, (la única que habíamos construido para nosotros), nuestro ministerio, nuestra inocencia, nuestros amigos Masai y más.

En los dos meses siguientes, toda nuestra vida estaba patas arriba. Ya no sabíamos dónde estaba nuestro hogar. Queríamos justicia pero no venía. Fue el tiempo más oscuro que pasamos en el campo. Nos mudamos a Nairobi y cambiamos nuestro enfoque ministerial. No podíamos "superarlo". Nuestra residencia temporal quedaba cerca de un centro de consejería donde procesamos nuestro trauma. Nuestro equipo carecía de experiencia para ayudar en una crisis como la nuestra. Fueron muy útiles el primer mes, pero después quedamos prácticamente solos. Nos dieron tiempo para orar y ponderar nuestro futuro. Muchos esperaban que "lo superáramos" rápido y siguiéramos adelante. Todos éramos frágiles, cada uno lidiando con sus propios asuntos en su marco de tiempo particular. Después, a medida que íbamos procesando más las cosas, nos dimos cuenta que nos sentíamos heridos y molestos porque nuestro equipo no había cuidado mejor de nosotros. La confianza en los nacionales (no la confianza mutua, gracias a Dios) tomó algún tiempo para reconstruir y finalmente elegimos a aquellos que parecían más dignos de confianza y partimos desde allí.

Inicialmente, varios factores nos ayudaron durante este repentino cambio. El primero fue encontrar una casa en Nairobi que pudimos rentar por tres meses. De nuevo tuvimos camas y una cocina para cocinar. En segundo lugar, mantener una rutina para educar a nuestros hijos en casa. Connie continuaba con la educación de los niños con la ayuda de un voluntario. El tercero fue continuar recibiendo consejería, que nos llevó a través del nuestras emociones y el proceso. Cuarto, regresé un par de veces para reunirme con los líderes de la iglesia y animarlos, lo cual nos dio un sentido de normalidad.

Nunca me quejé ante el Señor por este evento. Él puso en mi corazón, unos pocos días después, que había estado con nosotros todo el tiempo y había visto todo. "Los vi golpear tu brazo y lloré por ti", "los vi amenazar a tu esposa y eso también penetró mi corazón". Saber que Dios estuvo presente y lleno de compasión por mi familia fue una fuente de sanidad.

Todavía luchamos. Enfrentarnos a la posibilidad de que pudimos ser asesinados en un robo a mano armada, realmente me estremeció. Cuando me di cuenta de la traición del vecino, comprendí completamente la grave amenaza que hubo sobre nuestras vidas esa noche. Confiar Era difícil confiar. ¿Quién sabía realmente lo que había pasado? ¿Y quién nos vigilaba? Las linternas disparaban nuestras emociones. Un camión de reparaciones de la compañía eléctrica apareció a las dos de la mañana en nuestra entrada en Nairobi cuando yo no estaba. Connie y los niños fueron a un mismo cuarto, aterrados por las figuras oscuras que llegaron sin anunciarse en medio de la noche.

Era difícil tomar decisiones. Oramos pidiendo opciones para el ministerio en el futuro, sintiéndonos aún inseguros de regresar a la selva. Nuestra sanidad progresaba a medida que entrábamos en contacto con otros misioneros que habían experimentado crisis similares a la nuestra. Ellos sabía cómo nos sentíamos y hasta podían decir las palabras que nosotros pensábamos. Los que nos expresaron su preocupación y simpatía fueron un consuelo divino. Si hubiéramos pedido regresar a casa, a los Estados

Unidos, habríamos recibido muchas muestras de solidaridad de familiares y amigos. Pero ambos, Connie y yo, sentimos que era mejor procesar este evento en el campo, ya que era más factible que la gente entendiera y nos ayudaran durante todo el proceso de sanidad que necesitábamos. Fue difícil, pero Dios nos dio la fuerza para quedarnos.

Otro factor en mi sanidad fue dejar ir mi deseo de justicia y perdonar a los que nos habían dañado a mí y a mi familia. Varios meses después del incidente, me di cuenta que los ladrones todavía tenían poder sobre mí por mi deseo de que los atraparan. Un amigo en la iglesia me dijo:- "El problema con los ladrones es que siempre necesitan dinero y siempre están huyendo". Yo me reí. De alguna manera, eso me ayudó a darme cuenta que podía seguir adelante, libre del deseo de justicia para calmar mi ira, porque los ladrones seguían atrapados por sus propios planes malvados. Para mí, esa fue una forma de justicia y me sentí libre de mi fijación con ellos. ¡Qué alivio! Aunque sentí la necesidad de romper mi relación con el vecino que nos había traicionado, pude seguir confiando en los líderes Masais de la iglesia, cuyo apoyo y aliento nunca flaquearon.

Dios obró en mi corazón para hacerme entender que los eventos traumáticos no se arreglan fácilmente y que la sanidad requiere tiempo. Antes creía que los cristianos podían y debían superar sus retos y reveses con oración, lectura de la Biblia y algo de tiempo. Tenía una perspectiva básica por haber crecido en una ambiente seguro y en una comunidad en casa, y sin haber experimentado nunca una crisis o un trauma Haber crecido en un ambiente y una comunidad protegidos, me daba una perspectiva muy básica. "Supéralo" resume bien como lo sentía. Los meses que duró el proceso me enseñaron a no juzgar y a aceptar a otras personas que habían pasado por traumas. Ahora les digo "tómate tu tiempo" y no "supéralo". También aprendí que los líderes deben ser pacientes mientras las personas procesan sus traumas porque Dios no tiene prisa.

A pesar del horror del robo, la terrible traición de alguien en quien confiábamos y todo lo que perdimos, el Señor usó este evento para bien. Para nuestro beneficio, nos vimos forzados a reubicarnos y a trabajar en un nuevo ministerio. Ahora trabajamos con 14 iglesias y más de 1000 creyentes y creciendo. Unos años después, el Señor nos llamó al ministerio de cuidado para misioneros traumatizados. Con la compasión que recibimos de Él, somos capaces de mostrar compasión a otros.

Capítulo III

Recursos para un Apoyo Efectivo

SECCIÓN 1
Reacciones Normales Depués de un Trauma
Karen Carr

A. Definiciones

Frecuentemente, los términos "trauma" y "crisis" se usan indistintamente. La comunidad científica define que un evento es traumático si se perdió una vida o hubo una amenaza real a la vida, experimentado de manera personal o como testigo (Asociación Americana de Psiquiatría, 2000). El impacto del evento traumático en la persona se denomina "trauma psicológico". Definir lo que "califica" como crisis es difícil, debido a las diferencias en la experiencia subjetiva del dolor. El término "crisis" se ha definido como "un estado temporal de alteración y desorganización, caracterizado principalmente por la incapacidad del individuo para hacer frente a una situación específica utilizando los métodos de resolución de problemas acostumbrados, y por el potencial de un resultado radicalmente negativo o positivo"(Slaikeu, 1990,15). Así que un trauma es parte de una crisis.

La palabra crisis se usa también para describir la reacción interna a un evento. La gente dice que "tuve una crisis", y también, "estoy en crisis". Cuando alguien está en crisis significa que algo terrible ocurrió y que la habilidad para supera con creces la habilidad normal de asumirla y recuperarse. En ese sentido, lo que puede ser una crisis para una persona, para otra puede ser un acontecimiento rutinario. Recuerdo una vez que estaba sentada con una misionera que describía su experiencia en Ruanda al principio del genocidio. Ella escuchó el sonido de una gran explosión y escribió una carta a su familia en los Estados Unidos diciendo: "Eso no fue una granada ordinaria, común, cotidiana". Su familia le contestó: "¿Qué quieres decir con eso de una granada ordinaria, común, cotidiana?". Ella estaba tan acostumbrada al sonido de las granadas a su alrededor que ya no producían en ella una respuesta de temor. Pero esta explosión, mucho más ruidosa, que ocurrió cuando derribaron el avión presidencial, sí le hizo experimentar una reacción de miedo.

B. Incidencia y Tipos de Trauma

Las crisis y los traumas son inevitables para la mayoría de los seres humanos. A nosotros, como hombres y mujeres de fe, se nos dice que debemos anticipar el sufrimiento. *"Queridos hermanos, no se extrañen del fuego de la prueba que están soportando, como si fuera algo insólito"* (1 Pedro 4:12, NVI). Pero nos sorprendemos cuando ocurren cosas terribles,. No lo esperamos y nuestra reacción inicial es de incredulidad y negación, como si dijéramos: "Esto no es posible. No puede ser cierto porque no está bien y no se ajusta a mi percepción de lo que es justo y bueno." Algunos hasta sienten que Dios debería proteger más a aquellos que dedican sus vidas al servicio cristiano a tiempo completo, y que pudieran escapar milagrosamente de las experiencias de violencia. Exactamente, esa es la teología de los amigos de Job. Si vives una vida pura y santa, no sufrirás: es la teología del sufrimiento que observamos en el comentario de Bildad *"si eres puro y vives con integridad, sin duda que él (Dios) se levantará y devolverá la felicidad a tu hogar."* (Job 8:6, NTV)

Los resultados de un estudio realizado en el año 2005, que compara la frecuencia de los traumas entre misioneros con la frecuencia de los traumas en la población de los Estados Unidos, desafían esta falsa creencia. El estudió arrojó que los misioneros en Europa y África Occidental enfrentaron traumas más severos que los de la población de los Estados Unidos. Los misioneros de África Occidental experimentaron muchos más traumas que los misioneros en Europa, y los misioneros en Europa experimentaron más trauma que la población general de los Estados Unidos. En África Occidental, el 92% de los misioneros y el 85% de las misioneras reportaron uno o más traumas severos. En Europa, el 82% de los misioneros y el 73%

de las misioneras reportaron uno o más traumas severos en sus vidas. En comparación, en una muestra de la población general de los Estados Unidos, el 61% de los hombres y el 51% de las mujeres reportaron uno o más traumas severos. Las diferencias son aún mayores cuando se comparan estas tres poblaciones en base a cuántos han experimentado tres o más traumas severos *(Tabla Frecuencia de Trauma)*.

FRECUENCIA DE TRAUMA ENTRE MISIONEROS Y LA POBLACIÓN DE LOS ESTADOS UNIDOS

Población	% de hombres con 3 y más traumas	% de mujeres con 3 y más traumas
Poblacion general de los Estados Unidos*	10%	5%
Misioneros en Europa#	47%	30%
Misioneros en África Occidental#	71%	64%

* Data según el National Comorbidity Survey (Estudio Nacional de Comorbilidad Kessler, 1995)
# Resultados de un estudio entre misioneros (Schaefer, 2007), N=250.

Los traumas más comunes para los misioneros de África Occidental eran las enfermedades graves (61%); los accidentes automovilísticos, de tren o de aviación (56%); la muerte inesperada de un familiar o amigo cercano (51%); la exposición a peleas, disturbios o guerra (48%); robos (41%); amenazas serias o daños a algún miembro de la familia o amigo cercano (38%); ver a otra persona gravemente herida como resultado de un accidente o de la violencia (34%); y evacuación (31%). Para los misioneros de Europa, los traumas más comunes resultaron ser los accidentes automovilísticos, de tren o de avión (66%); la muerte inesperada de un miembro de la familia o de un amigo cercano (54%); robo (38%).

C. Contexto del Trauma

A fin de entender la reacción de una persona a un trauma, necesitamos comprender el contexto. Con frecuencia, si le pregunto a mi amiga cuyo francés es fluido, por el significado concreto de una palabra francesa, su respuesta será: "¿Cuál es el contexto?" La palabra tiene tantos posibles significados que, sin entender lo que pasó antes de ella o lo que vino después de ella, podría darme una interpretación equivocada.

Comprender el contexto de un trauma significa:

- **Observar** lo que ocurría en la vida de la persona antes del trauma.
- **Preguntar** acerca de aspectos específicos del trauma mismo.
- **Conocer** cómo ha respondido la gente a la víctima del trauma, lo cual también nos dará una comprensión de cuán adecuado es el sistema de apoyo de esa persona.

Factores Pre-Trauma

Existen muchos eventos o condiciones que pueden afectar positiva o negativamente el impacto del trauma. Estos podrían incluir:

- Experiencias de crisis personales anteriores (pueden ayudar o dificultar).
- Un trastorno psicológico prexistente (depresión, estrés postraumático, trastorno de ansiedad).
- Ciertas características de la personalidad pueden ayudar, pero también pueden aumentar el riesgo de un impacto negativo tal como ser detallista, deseosa de atención, alta necesidad de controlar, orientada a la acción o a asumir riesgos y la necesidad de ser necesitada.
- La tendencia a subestimar las realidades o sobresimplificar los problemas.
- Las tendencias a la vergüenza o la culpa, ya sea relacionadas a la cultura o los antecedentes personales.
- Excesivamente independiente (se resiste a recibir ayuda de otros). o dependiente (se pega demasiado a los demás).
- Hábitos destructivos: comer en exceso, fumar, beber.
- Acceso a un sistema de apoyo: calidad de las relaciones.
- Condición médica.
- Cambios hormonales: adolescencia, embarazo, menopausia.
- Condición espiritual.
- Nivel de energía o de cansancio, nivel de margen.

- Problemas padre-hijo o problemas familiares.
- Relaciones con la familia en el país de origen y sus colaboradores.
- Experiencias recientes de pérdidas o grande cambios o transiciones.
- Estar trabajando en la teología del sufrimiento.
- Normas culturales y familiares con respecto al sufrimiento y expresión del dolor.

En mi historia de disturbios civiles y evacuación (Historia 1), dije: "Los primeros dos años de ministerio fueron especialmente intensos, además de los desafíos normales de comenzar un ministerio y la cotidianidad intercultural, estábamos en un país muy volátil donde aumentaba la violencia y los disturbios civiles… Me encontré con que el impacto del duelo aumentaba en mí, a causa del dolor de dar consejería a misioneros que ahora llegaron a ser parte de mi familia misionera extendida. En los primeros años, algunos de los misioneros que conocí en eventos de entrenamiento o contactos sociales, luego sufrían por crisis terribles como la muerte de un ser querido, sobrevivir a un asalto a mano armada, secuestro, golpizas y violaciones…" En esta narrativa, encontramos un número de factores relevantes pre-trauma incluyendo *una exposición previa al trauma, sensación de aflicción, y el aumento del estrés.* Porque conozco íntimamente la experiencia personal de esta persona, también puedo revelar otros factores importantes pre-trauma que incluían *el desmoronamiento de una teología del sufrimiento, un deseo personal de controlar las cosas que no pueden ser controladas y un creciente sentido de rabia e injusticia.*

Viendo en retrospectiva las historias al comienzo de este libro, podemos extraer unos factores relevantes a nivel pre-trauma, tanto positivos como negativos, que han impactado las reacciones del autor ante la crisis misma. La historia de Dan Crum (Historia 5) y su familia, que recién habían regresado de su tiempo de licencia, se encontraban en un tiempo de transición. El matrimonio de Alan y Betsy (Historia 2) había sido construido sobre bases sólidas y era una fuente fuerte de apoyo emocional, al igual que la comunidad intima que tenían a su alrededor. Ann (Historia 3) describe las experiencias previas al trauma, de un golpe de estado, el estrés del viaje y la satisfacción con el ministerio.

Cuando asumimos el rol de ayudar a alguien que ha sido traumatizado, será útil escuchar cuáles han sido los factores pretrauma relevantes para esa persona. Podemos, incluso, averiguarlo haciendo preguntas como:"¿Qué cosas importantes estaban ocurriendo en su vida justo antes de que ocurriera este evento?" Podemos vernos tentados a solo escuchar los eventos negativos y estresantes, pero conocer las fortalezas y los recursos (relacionales, emocionales y espirituales) pretrauma de la persona, también nos dará información acerca de lo que puede ser más útil para su proceso de sanidad.

Naturaleza de un Evento Traumático

Existen muchos aspectos de un evento traumático que pueden influir tanto en la severidad de la reacción emocional como a la importancia del evento. Por ejemplo:

El evento fue...
- Violento o no.
- Inducido por el ser humano o natural.
- Intencional o accidental.
- Prevenible o no.

Hubo...
- Niños entre las víctimas.
- Falta de advertencia.
- Cercanía al evento y algún grado de peligro personal.
- Gravedad y duración del evento.

Qué tanto...
- El rol y la responsabilidad de la persona en el evento (líder, padre, padre de dormitorio).
- Culpa personal/falla.
- Identificación personal con la victima (s).

Cuál es el...
- El significado del evento.
- El efecto a largo plazo (por ejemplo, la violación resulta en un embarazo o un accidente causa la pérdida de una extremidad).

Cuál fue el...
- Grado de incertidumbre durante el evento.
- Frecuencia del evento.
- Conducta de los otros involucrados con la persona en la crisis.

- Respuesta de los otros involucrados durante y desde el evento (por ejemplo, respuesta de los vecinos, líderes, cuidado misionero, amigos y familia en el país de origen).

La observación más detallada de la historia de Jerry (Historia 4) ayuda a comprender la gravedad de la crisis al observar cada uno de los factores, tales como:

- **Violento:** hubo muertos y heridos.
- **Inducido por el ser humano:** Fue causado por el conductor del otro vehículo.
- **Accidental.**
- **Prevenible:** El otro conductor eligió emborracharse.
- **Hubo niños entre las víctimas:** los propios hijos de Jerry.
- **Falta de advertencia:** – No hubo tiempo para reaccionar o prepararse.
- **Proximidad al evento y grado de peligro personal:** Jerry estaba en el automóvil y estuvo en riesgo de sufrir heridas graves.
- **Gravedad y duración del evento:** murieron su madre, su esposa y su hija.
- **Rol y responsabilidad de la persona:** hijo, esposo y padre; conductor del vehículo víctima del accidente.
- **Culpa personal o falla:** ninguna.
- **Identificación personal con las víctimas:** muy estrecha.
- **Significado del evento:** interrogantes acerca de sus creencias.
- **Efectos a largo plazo:** pérdida permanente de sus seres queridos.
- **Grado de incertidumbre durante el evento:** la incertidumbre de no saber quién sobreviviría a las heridas.
- **Frecuencia del evento:** una vez.
- **Conducta de los otros involucrados en la crisis:** todos apoyaron, los trabajadores de la emergencia, los amigos y la familia.

Esta larga lista de aspectos críticos del trauma de Jerry puede ayudar a comprender las muchas capas y niveles de dolor, y la pérdida que Jerry experimentó después del accidente. Algunas de estas categorías son objetivas y pueden medirse, tales como la presencia de víctimas infantiles. Otras son más subjetivas y pueden variar según la persona. Por ejemplo, ¿qué nivel de culpa personal puede atribuirse al evento? Si Jerry hubiera sido el responsable del accidente, su proceso de recuperación hubiera sido muy diferente ya que habría luchado tanto con su propia culpa y vergüenza como con el juicio de otros. En muchos casos, aun cuando no hay culpa real por parte de la víctima sobreviviente, la persona va a sentir culpa y vergüenza.

Reacción de Terceros al Evento Traumático

Con frecuencia, la respuesta de terceros durante y después del evento traumático resulta muy importante para la reacción de la víctima. Jerry (Historia 4) dijo: "Mis amigos fueron tan sabios como para escuchar mis sentimientos sin necesitar modificarlos o apartarlos, aunque estoy seguro que estuvieron tentados a hacerlo porque estaban muy preocupados por mí." Dan Crum (Historia 5) dijo: "Yo estaba furioso y profundamente afectado, repentinamente me sentí desprotegido ante la obvia carencia de cuidado para mi familia". Dan y su esposa también dijeron: "Después, a medida que íbamos procesando más las cosas, nos dimos cuenta que nos sentíamos heridos y molestos porque nuestro equipo no había cuidado mejor de nosotros." Yo, (Historia 1) señalé que: "Nuestro mayor alivio era que, a diario y a veces cada hora, recibíamos llamadas telefónicas de nuestros líderes de la misión asegurándonos de sus esfuerzos a nuestro favor."

Un misionero manejaba atravesando un pueblo africano cuando una persona joven salió corriendo a la calle y murió atropellado por su vehículo. Los aldeanos furiosos corrieron hacia el auto y él tuvo que huir hacia la estación de policía por el riesgo a que lo sacaran del vehículo y lo golpearan hasta matarlo. Otro misionero expresó su asombro y gratitud por la gente que corrió a ayudarle luego de que atropellara y matara a un niño en una carretera remota de África y cayera en una zanja después que su automóvil volcara en su esfuerzo por esquivar al niño. El impacto perjudicial puede mitigarse si la gente se siente cuidada y protegida por los que se encuentran en la escena del trauma.

Igualmente, la conducta y las palabras de amigos, familiares, líderes, colegas y extraños, después de un evento traumático, pueden ser como sal en la herida o como un bálsamo sanador. Como Job, cuando derramaba la agonía de su sufrimiento en la presencia de sus amigos, Bildad le contesta: "¿Hasta cuándo seguirás hablando así? Suenas como un viento rugiente." (Job 8:2 NTV). Este comentario tiene el impacto de sumergir a Job en una desesperación más profunda, "Pase lo que pase, seré declarado culpable; entonces, ¿para qué seguir luchando?" (Job 9:29 NTV). La presencia sanadora de Cristo llega al que sufre a través de la presencia del acompañante, el escuchar con amor y las palabras oportunas: "El Señor Soberano me ha dado sus palabras de sabiduría, para que yo sepa consolar a los fatigados." dice Isaías 50:4 (NTV). El consuelo es la sabiduría encarnada.

D. La Respuesta de Todo Nuestro Ser (BASICS)

Karl Slaikeu (Slaikeu. 1990, 164-165) acuñó un acrónimo útil (BASIC) para ayudar a desenredar varios aspectos de todo un sistema de respuestas ante un trauma. Nosotros, en MMCT, hemos agregado una S al final para una categoría de respuestas espirituales (S por Spiritual en inglés). Para cada una de estas áreas vamos a observar las reacciones comunes en niños y adultos ante los traumas. Darle a las víctimas una lista de reacciones comunes puede ayudarles a ver que lo que están experimentando no es algo fuera de lo común, ni es un indicativo de que algo está mal en ellos (ver Apéndices 2.A-C). Esta seguridad sencilla puede proporcionar alivio y consuelo a aquellos que estén sintiendo miedo o estén frustrados porque no están en "supéralo y sigue adelante". Educar a las víctimas de un trauma acerca de estas reacciones normales les da la oportunidad de reconocer y discutir el impacto del trauma, y también puede ayudarles a ser más pacientes y amables consigo mismos en el proceso de recuperación. Cuando presentamos las *Reacciones Comunes* a una víctima adulta (Apéndice 2.A), uno podría decir algo como esto:

> Cada persona es única en la forma en que responde a un trauma, de manera que su respuesta puede no ser la misma de otra persona que ha atravesado por una experiencia igual o parecida. Recuerde que la sanidad toma tiempo. Una vez que haya trabajado esas reacciones, llegará a un lugar en su vida caracterizado por un entendimiento más profundo, conclusiones sanas, resiliencia, una confianza más profunda y una cosmovisión ampliada. Usted será uno que prosperó a pesar de haber sufrido. Aun después que muchos recuerdos

se hayan ido y usted se sienta mucho mejor, puede que todavía haya cosas que "disparen" esos síntomas y recuerdos dolorosos. Si esos síntomas se hacen muy intensos o persisten por un periodo largo de tiempo, o si usted está notando alguna discapacidad en su ministerio o en sus relaciones, podría considerar conversar con un consejero especializado en trauma. Esto no significa que usted esté loco, solo que necesita alguna ayuda.

La lista de las reacciones comunes en los niños ante el trauma (Apéndice 2.B) se le pueden entregar a los padres, maestros u otra persona que cuide de ellos para ayudarles a ser parte del proceso de recuperación del niño. Pueden recibir asesoría para normalizar las reacciones del niño. También puede ser tranquilizante para ellos darse cuenta que la respuesta de su niño a un evento traumático es normal. Dependiendo del nivel de desarrollo del niño, la lista de reacciones normales podría entregárseles directamente a ellos con la oportunidad de hacer preguntas o discutir sus propias reacciones (Apéndice 2.C).

Conducta de los Adultos

Las conductas postraumáticas típicas de los adultos pueden categorizarse en las relacionadas con la evasión y con un estado de excitación fisiológica aumentada. Los efectos persistentes de la adrenalina y las respuestas fisiológicas al recordatorio del trauma que siguen ocurriendo, podrían causarle hiperactividad o pasividad; que sea fácilmente sorprendido, menos productivo, que ande sin rumbo y lloroso. La gente puede darse cuenta que las cosas se les pierden o las extravían. El dolor del trauma puede ser tan grande que algunos buscan formas de escapar de esa intensidad. Esto puede manifestarse en conductas como el uso de alcohol o drogas, involucrarse en exceso con el trabajo, tratar de olvidar cualquier recordatorio del trauma (incluso el deseo de mudarse), cambios repentinos en el estilo de vida y abandono de las actividades recreativas. Este impulso de evitar el dolor puede hacer que la persona se resista a hablar de lo ocurrido y se niegue a aceptar ayuda. La ironía de esto es que hablar con un ayudador entrenado y de confianza contribuiría a la sanidad, mientras que la evasión solo refuerza el poder del dolor.

Retirarse o la evasión basada en el deseo de escapar del dolor no es lo mismo que salir de una situación que continúa siendo peligrosa. Por ejemplo, la salida de los Crum (Historia 5) de la aldea donde vivían y mi salida de una ciudad bajo asedio (Historia 1), fueron acciones de supervivencia y prudencia. La decisión de Ann (Historia 3) de salir del campo misionero se basó en elementos prácticos de su situación y en la conciencia del impacto que sus necesidades y las de los niños tendrían en la comunidad más amplia. En contraste, alguien podría decidir dejar su ministerio o país de servicio después de un incidente traumático por el deseo de escapar de cualquier cosa que le recuerde lo ocurrido. Las personas que ayudan pueden alentar a las víctimas de un trauma que han llegado a un lugar seguro, a que trabajen en algunas de las reacciones traumáticas antes de tomar decisiones importantes tales como mudarse o terminar el ministerio.

La Conducta de los Niños

Las reacciones postraumáticas más comunes en los niños son regresivas, esto incluye aspectos como volver a chuparse el dedo, orinarse en la cama, aferrarse a otras personas, retomar hábitos ya superados o descenso del rendimiento escolar. Los niños, que tienen menos habilidades verbales que los adultos, puedan actuar ante la experiencia traumática jugando repetitivamente con temas violentos. Con frecuencia, esto es un intento de alcanzar más dominio o competencia frente a la impotencia. Frecuentemente, el niño actuará las situaciones de peligro seguidas por un tipo de un rescate o resguardo. Debido a que la capacidad de verbalizar las emociones es menor, las conductas que reflejan ira pueden incluir desobediencia, huida, agresión, competencia y tendencias antisociales. Las conductas que reflejan tristeza pueden implicar apatía, aislamiento, problemas interpersonales y autodesprecio. Las conductas que representan miedo pueden abarcar falta de disposición para asistir al colegio o de ser separado de los padres, dormir con los padres y negarse a dormir solo, pedir que la luz se deje encendida por las noches y el colapso de la habilidad del niño de soportar nuevos eventos estresantes.

Efecto en los Adultos

¡Qué gama de emociones son posibles después de un trauma! Algunas de las reacciones emocionales típicas después de un trauma son: shock, ansiedad, temor a que vuelva a ocurrir, irritabilidad, frustración, sensación de agobio, ira contra uno mismo, contra otros y contra Dios, rabia, tristeza, depresión, sensación de indefensión e insuficiencia, culpa y pérdida del sentido del humor.

Es difícil definir un patrón distintivo, ya que la cultura, el género, la personalidad y la experiencia influyen en los individuos. En las historias, los autores hacen referencia a lamento, desesperanza, sentimientos de abandono por parte de Dios (Historia 3, Ann); devastación, temor, presencia de Dios, paz (Historia 2, Allan y Betsy); temores, ira, profundamente molesto, angustia, sentido de traición, herido (Historia 5, los Crum); preocupación, paz, culpa, miedo, indefensión (Historia 1, Karen); desconcierto, ira, lamento, temor y confusión (Historia 4, Jerry). Las que aparecen más seguido parecen ser el miedo, la ira y la culpa.

El proceso de respuesta emocional al trauma es parecido en muchas formas al proceso de duelo (Greeson, 1990,68). Esto tiene sentido, dado que los eventos traumáticos siempre involucran algún tipo de pérdida. Puede ser la pérdida de una vida, de una amistad, de un rol, del sentido de seguridad o confianza o del ministerio.

Muchas de las ilustraciones del proceso de duelo son, en su naturaleza, lineales, son en naturaleza, lineares como se demuestra en la gráfica *Ciclo Pérdida-Duelo.* Para los Occidentales, el consuelo puede venir por ver un camino claro, con un principio y un final. Para los del Sur Global, unailustración que sea menos lineal, así como el camino entre varios pueblos puede sentirse más relevante. Estos tipos de ilustraciones pueden ser útiles para ayudar a la persona a ver que deben atravesar una especie de valle o de muerte antes de experimentar la nueva vida que viene con la sanidad y la recuperación. En el libro *El Progreso del Peregrino,* Christian, el personaje principal, tiene que pasar por el *valle de la sombra de muerte* antes de que se le permitiera entrar a la ciudad celestial. Él habla de su experiencia en estos términos: "Luego, entré al Valle de la Sombra de Muerte, anduve en tinieblas casi la mitad de la travesía. Una y otra vez pensé que debían haberme matado allí; pero, finalmente, amaneció el día, y salió el sol, y terminé de atravesar lo que estaba atrás con mucha más facilidad y calma" (Bunyan, 1968, 73). Los que tratan de tomar atajos desde **el impacto inicial de la negación y el shock** e ir directamente a la **celebración de la nueva vida,** finalmente se encontraran con que están gastando energía mental tratando de demorar, escapar, hacer retroceder la ira, el miedo y la tristeza que forman parte necesaria del proceso de sanidad.

En la experiencia real, el peregrinaje emocional postraumático, no es del todo sencillo o lineal. Con frecuencia, la gente puede sentir que repasan las mismas emociones experimentándolas una y otra vez. Puede que sientan que no están progresando. Una forma para entender esto es porque el evento traumático tiene múltiples pérdidas con varios grados de intensidad y significado, uno puede encontrarse en distintos niveles de la curva de duelo a la vez. Explicar esto y darles la oportunidad de identificar dónde se encuentran en el proceso de duelo puede ser una forma genial para normalizar su reacción emocional. Se ayuda a reducir algo de la sensación de agobio y de no tener control.

Efecto en los Niños

Los niños sienten la mayoría de las emociones que sienten los adultos, pero pueden manifestarse de forma diferente. Los niños no han tenido tantas experiencias de vida como para tener con qué comparar eventos traumáticos, de manera que la tarea de procesar y comprender el evento es desconocida; es territorio no explorado.

Cuando los niños están conmocionados y entumecidos, podrían actuar como si nada hubiera pasado. Por ejemplo, algunos niños, cuando reciben la noticia de la muerte de un miembro de la familia, salen a jugar y a reírse con sus compañeros. Esta es la forma cómo los niños regresan a lo que les es familiar, conocido y reconfortante. Esto puede llevar a los cuidadores adultos a pensar equivocadamente que el niño no ha sufrido ningún impacto emocional. Wendell Berry describe, en su libro *Un Mundo Perdido,* los sentimientos de su protagonista infantil cuyo tío favorito acaba de ser asesinado. La reacción inicial del niño es pasar tiempo jugando con otros niños de su edad. Luego, reflexiona: "Y luego el día pareció colapsar alrededor de mí como si fuera de verdad. No había un sitio donde lo que había ocurrido no hubiera pasado" (Berry, 1996,18).

Una familia misionera viajaba en su vehículo hacia la aldea donde vivían cuando dos hombres armados les adelantaron y trataron de cortarles el paso. A medida que el esposo pisaba el pedal del acelerador más a fondo para dejarlos atrás, la esposa vio a uno de los atracadores apuntar al automóvil con su pistola y lo oyó gritar "los mataré". En el asiento trasero iban dos

CICLO DUELO/PÉRDIDA

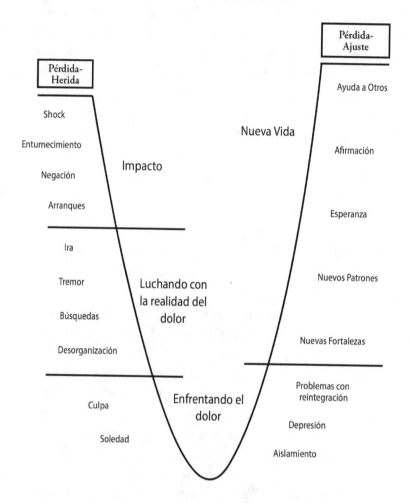

Charlotte Greeson, Mary Hollingsworth, and Michael Washburn
The Grief Adjustment Guide (Sisters, Oregon: Questar Publishers, Inc., 1990).

niños pequeños, y ninguno hizo ruido o dijo algo durante o después del evento. Después que llegaron a un lugar seguro, los adultos hablaron entre sí pero donde los niños no pudieran oírles. Ellos se sentían aliviados porque parecía que los niños no se habían dado cuenta de lo ocurrido. Unos días después del incidente, un consejero especialista en trauma se reunió con la familia completa. A petición de los padres, la consejera pasó algún tiempo con la niña de cinco años para ver si el evento la había impactado. Dado que no había hecho ninguna referencia al respecto, ¿será que ni siquiera estaba al tanto de lo ocurrido? Mientras ella y la consejera jugaban con play-doh y juguetes, la niña inició temas de miedo y peligro seguido de sus propias palabras tranquilizadoras. Después de unos 45 minutos de juego y algunas preguntas abiertas, la niña dijo bruscamente: "Cuando veníamos para acá, unos hombres malos nos apuntaron con sus pistolas, papi manejó más rápido y mami oró". A medida que seguía hablando, por los detalles de su historia, fue muy claro que no estaba repitiendo algo que había escuchado, sino que estaba describiendo algo que había experimentado. Esto les dio la oportunidad a sus padres de contarle los hechos de lo ocurrido y de darle la seguridad de su cuidado y protección.

Los temores y ansiedades se expresan con frecuencia en pesadillas, conductas regresivas, aferrarse a otros, quejarse, no estar dispuestos a separarse de sus seres queridos. Pueden preocuparse en exceso por la seguridad de los padres o desarrollar temores generalizados a cosas que pueden o no tener conexión con el evento traumático.

Los niños son propensos a los sentimientos de culpa. La causa de estos sentimientos de culpa puede desarrollar un fenómeno de falsa atribución o una cosmovisión egocéntrica. En otras palabras, pueden creer que hicieron algo para causar el evento. Por esta razón, para sacar cualquier conclusión a la que ellos hayan llegado en cuanto a su rol en el evento, puede ser útil preguntar al niño: "¿Por qué crees que ocurrió esto?" Una niña estaba traumatizada por la muerte de su hermano mayor. Más tarde salió a relucir que lo último que le había dicho, al calor de los argumentos entre hermanos, había sido "espero no verte nunca más". Por lo tanto, la niña sintió que ella había causado su muerte, un sentimiento que estuvo oculto por largo tiempo.

Las emociones de tristeza y depresión pueden ser expresadas por la apatía, el aislamiento o, algunas veces, con hostilidad o beligerancia, particularmente durante la adolescencia.

Reacciones Físicas en los Adultos

El cerebro está diseñado para que cuando alguien enfrenta situaciones de peligro, responda de cierta forma que maximice la capacidad de la persona para hacer frente a la crisis. Las partes primarias del cerebro que se activan durante la crisis son la corteza (parte del pensamiento consciente en el cerebro), el sistema límbico (sistema de modulación emocional que regula emociones como el miedo, el dolor y la alegría), incluyendo el hipotálamo (regula el ritmo cardíaco, la química del cuerpo, el sistema inmune y los sistemas hormonales). A través de esos sistemas, existen seis químicos principales (adrenalina, cortisol, norepinefrina, serotonina, endorfinas y ACTH) que se liberan en el cuerpo, y cada uno tiene funciones que ayudan a adaptarse en el cuerpo. Mientras que esos químicos nos ayudan a adaptarnos, también pueden tener consecuencias negativas, particularmente si la situación es prolongada o no ha sido resuelta del todo.

La Adrenalina (epinefrina) aumenta la alerta física y mental. El resultado del mayor flujo de adrenalina es el aumento del ritmo cardíaco, la respiración acelerada, los músculos se tensan, aumenta el azúcar en la sangre, se dilatan las pupilas, aumento del flujo sanguíneo a los músculos y el cerebro, digestión disminuida y aumento de la excreción. Estos síntomas físicos crean un desbalance temporal que nos ayuda a hacer frente a la emergencia. Los niveles elevados de adrenalina a largo plazo pueden provocar ansiedad, frustración, impaciencia, dificultad para dormir, irritabilidad, fatiga y dolores corporales.

Los niveles altos de **cortisol** liberan más azúcar en la sangre para aumentar la energía pero, con el tiempo, disminuye la respuesta inmune y puede producir síntomas de cansancio extremo y depresión.

La **norepinefrina** induce la hipervigilancia y mejora la capacidad de la corteza para resolver problemas. Aumenta la atención.

La **serotonina** crea un estado de calma y relax. Ayuda a modular el estado de ánimo. Es interesante que muchos medicamentos antidepresivos están diseñados para aumentar o prolongar la presencia de la serotonina en el cerebro.

Las **endorfinas** son analgésicos naturales. A corto plazo inducen un estado de calma, relajación y sensación de bienestar. Es por esto que al comienzo de la crisis algunas personas experimentan un sentido de calma y bienestar. Cuando el Señor nos da "la paz que sobrepasa todo entendimiento" puede ser que esté aumentando el nivel de las endorfinas en nuestro sistema.

El **ACTH** reduce las respuestas del sistema inmune para la supervivencia a corto plazo mediante el aumento de los niveles de cortisol. A largo plazo, esto hace que la persona sea susceptible a enfermedades.

Además de los síntomas físicos ya mencionados, las victimas de trauma también pueden quedarse cortos de aliento, presentan dolores de pecho, náusea o vómitos, oyen de manera distorsionada, pérdida de coordinación, rechinan los dientes, variaciones de peso, insomnio, cambios en el funcionamiento o deseo sexual y pérdida de los ciclos menstruales.

Reacciones Físicas en los Niños

Mucho de lo que ya se ha dicho acerca de las reacciones somáticas en los adultos también aplica a los niños, pero vale la pena notar que es más probable que los niños sientan su dolor emocional en sus cuerpos, ya que sus habilidades verbales para expresar y liberar dolor están menos desarrollada. Los niños que se quejan de dolor de estómago crónico, dolores de cabeza, dolores vagos o malestar, pueden sufrir por sentimientos traumáticos no procesados. Otras reacciones somáticas comunes en niños serían la pérdida del apetito, apariencia pálida, problemas de vejiga o del intestino, problemas de la vista, perturbación del sueño, picazón o salpullidos.

Reacciones Interpersonales en Adultos

Una parte significativa de las reacciones emocionales al trauma en adultos pueden ser los sentimientos de ira hacia uno mismo y hacia otros. Sentirse vulnerable y triste ocasiona que las personas se retraigan, lo cual afecta las relaciones en muchos niveles. Existen muchas reacciones interpersonales negativas para la respuesta postraumática. ¡Realmente ponen a prueba la fortaleza y capacidad del sistema de apoyo de la persona!

Algunas reacciones comunes incluyen irritabilidad, insensibilidad, pérdida del interés en otros, aislamiento o distanciamiento, inseguridad, evitar la intimidad, sospechas, discordia o argumentos, criticar a los demás, buscar un chivo expiatorio, tener hipersensibilidad y verborrea. Mientras unos pueden adoptar conductas que crean distancia y aislamiento, otros pueden aferrarse más a otros, ser más dependientes o experimentar miedo a quedar solo. Esto puede crear tensiones en las relaciones existentes. Es por esto que cuanto más fuerte es el sistema de apoyo emocional antes del trauma, mejor será la habilidad de gestionar las tensiones que surgen de los cambios interpersonales después del trauma.

Reacciones Interpersonales en los Niños

Igualmente para los niños, una reacción interpersonal común al trauma es volverse más retraído y socialmente aislado. La ansiedad o la hostilidad pude marcar el cariño por los miembros de la familia y por los cuidadores primarios. Algunos niños pueden volverse extremadamente inseguros o muy dependientes de los adultos. En la confusión de las reacciones postraumáticas, un niño necesita ayuda para que pueda relacionarse constructivamente con sus compañeros y sus cuidadores.

Los adolescentes, con frecuencia prefieren pasar tiempo con sus compañeros porque van a gravitar naturalmente hacia las relaciones que les hacen sentir más comprendidos y capaces de procesar el evento. Algunos adolescentes que han atravesado por traumas severos pueden verse tentados a actuar "demasiado maduros para su edad", lo cuales llevará a asumir responsabilidades que superan las habilidades acordes con su desarrollo o, posiblemente, a expresarse sexualmente.

Reacciones Cognitivas en los Adultos.

Un aspecto muy importante para comprender la experiencia traumática es dar a la persona la oportunidad de articular sus pensamientos relacionados al trauma. Lo que una persona piensa durante y después del trauma puede impactar su respuesta en uno que otro de los niveles (conductual, emocional, físico, interpersonal y espiritual). Lo que una persona piensa que *podría* haber ocurrido durante un trauma puede ser más traumático de lo que realmente ocurrió. Por ejemplo, en mi historia (Historia 1) describí mis pensamientos cuando una turba se iba acercando cada vez más. Yo imaginé que la turba entraba a nuestro edificio y asesinaba a los refugiados liberios que nosotros escondíamos. Estos pensamientos crearon fuertes reacciones de miedo y se convirtieron en una de las peores experiencias durante toda la crisis.

Es importante comprender los pensamientos de una persona después de un trauma. Ann (Historia 3) describió tener pensamientos suicidas a medida que iba asimilando la realidad de la muerte de su esposo y se sentía completamente abrumada. Gracias a Dios, ella expresó esos pensamientos a una amiga íntima, quien fue capaz de darle perspectiva y apoyo durante este tiempo tan devastador.

Las víctimas de trauma, con frecuencia experimentan incredulidad, horror, confusión, mala concentración, habilidades disminuidas para la toma de decisiones, problemas para priorizar, desorientación, mala memoria, poca atención y preocupación con recuerdos del trauma. Es como si todos los recursos del cerebro hubieran recibido la orden de alerta para categorizar y darle sentido a lo ocurrido. Esto explica por qué las personas no recuerdan cosas que se les dijo en las horas y días después del trauma.

También los pensamientos pueden ser rígidos y cerrados, llevando a la persona a incurrir en juicios y suposiciones que no se basan en la realidad o en toda la verdad. La persona que ha experimentado una pérdida traumática puede volverse cínica o negativa en sus pensamientos: hacen juicios críticos o son negativos contra sí mismos (ejemplo: "¡Soy un fracaso!").

Una de las formas más comunes de cognición después de un trauma es en pensamiento retrospectivo. Siempre vienen con el prefijo de "si tan solo", "y si", "Por qué no" y "debí haber". Una manera de comprender esto es que el cerebro está tratando de encontrar la forma de deshacer lo que ha ocurrido. El evento traumático no puede ser aceptado como parte de lo que la persona entiende como correcto y aceptable. Por lo tanto, la mente trata de encontrar lo que hubiera podido hacer para prevenir el trauma. En algunos casos, errores humanos pudieron haber estado involucrados, y el análisis del evento puede llevar a la persona a juzgar correctamente como culpable, tanto a sí misma como a otro. En este caso, el reto difícil y continuo será dar gracia cuando la culpa no fue intencional y perdonar, aun si el error fue intencional.

Pero, en muchos casos, la persona puede quedarse con la fijación de una cierta cosa que ellos u otros hicieron que realmente no causó el evento. A medida que se revisan las elecciones, uno podría concluir que si no hubiera ido conduciendo por esa calle en particular o no hubiera almorzado antes de salir, o si no hubiera salido tarde, el accidente no habría ocurrido. En este caso, no es un error de juicio o una equivocación lo que causó el trauma. Mejor dicho, la persona le está atribuyendo la causa y la culpa a una acción o a una elección que en la mayoría de los casos no habrían resultado en un evento traumático. Si trata de convencer a la persona de que no debe culparse y que no debería pensar así, esto generalmente entra por un oído y sale por el otro. En este caso es más efectiva una intervención llamada "reconocer y replantear" (descrita en la Sección 2 B).

Reacciones Cognitivas en Niños

Después de un trauma, los niños también luchan con períodos de atención más cortos y dificultades para concentrarse. Los maestros y cuidadores podrían considerar algunas concesiones en cuanto a sus expectativas y a los deberes escolares.

A medida que el niño recuerda y relata el evento traumático, él o ella podría tener confusiones en cuanto a detalles, secuencias y ubicación de los eventos. Si en el trauma hubo una muerte, puede que los niños pequeños no tengan la experiencia o la comprensión de lo permanente que es la muerte y podrían mal interpretar que la persona salió pero regresará más tarde. Es por esto que es muy útil que los adultos se dirijan a los niños con una narrativa clara de lo que ha ocurrido, así como apropiada para su edad y contestar cualquier pregunta que el niño pueda tener acerca de los hechos y su significado.

Impacto Espiritual en Adultos

¿Qué es lo que creemos acerca del sufrimiento? ¿Qué creemos acerca del rol de Dios en prevenirlo o en protegernos a nosotros y a los que amamos? ¿Qué creemos acerca del mundo y de lo que los seres humanos son capaces de hacer? ¿Qué creemos de nosotros mismos, nuestro destino y nuestro futuro? ¿Qué esperanzas y expectativas tenemos? Cualquiera de estas creencias puede hacerse añicos en un momento de crisis.

Cuando Ann (Historia 3) despertó de su coma, pensó:"Toda mi vida vi a Dios como mi Padre Celestial, estuve dispuesta a dejar la seguridad y la comodidad de mi vida en América para servirle en África pero confié en que Él cuidaría de mí y de mi familia... En mi mente, imaginé a Dios mirando desde el cielo con amor y atención solo para apartar su rostro de mí cuando nuestro automóvil daba vuelta a esa esquina para encontrarnos de frente con el camión que venía. Las condiciones de mi vida en ese momento gritaban que Dios no estaba allí. Y, sí estaba, no le importaba."

Aunque algunos van a experimentar intervenciones milagrosas de parte del Señor, otros experimentarán muerte, persecución y pérdidas tremendas. Hebreos 11:4-35 da ejemplos espectaculares de hombres y mujeres de fe que *"recibieron lo que Dios les había prometido"* y "cerraron bocas de leones, apagaron la furia de las llamas y escaparon del filo de la espada; sacaron fuerzas de flaqueza; se mostraron valientes en la guerra y pusieron en fuga a ejércitos extranjeros." Luego, sin siquiera una pausa para tomar aliento, escuchamos acerca de otros grandes hombres y mujeres que "Aunque todos obtuvieron un testimonio favorable mediante la fe," y sin embargo, "ninguno de ellos vio el cumplimiento de la promesa." Estos santos fueron torturados, objeto de burlas, azotados, encadenados en prisión, apedreados, aserrados a la mitad, asesinados al filo de espada, pasando necesidades, oprimidos y maltratados (Hebreos 11: 35-40).

Y, aunque intelectualmente sabemos todo eso, permanece el lamento sentido de muchos: "¿Por qué, Dios, permitiste que esto pasara?" Ciertos aspectos de nuestras creencias, de nuestra fe y de nuestras suposiciones se destrozan y el proceso de sanidad es un proceso de reconstruir nuevas creencias que se yerguen sobre los hombros del sufrimiento.

El resultado de este peregrinaje de dar muerte a las antiguas creencias y vida a las nuevas tiene el potencial de resultar en una relación mucho más profunda y fuerte con el Señor, y en la habilidad de permitir que Dios sea Dios y no construirlo a nuestra imagen. Ann (Historia 3) continúa diciendo: "Mientras que las circunstancias de mi vida gritaban que Dios no estaba allí, Dios se hacía visible y se me revelaba a través de muchas personas. Una y otra vez durante las semanas y los meses después de nuestro accidente, la gente, a veces personas que no conocía, me revelaban el amor de Jesús a través de sus obras de apoyo y amabilidad."

Después de la evacuación (Historia 1) y de tener la oportunidad de reflexionar acerca de mis propias creencias sobre el sufrimiento y el rol de Dios, me encontré con un pasaje alarmante en el Antiguo Testamento. En medio de su sufrimiento intenso e injusto, Job hace una declaración de su creencia en el evangelio:

> Yo sé que mi redentor vive (Defensor), y que al final triunfará sobre la muerte. Y, cuando mi piel haya sido destruida, todavía veré a Dios con mis propios ojos. Yo mismo espero verlo; espero ser yo quien lo vea, y no otro. ¡Este anhelo me consume las entrañas! (Job 19:25-27, NVI)

En ese momento, mientras luchaba con la injusticia de autores de criminales que habían matado y violado y golpeado víctimas inocentes, reflexioné en Dios como redentor. Hay una redención que ya completó en la cruz. Hay una redención presente que ocurre cuando somos capaces de ver lo bueno que resulta de una mala situación. Pero Job parece hacer referencia a una redención futura, tal como hace Ann (Historia 3). Esta es la redención que se traduce en el fin del mal y del pecado. Jesús dice,

Habrá señales en el sol, la luna y las estrellas. En la tierra, las naciones estarán angustiadas y perplejas por el bramido y la agitación del mar. Se desmayarán de terror los hombres, temerosos por lo que va a sucederle al mundo, porque los cuerpos celestes serán sacudidos. Entonces verán al Hijo del hombre venir en una nube con poder y gran gloria. Cuando comiencen a suceder estas cosas, cobren ánimo y levanten la cabeza, porque se acerca su redención…Tengan cuidado, no sea que se les endurezca el corazón por el vicio, la embriaguez y las preocupaciones de esta vida. De otra manera, aquel día caerá de improviso sobre ustedes, pues vendrá como una trampa sobre todos los habitantes de la tierra. Estén siempre vigilantes, y oren para que puedan escapar de todo lo que está por suceder, y presentarse delante del Hijo del hombre. (Lucas 21:25-28; 34- 36 NVI)

Jerry (Historia 4) describe la reconstrucción de sus creencias como algo mucho más amplio que el rol de Dios en el trauma. Él lo expresa de esta manera: "Después del accidente, yo no hui de Dios ni lo culpé; sin embargo, cuestioné todo .¿Qué es lo que mejor da sentido a la vida? ¿Dios existe o no existe? ¿Hay una moral universal? o ¿no hay ninguna? ¿Qué Dios está en control o que la vida misma es aleatoria? Me di cuenta que era deshonesto e irresponsable juzgar solo a Dios después de una experiencia de sufrimiento. Deberíamos tomar en consideración y examinar *todas* las grandes interrogantes de la vida. Con el tiempo, regresé a la fe cristiana con una apreciación y confianza renovadas porque me dio las mejores respuestas a las profundas interrogantes impuestas en mí."

Dependiendo del contexto propio de experiencias traumáticas o experiencias moldeadoras de nuestras creencias, puede que no suframos la destrucción de nuestras creencias en Dios. De hecho, la persona podría haber sentido la amorosa presencia de Dios a lo largo del trauma y como resultado podría sentirse más cercana a Dios. Como relató Dan (Historia 5): "Unos pocos días después, Dios puso en mi corazón que había estado con nosotros todo el tiempo y había visto todo. "Los vi golpear tu brazo y lloré por ti", "los vi amenazar a tu esposa y eso también penetró mi corazón". Saber que Dios estuvo presente y lleno de compasión por mi familia fue una fuente de sanidad."

Los traumas tienen la capacidad de desbaratar nuestras creencias. En última instancia, el proceso de reconstrucción es también un proceso de redención y de hallar significado y propósito en todo ese sufrimiento.

El mismo fuego que ennegrece mi horizonte calienta mi alma.
La oscuridad que oprime mi mente afina mi visión.
La inundación que abruma mi corazón calma mi sed.
Las espinas que penetran mi carne fortalecen mi espíritu.
La tumba que entierra mis deseos profundiza mi devoción.
La falla del hombre en comprender estas intenciones de Dios es
una de las verdaderas calamidades de la vida.
James Mean, *"Una Celebración con Lágrimas"*

Impacto Espiritual En Niños

También los niños tienen una teología del sufrimiento y una cosmovisión que puede ser afectada profundamente por un trauma. Me sorprendí cuando entrevisté a una niña de ocho años, hija de misioneros, cuyo padre recibió un disparo en un robo a mano armada. Cuando le pregunté lo que había significado esta experiencia para ella, me dijo: "Creo que Dios me está dando la oportunidad de confiar en Él más profundamente". Aunque, espiritualmente hablando, era una niña precoz, no podemos suponer que los niños no tienen reflexiones espirituales profundas y significativas acerca de sus eventos traumáticos.

Como mencioné previamente en la sección de Emociones, es importante entender el significado que los niños le atribuyen al evento. Los niños más pequeños pueden interactuar con creencias de "pensamiento mágico", por ejemplo, que sus deseos o creencias causaron que ocurriera algo. Puede que también usen su imaginación para llenar los espacios en blanco que tengan en su comprensión. Con frecuencia, los niños escuchan lo que los adultos dicen acerca del evento, pero es posible que solo entiendan fragmentos de ello. También harán sus propias suposiciones basándose en sus observaciones de cómo los adultos se sienten y reaccionan.

La sección 2 D les dará una visión más amplia sobre cómo ayudar a los niños a medida que ellos luchan con la comprensión de los eventos traumáticos, y sus reacciones espirituales postraumáticas.

E. Proceso de Recuperación

Progreso Normal

Yvonne Dolan (Dolan, 1998,4-7) articula magistralmente el progreso normal de alguien que sufre, para pasar de la identidad de víctima a la de sobreviviente y, finalmente, a un lugar donde celebrar la habilidad de progresar y vivir una vida auténtica. Ella señala que muchas personas suponen que el escenario final de la recuperación de un trauma es cuando se pasa de ser víctima a ser sobreviviente. Su investigación y experiencia revelaron que aquellos que permanecieron en la etapa de sobreviviente experimentaban un grado bajo de depresión y un pesimismo general acerca de la vida; sin embargo, es posible ir más allá, a algo que nos permite experimentar un gozo genuino. El cuadro *Pasando de Víctima a Sobreviviente y a Celebrante,* muestra de izquierda a derecha el flujo del proceso normal de sanidad. Existe un propósito y una tarea para cada etapa:

Etapa Víctima: A medida que reconoce que algo terrible le ha pasado, usted comienza a cumplir con el **propósito** de la etapa de víctima. A fin de comenzar el proceso de sanidad, tiene que enfrentar el hecho de que algo malo ha ocurrido y reconocer los sentimientos relacionados con esto. En esta etapa, la **tarea** es encontrar el valor de decirle a alguien lo que le ha ocurrido, evaluar honesta y justamente que fue responsabilidad suya y que no, y así deshacerse de la vergüenza.

Etapa de Sobreviviente: El **propósito** de la etapa de sobreviviente es comprender que ha vivido más allá del tiempo en el que ocurrió la experiencia traumática. **La tarea** es reconocer y apreciar las fortalezas y recursos que han permitido su supervivencia y su bienestar final; así como perdonar y ser perdonado por cualquier acto inmoral.

Etapa de Celebrante: ¿Qué puede celebrar alguien que ha pasado por un terrible trauma? Pasar de ser un sobreviviente a un lugar de gratitud y gozo abre la puerta para celebrar y abrazar la vida en toda su plenitud. Ser un Celebrante no significa que celebremos el sufrimiento o el trauma en sí, aunque algunos puedan llegar al punto de sentirse agradecidos por la experiencia que permitió que se produjera un cambio de carácter. El propósito de la etapa de Celebrante es vivir una vida caracterizada por su plenitud, gozo y autenticidad. La tarea o el desafío es continuar asumiendo riesgos y escoger la vida a pesar de la incomodidad y de los territorios desconocidos, así como dedicar el tiempo y la energía para hacer elecciones positivas y sanas.

Note que en muchas maneras el movimiento de sobreviviente a celebrante traza un paralelo con el fenómeno del crecimiento postraumático, el cual exploraremos más a profundidad en la Sección 6 que trata sobre Recursos Espirituales para Enfrentar el Trauma.

Marietta Jaeger es una mujer cuya hija fue secuestrada y asesinada cuando la familia estaba acampando. En un artículo del 6 de enero del 2006, publicado por el noticiero ABC, ella describe su viaje de víctima a sobreviviente y de allí a celebrante. Inicialmente sintió que podía matar al hombre que había hecho semejante cosa a su hija. Gradualmente comenzó un proceso de orar por él y perdonarle. Finalmente, un año después, cuando él la llamó para atormentarla, ella le preguntó que cómo podía ayudarle. Esta pregunta desarmó al hombre de tal manera que le reveló su paradero, lo cual llevó a su captura y arresto. Después de confesar su crimen, el hombre se suicidó. Pero esto no le produjo gozo alguno a Marietta. Por el contrario, le afligió su muerte y fue a visitar a la madre del asesino de su hija para consolarla. Aunque fue un peregrinaje gradual y doloroso, Marietta parece ser un ejemplo de la palabra celebrante.

Complicaciones Postraumáticas: Trastorno de Estrés Postraumático (TEPT))

El TEPT puede ocurrir en las semanas o meses después que alguien experimenta un evento traumático que involucre muerte o amenaza de muerte o heridas graves propias o a otros. Si durante el trauma la persona sintió un miedo intenso, impotencia u horror, el riesgo de TEPT aumenta. La mayoría de las personas que experimentan trauma se recuperarán sin desarrollar TEPT. El porcentaje de individuos que desarrollan TEPT varía dependiendo de la naturaleza del trauma.

Los síntomas del TEPT incluyen reexperimentar el evento, la evasión o un aumento de la excitación fisiológica. Reexperimentar el evento ocurre con recuerdos vívidos, angustia intensa recurrente cuando se ven expuestos a recordatorios o disparadores, y reacciones fisiológicas a señales internas o externas que simbolicen el evento. Los recuerdos recurrentes son memorias muy vívidas e intensas del evento traumático que le da a la persona la sensación de estar viviendo de nuevo el evento traumático.

Puede que los que padecen TEPT se sientan entumecidos y eviten

PASANDO DE VÍCTIMA A SOBREVIVIENTE A CELEBRANTE		
Conducta de Víctima.	**Conducta de Sobreviviente.**	**Conducta de Celebrante.**
La autocompasión limita la acción. Pasiva.	Comienza a tomar el control. Comienza a descongelarse o a sanar.	Alcanzando el dominio. Activo.
Efecto Víctima (Emociones)	**Efecto Sobreviviente (Emociones)**	**Efecto Celebrante (Emociones)**
Indefenso. Se siente sin control. Molesto. Entumecido, evade los sentimientos. Le duele recordar el pasado. Controlado por la depresión, la ansiedad, el odio, la amargura. Vergüenza, no se gusta a sí mismo.	Sentido de satisfacción por su supervivencia. Comienza a sentirse seguro. Esperanza con respeto a recursos/elecciones Sentimientos menos intensos acerca de los recuerdos dolorosos. Influenciado, pero no controlado por el pasado. Resolvió el tema de la vergüenza.	Comprometido con salir adelante. Planeando el futuro. Sentido del humor restaurado. Se siente emocionado sobre del presente y del futuro. Se siente fuerte. Adquiere paz, felicidad, renovación y optimismo a pesar de las cicatrices Libre de vergüenza.
Víctima Somática	**Sobreviviente Somático**	**Celebrante Somático**
Controlado por molestias físicas. Adicciones, autodestructivo.	Va fortaleciéndmose físicamente, con pocas quejas. Comprometido con la salud física	Físicamente sano y menos enfocado en los problemas de salud. Vida cotidiana interesante, sin su "dosis de adrenalina".

PASANDO DE VÍCTIMA A SOBREVIVIENTE A CELEBRANTE		
Continuado		
Victima Cognitiva	**Sobreviviente Cognitivo**	**Celebrante Cognitivo**
Percibe que no tiene opciones. Pensamientos enfocados en el pasado. Sentido de no tener futuro.	Sus habilidades para enfrentar problemas funcionan bien. Pensamientos enfocados en el presente. Comienza a integrar recuerdos. Mente abierta a nuevas posibilidades.	Aumento de la creatividad para enfrentar problemas. El futuro y el presente son más vívidos que el pasado.
Victima Espiritual	**Sobreviviente Espiritual**	**Celebrante Espiritual**
Su identidad es de víctima. Continúa viviendo como si estuviera en el trauma. No ha aprendido de la experiencia. Muy probablemente repita el trauma.	Triunfo y victoria sobre el trauma. Confronta el trauma. Comprometido con la sanidatd y con confiar en Dios.	Halla significado y se deleita en la vida. Ha madurado con el trauma. Comprometido con amar nuevamente. Resiliente.
Víctima Interpersonal	**Sobreviviente Interpersonal**	**Celebrante Interpersonal**
Espera ser rescatado. Los beneficios secundarios le convencen a permanecer como víctima.	Reconocimiento de su potencial para cambiar y crecer. Las relaciones vuelven a ser mutuas y satisfactorias.	Autodeterminado en el contexto de las relaciones saludables. Ofrece ayuda a otros; siente compasión. Se conecta con otros en el dolor sin esconderse. Siente una mezcla de maravilla y asombro con las nuevas relaciones.

SÍNTOMAS COMUNES DE LA ANSIEDAD

- *Sentimientos aprehensivos.*
- *Dificultad para concentrarse.*
- *Se siente tenso, asustadizo.*
- *Anticipa lo peor.*
- *Irritabilidad.*
- *Desasosiego.*
- *Siente que tiene la mente en blanco.*
- *Alerta por señales de peligro.*
- *Sudoración.*

- *Micción frecuente o diarrea.*
- *Falta de aire.*
- *Temblores.*
- *Tensión Muscular.*
- *Dolor de Cabeza.*
- *Fatiga.*
- *Insomnio.*
- *Latidos acelerados.*

persistentemente los pensamientos, sentimientos y conversaciones asociadas con el trauma, así como también las actividades, lugares o personas que les traigan recuerdos del mismo. Podrían no ser capaces de recordar aspectos del trauma, tener menos interés en actividades significativas y sentirse desconectado. Los síntomas del aumento de la excitación incluyen la dificultad para conciliar el sueño o para dormir, irritabilidad o arranques de ira, dificultad para concentrarse, hipervigilancia y respuesta exagerada a la sorpresa. La hipervigilancia es un término que se utiliza para describir el estado de la mente cuando está siempre anticipando y revisando el ambiente en busca de peligro. Una persona hipervigilante siempre está en máxima alerta y lista para responder. Por supuesto, con el tiempo, esto será extenuante e interferiría con la habilidad de la persona para enfocarse en su interacción con la gente.

En sus raíces, el TEPT es un trastorno que se basa en el miedo. El miedo es una reacción emocional natural ante situaciones peligrosas o amenazantes; es una respuesta adaptiva que nos alerta ante un posible daño y nos prepara para defendernos, sea que huyamos o peleemos. El estrés abrumador o los miedos prolongados, intensos, generalizados e inadaptados pueden causar otros trastornos de ansiedad.Complicaciones Postraumáticas: Otras Reacciones de Ansiedad

Es interesante que el *"por nada estén ansiosos"* o el *"no teman"* son las órdenes más frecuentes en la Biblia. Esto parece reflejar la comprensión que el Señor tiene de que muchas cosas en la vida nos pueden volver ansiosos, que la ansiedad causa daños considerables en nosotros, y que Él tiene una manera de librarnos de la aflicción. Los *Síntomas Comunes de la Ansiedad* se enumeran: en un cuadro a continuación.

Existen varios tipos de *trastornos de ansiedad* que pueden desarrollarse después de eventos traumáticos abrumadores. Estos incluyen:

1. **Ansiedad Generalizada:** se caracteriza por síntomas de ansiedad excesiva y preocupación persistente que se prolongan más de seis meses. Los síntomas son desasosiego, fatiga, problemas de concentración, irritabilidad, tensión muscular y perturbaciones del sueño. Puede ocurrir en adultos y en niños.

2. **Ataques de Pánico:** se caracterizan por cortos períodos de miedo o incomodidad intensos durante los cuales la persona experimenta síntomas como: atidos rápidos en su corazón, sudoración, temblores, sensación de dificultad para respirar o de asfixia, sensación de ahogo, dolor en el pecho, náusea, mareos, sensación de irrealidad, temor a perder el control o de enloquecer y miedo a morir. Esto no se observa mucho en los niños.

3. **Ansiedad por Separación:** el niño presenta una ansiedad excesiva durante al menos cuatro semanas con respecto a la separación del hogar, de los padres o de quienes lo cuidan. El niño se muestra persistente y excesivamente preocupado por perder las figuras con las que tiene nexos, resistencia o negación a ir a la escuela, dormir en casa de un amigo o hacer cosas que impliquen una separación; pueden tener pesadillas con temas de separación o quejarse repetidas veces de síntomas físicos como dolor de estómago, dolor de cabeza, náuseas cuando hay una separación real o espera que ocurra.

4. **Fobias Específicas:** miedo marcado, persistente que es excesivo o irracional causado por la presencia o anticipación de la presencia de un objeto o situación específica (por ejemplo: serpientes, volar, ver sangre)

Complicaciones Postraumáticas: Depresión.

Los sentimientos depresivos forman parte normal tanto de la respuesta traumática como al proceso de duelo. Pero si esos sentimientos persisten y se

SÍNTOMAS DE LA DEPRESIÓN CLÍNICA

- *Sentimientos de depresión, tristeza, vacío.*
- *Pérdida del interés o de placer en actividades.*
- *Aumento o pérdida de peso y/o del apetito.*
- *No puede dormir o duerme mucho.*
- *Sensación de agitación y desasosiego o muy ralentizado.*
- *Fatigado o con energía muy baja.*
- *Sensación de ser indigno o excesivamente culpable.*
- *Inhabilidad para concentrarse o tomar decisiones.*
- *Pensamientos de muerte o tener pensamientos suicidas, con o sin un plan.*

intensifican y hacen que nuestro mundo se vuelva pequeño y sin esperanzas, puede haber desarrollado una depresión clínica que necesita tratamiento profesional. Una persona puede desarrollar una depresión clínica después de un trauma por un número de razones. Puede que sean vulnerables a la depresión por historia médica familiar o por experiencias previas de depresión. La naturaleza del trauma puede haberles causado un estrés crónico que causa una ruptura con los mecanismos normales para enfrentar las crisis. Una persona puede estar luchando con una permanente falta de perdón y amargura que pueden causar síntomas de depresión, tristeza o vacío.

Son normales los sentimientos de depresión después de un trauma, pero la depresión clínica es un trastorno del estado de ánimo que se caracteriza por un estado anímico deprimido o irritable la mayor parte del día durante por lo menos dos semanas causando discapacidad funcional. *Los Síntomas Típicos de Depresión Clínica* se recogen en el cuadro anterior.

La Depresión en hombres a veces no se diagnostica porque puede parecer más como ira que como tristeza. *Las Características Frecuentes de la Depresión en Hombres* se resumen en el siguiente cuadro (Hart, 2001,29).

Con frecuencia, La depresión en los niños se manifiesta de manera diferente a la depresión en los adultos. Los niños no tienen la misma capacidad de los adultos para gestionar lo que están sintiendo. Su depresión podría pasar inadvertida o ser atribuida a mala conducta, a menos que

CARACTERÍSTICAS FRECUENTES DE DEPRESIÓN EN HOMBRES

- *Irritabilidad.*
- *Hostilidad/Ira.*
- *Mal genio.*
- *Mal humor.*
- *Deja salir la rabia.*
- *Actúa lo que siente en lugar de expresar sus sentimientos con palabras.*
- *Se resiste a hablar.*
- *Sobre reacciona a las situaciones de estrés normal de la vida (ejemplo, el ruido de los niños).*
- *Se aísla de los seres amados.*
- *Evita la intimidad.*
- *Tratamiento de silencio.*
- *Conducta escapista (ver televisión, abuso del alcohol).*
- *Violencia hacia su esposa.*
- *Adicciones sexuales.*
- *Adicto al trabajo.*
- *Cambios frecuentes de empleos.*
- *Actividades de alto riesgo (conducir muy rápido, exponerse al peligro)*
- *Síntomas físicos; dolores de cabeza, dolor crónico, problemas digestivos*

los padres, maestros y consejeros sean conscientes de *los Características e Indicadores de la Depresión Infantil* (tabla que se muestra a continuación).

La buena noticia es que la depresión ¡es muy tratable! Cuando los síntomas persisten por más de dos semanas, es importante tener una evaluación médica muy exhaustiva y una evaluación psicológica. La depresión se trata más efectivamente con una combinación de medicación y un período corto de psicoterapia. También hay estrategias espirituales que pueden reducir los síntomas de la depresión: la oración, la memorización de la Escritura, la alabanza y la adoración. La depresión que afecta fuertemente el funcionamiento de la persona o se asocia con pensamientos

CARACTERÍSTICAS E INDICADORES DE DEPRESIÓN INFANTIL

CARACTERÍSTICAS

- *Se siente triste o irritable.*
- *Se siente aburrido o no muestra*
- *interés por las cosas.*
- *Presenta problemas para dormir.*
- *Está cansado o su energía es muy baja.*
- *Siente que nadie lo/la quiere.*
- *Piensa en la muerte o desea estar muerto/a.*
- *Quiere llorar o llora más de lo acostumbrado.*
- *Piensa que es l/la causante de que ocurran cosas malas (se siente culpable).*
- *Habla de enfrentar problemas y no tiene soluciones (desesperanza).*

INDICADORES

- *Presenta problemas de conducta en la escuela o en casa.*
- *Ha sido diagnosticado con Trastorno de Déficit de Atención TDA*
- *Presenta ansiedad y miedo.*
- *Se siente solo.*
- *Se siente estúpido o malo.*
- *Bajan sus calificaciones escolares.*
- *Tiene problemas con sus amistades.*

suicidas necesita atención profesional inmediata, incluyendo la evaluación del uso de medicación.

Complicaciones Postraumáticas: Adicciones.

Cuando se entierra o se reprime el dolor emocional de un trauma, se previene el proceso natural de sanidad. Algunos tratan de minimizar la intensidad del dolor mediante conductas que proveen alivio temporal y una sensación de convincente de bienestar. Cuando este intento momentáneo pasa y el dolor vuelve a emerger con mayor intensidad, el impulso a regresar a esa solución se puede volver adictivo. Esto crea un nuevo juego de problemas que pueden llevar al deterioro de la salud y comprometer el bienestar espiritual y emocional, así como el deterioro de las relaciones. Las víctimas de un trauma son vulnerables a la adicción a sustancias como el alcohol y las drogas. Es típico que cuando pensamos en drogas pensemos en sustancias ilegales, pero las sustancias adictivas también incluyen las drogas de prescripción médica (por ejemplo, medicamentos para la ansiedad como el Valium o el Ativan, o calmantes como Oxicodina o Percocet). Otro tipo de adicción que puede precipitarse por un dolor o trauma no resuelto es la pornografía por internet. Esto es cada vez más común entre cristianos, incluyendo la población de misioneros, y se caracteriza por el secreto y la vergüenza. La inhabilidad de expresar verbalmente el dolor puede causar la automutilación y tiene un componente adictivo que es muy difícil de superar sin ayuda.

Por último, los trastornos de la alimentación tales como la anorexia (inanición autoprovocada) o bulimia (atracones seguidos de purgas) también están conectados al dolor emocional no resuelto. Es importante que los cuidadores sean conscientes de que las adicciones se pueden desarrollar meses o años después del trauma, y que deben enfrentar los síntomas con compasión y decisión firme. La voluntad por sí sola no es suficiente para recuperarse de las adicciones. Se necesitan capas de apoyo para que el adicto y sus seres queridos establezcan límites y un ambiente seguro para trabajar en el dolor que causa y surge de la adicción.

SECCIÓN 2
Apoyo Efectivo de la Comunidad
Karen Carr

La profunda dinámica comunal de la Trinidad da testimonio de lo mucho que a Dios le importan las relaciones. No fuimos diseñados para enfrentar los traumas solos. Por el contrario, es en y a través de las relaciones con Dios y con otros que somos restaurados, purificados y transformados a la imagen de Dios. Las Escrituras llaman al cuerpo de creyentes a amar, soportar, apoyar y llevar las cargas los unos de los otros. Es a través de una comunidad amorosa y resiliente que sostenemos nuestro testimonio, nuestra longevidad en el servicio y nuestro bienestar.

El autor de Hebreos describe el sufrimiento y la fe de los cristianos que han ido antes que nosotros, y luego la aplica a nuestras propias vidas:" Por lo tanto, ya que estamos rodeados por una enorme multitud de testigos de la vida de fe…" Las palabras que siguen a continuación hacen una conexión clave. Unen el poder de la comunidad a la perseverancia en esta vida de pruebas y sufrimientos… "quitémonos todo el peso que nos impida correr, especialmente el del pecado que tan fácilmente nos hace tropezar. Y corramos con perseverancia la carrera que Dios nos ha puesto por delante" (Hebreos 12:1-2, NTV).

La Imagen que me viene a la mente es la de un corredor de maratón sintiendo los calambres producto de la deshidratación, la fatiga muscular, el cansancio de luchar contra los pensamientos que le ruegan que se tire al piso y renuncie. Recuerdo haber visto un video de Derek Redmond, un corredor olímpico de 1992 a quien una grave lesión en los tendones de la corva lo dejó devastado durante su carrera final. Años de entrenamiento para terminar así. Momentos después, el padre de Derek, anciano y corpulento, atravesó la seguridad y corrió al lado de su hijo. Lo rodeó con sus brazos y le dio palabras de aliento: "Aquí estoy hijo, terminaremos juntos." El hijo levantó su rostro en agonía y llanto, pero prosiguieron adelante. Con los amorosos brazos de su padre rodeándole, corriendo a su lado, y un público de miles vitoreándole, aplaudiéndole y llorando con él, Derek pudo cruzar la meta. ¿Por qué escenas como esta nos conmueven tan profundamente? ¿Por qué escribir estas líneas me conmueve hasta las lágrimas? Porque el poder de la comunidad es el poder de la Trinidad y penetra tan profundamente en nuestros corazones, que nos motiva a permanecer en la carrera a pesar de la tremenda herida, el dolor y el sacrificio. Si este hombre no hubiera tenido a su padre y a la inmensa multitud de testigos, muy probablemente se hubiera dejado caer rendido en el asfalto.

A. Entrenamiento para Líderes y Colegas

Las investigaciones sugieren que una forma clave de reducir el estrés postraumático, aun antes de producirse el trauma, es adoptar conductas que mejoren el control del estrés y aumenten la calidad del apoyo social. El nivel de apoyo social, así como la percepción de apoyo organizacional durante y después de una crisis, afecta tanto nuestra habilidad para hacer frente a una crisis como nuestra resiliencia en general (Forbes & Roger, 1999; Keane, Scott, Caboya, Lamparski, & Fairbank, 1985). Cualquier programa de prevención o intervención en una crisis debe tener como meta específica mejorar y afirmar nuestro sistema de apoyo. Una estrategia efectiva para reducir el estrés postraumático y mejorar la habilidad del obrero intercultural para enfrentar los inevitables estresores traumáticos de los contextos internacionales, es el entrenamiento en el desarrollo de habilidades interpersonales, manejo de conflictos, edificación de equipo, preparación ante la crisis y manejo del estrés. El rol excepcional que tienen los cuidadores profesionales dentro del contexto de las misiones interculturales es proveer la mentoría a los líderes de las organizaciones para que puedan dar apoyo a las víctimas de traumas.

En el enfoque del cuidado del trauma, basado en la comunidad, los compañeros, líderes y los profesionales de salud mental trabajan juntos para ayudar al personal en crisis, dándoles la oportunidad de hablar de sus vivencias y de cómo les ha afectado. Este tipo de cuidado no es impuesto o requerido, solo está disponible. A medida que la gente expresa sus preocupaciones y reciben apoyo, se le alienta a hacer frente al trauma en lugar de usar la evasión como mecanismo de defensa. La evasión ha sido identificada como un factor de riesgo importante para desarrollar TEPT. El Equipo Móvil de Cuidado al Misionero (MMCT por sus siglas en inglés) ha desarrollado un entrenamiento de respuesta ante la crisis para líderes y compañeros, que les capacita para edificar sobre las habilidades naturales de cuidador. Este entrenamiento contribuye a tener comunidades misioneras más resilientes. El MMCT hace esto enfocándose en las actitudes, creencias, conocimiento y habilidades necesarias para dar cuidado efectivo en situaciones traumáticas.

B. Actitudes y Creencias para el Apoyo de la Comunidad

Dentro de una comunidad, las creencias y actitud de los cuidadores son extremadamente importantes. Las creencias fundamentales de los cuidadores con respecto al sufrimiento, el dolor y la sanidad impactan en la calidad del cuidado que prestan. Algunas de las preguntas que los cuidadores deben hacerse a sí mismos antes de entrar en una relación de ayuda incluyen las siguientes:

- ¿Cuáles son mis motivaciones para ayudar a esta persona?
- ¿Cuáles son mis creencias y actitud acerca del dolor?
- ¿Puedo acompañar el dolor o tengo que arreglarlo?
- ¿Puedo tolerar las contradicciones y las preguntas sin respuestas sin decir lo obvio?
- ¿Puedo escuchar la ira contra Dios sin sentirme ofendido?
- Los amigos de Job hicieron un intento de proveer apoyo en comunidad cuando se enteraron del sufrimiento de Job. Pero, finalmente, su sistema de creencias no permitió que prestaran la clase de apoyo que nutre la sanidad emocional. Sus respuestas (después de 7 días de maravilloso silencio), no consolaron a Job.

Aunque el corazón de Job estaba hambriento de palabras de verdad que trajeran soluciones, ellos le dijeron lo que él ya sabía intelectualmente. "Miren, he visto todo esto con mis propios ojos, y lo he escuchado con mis propios oídos y ahora comprendo. Tengo tanto conocimiento como ustedes; no son mejores que yo" (Job 13:1-2, NTV). Puede ser útil recordarle al que sufre verdades que puede haber olvidado o que el dolor haya opacado. Mejor que decir palabras obvias como si fuera un nueva percepción, es mostrar comprensión y una actitud de respeto y humildad que reconoce la experiencia de la persona que sufre.

Los amigos de Job creyeron también que debían defender a Dios y le acusaron de ser un pecador impenitente y le exhortaban. ¡Confiesa y arrepiéntete! ¡Como si esto produjera una cura instantánea! Job les contesta: "En cuanto a ustedes, me calumnian con mentiras. Como médicos, son unos matasanos inútiles. ¡Si tan solo se quedaran callados! Es lo más sabio que podrían hacer... ¿Acaso defienden a Dios con mentiras? ¿Presentan argumentos engañosos en su nombre? ¿Mostrarán parcialidad en su testimonio a favor de él? ¿Serán los abogados defensores de Dios?" (Job 13:4-8, NTV).

Walter Wangerin escribe elocuentemente acerca de las palabras que salen de la boca de los que sufren un profundo dolor. ÉL aconseja a los que ayudan con reflexiones sobre el consuelo piadoso. Cuando los que sufren hacen preguntas apasionadas, recuerde que esas preguntas "no vienen de una mente inquisitiva sino de un alma desencantada". Con frecuencia las preguntas hechas desde la ira no tienen respuesta porque "no son preguntas, son acusaciones". Usted podrá reconocer cuando la persona que sufre dirige su furia en la dirección equivocada y con amabilidad redirecciónelo, anímeles a llevarlo todo al Señor (Wangerin, 1992, 216-221).

Una vez tuve un pastor a quien la gracia le era esquiva. Creía que la depresión era básicamente autocompasión y que el rol principal de un pastor era "darle una buena patada en los pantalones". Dios confirma la percepción de Job de que sus amigos no han agradado a Dios al tergiversarle y presentarlo como una deidad dura, que juzga y castiga. Dios le dijo a Elifaz: "Estoy enojado contigo y con tus dos amigos, porque no hablaron con exactitud acerca de mí, como lo hizo mi siervo Job... Mi siervo Job orará, y yo aceptaré la oración a favor de ustedes. No los trataré como se merecen" (Job 42:7-8 NTV). Qué vuelco tan interesante dieron las cosas, el que estaba en el más profundo dolor habló con más exactitud acerca de Dios que los "consoladores" y terminó intercediendo a favor de sus amigos.

El libro de Job no habla de las motivaciones de los amigos para decir lo que dijeron; sin embargo, como el frío consuelo se ha pasado de generación en generación, podemos especular...Frente a alguien vulnerable, que sufre horriblemente se puede producir emociones de temor, impotencia y ganas de huir. Las palabras de juicio, las acusaciones, la impaciencia pueden apartar de nosotros, aún más, a la persona que sufre, para que no tengamos que llevar ese dolor a nuestros corazones. Tópicos y dar soluciones vienen de la ilusión de que el razonamiento y la lógica tienen el poder de acortar el largo viaje del duelo. Aquí tenemos algunos principios adicionales mencionados en "Del Duelo al Baile" (Wangerin, 1992) que ofrecen iluminación a los ayudadores genuinos y efectivos.

- No se espera que repare la rotura mortal sino que acompañe al quebrantado.
- No espere gratitud, humilde obediencia, conducta racional, o gracias; no espere nada para usted.
- Conozca el proceso del duelo, pero conozca aún más al que sufre.
- Haga las paces con su propia muerte y con la muerte misma.
- Su presencia es más importante que cualquier solución que pueda proponer; quédese con ellos, acompañe.
- Cuando se repitan a sí mismos, o cuenten la misma historia una y otra vez, recuerde que hay sanidad en expresarse, y que el punto no es que usted aprenda algo que antes no sabía.

De manera proactiva, podemos contribuir a formar comunidades sanas que promuevan la sanidad a través de un ambiente que nutra a las personas que hayan experimentado algún trauma. Jean Vanier escribe sobre el poder de las comunidades genuinamente cristianas (Vanier, 1989). En el próximo cuadro se presentan *Algunas Características de las Comunidades Cristianas Sanas*. Las comunidades que desarrollan y nutren esos elementos serán lugares seguros para que las víctimas de trauma se recuperen y sanen.

Para ayudar en el fortalecimiento de iglesias y comunidades misioneras, MMCT ha hallado útil pedir a los misioneros que elijan los tres elementos que mejor se cumplen en su comunidad. Les proveen la oportunidad de afirmar lo que hacen bien, además de hacer notar las áreas en las que necesitan crecer y mejorar. Celebrar las fortalezas en una comunidad aumenta su habilidad para resistir los inevitables temporales.

C. Conocimiento y Habilidades para el Apoyo en Comunidad

Un entrenamiento ideal para el manejo de crisis debe incluir conocimiento, desarrollo de habilidades, ayuda logística, primeros auxilios psicológicos, evaluación de la crisis, interrogatorio sobre la crisis y ayuda para los niños.

Apoyo Logístico

Cuando los Crums (Historia 5) describieron lo que les había sido de más utilidad después del violento robo, lo primero que mencionaron fue encontrar una casa disponible en Nairobi. Ann (Historia 3) escribió que "La estructura de apoyo dentro de nuestra iglesia nos brindó el apoyo práctico que necesitaba, médicamente con las secuelas del accidente y de manera financiera cuando comencé el proceso de reconstruir mi vida."

La ayuda práctica y logística con las finanzas, cuidado médico, vivienda, comidas, cuidado de los niños, opciones de empleo a futuro, continuidad laboral, papeleo y otras tareas relacionadas con el resguardo, rutina y normalidad van a contribuir con el proceso de sanidad y comunican un cuidado afectuoso.

Estos detalles tienen que ser atendidos antes de que la persona tenga la energía mental y emocional para procesar el trauma de manera significativa.

En los días y semanas siguientes al trauma, frecuentemente el sueño se ve perturbado. El sueño y el descanso adecuado pueden ser muy difíciles. Las victimas pueden sentirse extenuadas físicamente; sin embargo, demasiado inquietas o ansiosas para rendirse al sueño. Una buena ayuda práctica es clave para la higiene del sueño. El uso de medicación para ayudar a dormir debe ser aconsejado por un médico. Aunque en los países en desarrollo muchas medicinas se venden sin prescripción médica, no se debe alentar a las personas a automedicarse para calmar las emociones. Mantener papel y lápiz al lado de la cama le permite a la persona escribir los pensamientos que la mantienen despierta. La respiración diafragmática profunda y la relajación muscular progresiva contribuyen a la relajación fisiológica y reducen la tensión. Ejercitarse regularmente temprano en el día o unas horas antes de dormir puede aliviar las tensiones acumuladas y mejorar el sueño. Los baños calientes y el calor húmedo en el cuello u otras áreas tensas reducirán la tensión muscular general.

ALGUNAS CARACTERÍSTICAS DE LAS COMUNIDADES CRISTIANAS SANAS

1. *Pertenencia: un lugar para asimilar, ser aceptado y apreciado en lugar de sentirse dejado afuera o rechazado.*

2. *Abierto: la habilidad para ser honesto, sincero, y compartir genuinamente; que da la bienvenida a gente nueva.*

3. *Cuidadoso: bondadoso, atento, gentil, pendiente a los necesitados.*

4. *Cooperación: comparten habilidades y recursos para metas comunes: trabajo en equipo.*

5. *Sanidad y Crecimiento: proveen consuelo a miembros que están tristes o angustiados; fortalecen a los que luchan, desarrollan las fortalezas y habilidades de sus miembros.*

6. *Relaciones con Amigos y Enemigos: dispuestos a ser amigos de los que son diferentes; trabajan para la reconciliación después del maltrato.*

7. *Ejercen Perdón: piden perdón cuando hieren a otros; perdonan cuando experimentan el maltrato.*

8. *Pacientes: soportan y perseveran cuando están molestos por detalles pequeños, o cuando no consiguen lo que quieren; no hablan mal de otros o de una situación.*

9. *Confianza Mutua: dependen el uno del otro, confían que otros den su mejor de sí mismos como uno lo haría; comprenden que fallamos; dan gracia cuando esto ocurra.*

10. *Usan Sus Dones: contribuyen con sus talentos y habilidades para el bien de la comunidad; animan a otros a usar sus dones.*

Primeros Auxilios Psicológicos

Los Primeros Auxilios Psicológicos (PFA por sus siglas en inglés), describe una serie de respuestas que se recomienda que den los cuidadores a las personas que experimentan un trauma (La Red Nacional de Estrés Traumático Infantil y el Centro Nacional para PTSD, 2006). Los primeros Auxilios Psicológicos proveen algunos lineamientos para los que dan respuesta a las crisis. Los objetivos básicos de PFA son:

- Establecer una conexión humana de manera no invasiva y compasiva.
- Mejorar la seguridad inmediata y continua, y brindar consuelo físico y emocional.
- Calmar y orientar a los sobrevivientes agobiados o muy perturbados.
- Ayudar a los sobrevivientes a que le digan a usted, específicamente, cuáles son sus necesidades y preocupaciones inmediatas, y recoger la información adicional según sea apropiado.
- Ofrecer ayuda e información práctica para ayudar a los sobrevivientes a lidiar con sus necesidades y preocupaciones más inmediatas.
- Conectar a los sobrevivientes, tan pronto como sea posible, a redes de apoyo social, incluyendo familiares, vecinos, y recursos de ayuda comunitaria.
- Apoyar mecanismos de apoyo flexibles para enfrentar problemas, reconocer los esfuerzos y las fortalezas para enfrentar problemas y empoderar a los sobrevivientes; animar a los adultos, niños y familias a que tomen un rol activo en su recuperación.
- Suministrar la información que pueda ayudar a los sobrevivientes a enfrentar efectivamente el impacto psicológico de los desastres.
- Sea claro con respecto a su disponibilidad y (cuando sea pertinente) conecte al sobreviviente con otro miembro del equipo de respuesta a desastre, o a los sistemas locales para recuperación, servicios de salud mental, sector servicios públicos y organizaciones.

Evaluación de la Crisis

Las habilidades para la evaluación, tales como observación y reconocimiento de las respuestas conductuales, afectivas, somáticas, interpersonales, cognitivas y espirituales (BASICS por sus siglas en inglés) de una víctima de trauma equiparán al ayudador a determinar el progreso de la víctima y cuánto más apoyo él o ella va a necesitar. Un elemento esencial en la intervención en crisis, es la evaluación del riesgo que tendría una persona de desarrollar complicaciones después de un trauma. Ver Sección 1D para más detalles de la evaluación BASICS.

Interrogatorio Sobre Incidente de Estrés Crítico

EL Interrogatorio Sobre el Incidente de Estrés Crítico (CISD por sus siglas en inglés) es una forma estructurada para que los cuidadores laicos puedan prestar ayuda a los sobrevivientes de trauma. Se ha utilizado por años con bomberos, oficiales de policía, personal de rescate y misioneros que están continuamente expuestos a eventos traumáticos; como un método para ayudar a las personas a procesar el impacto de un evento y recibir apoyo social adicional. CISD se asocia más comúnmente con el modelo de Mitchell (Mitchell, 1983). Este modelo es un proceso estructurado llevado por facilitadores entrenados (no profesionales de salud mental exclusivamente) y que puede ofrecerse inmediatamente después de un evento que cause trauma psicológico. El CISD consiste en contar la historia traumática, explorar los pensamientos y las experiencias sensoriales, compartir las reacciones emocionales, enseñar las reacciones más comunes después de un trauma, y en orientar en los mecanismos para afrontar problemas. El propósito de CISD es "prevenir los efectos posteriores innecesarios, acelerar la recuperación normal, estimular la cohesión del grupo, normalizar las reacciones, estimular la ventilación emocional y promover el control cognitivo de la situación" (Dyregrov, 1997). No es un sustituto de la terapia, sino un método que intenta formar parte de un programa más completo en el manejo de incidentes de estrés crítico. Con el entrenamiento especializado, los compañeros cuidadores pueden proveer cuidado inmediato, en el sitio, y referirlos a los profesionales de salud mental cuando encuentren signos de alguna patología.

Cuando algunas investigaciones indicaron que CISD no era útil y que, por el contrario podría ser perjudicial, el método se volvió controversial. Aunque muchos de esos estudios están plagados de fallas metodológicas, son hechos que arrojan luz que deben usar esa poderosa herramienta con sabiduría y cuidado. Como por muchos años hemos entrenado compañeros que se interrogan unos a otros, hemos identificado cinco áreas que podrían perjudicar a los receptores: falta de opciones, momento inoportuno, re-traumatización, traumatización vicaria y superficialidad. Estos peligros potenciales podrían evitarse en los interrogatorios que se hacen en los contextos interculturales. Si se siguen las siguientes recomendaciones, CISD puede beneficiar a las víctimas de trauma mediante el apoyo social, la oportunidad de expresar emociones, la evaluación y los enlaces a los recursos:

1. Mejora el proceso educativo de las personas (líderes y víctimas) en cuanto a lo que realmente es el CISD y a lo que no es, y le proporciona a la víctima del trauma múltiples oportunidades en el tiempo de realizar el interrogatorio.

2. Antes de proveer el CISD, los interrogadores deben evaluar el nivel de fatiga de la víctima, sus necesidades de apoyo práctico, la sensación de agobio y los niveles de ansiedad, a fin de determinar el momento adecuado. Si tiene dudas acerca de los niveles de ansiedad consulte con un profesional de salud mental.

3. Cuando se interroga a los pacientes, ellos expresan emociones muy intensas, por lo cual ayude a infundir una sensación de seguridad y calma antes de que salgan de la sesión. Los que preguntan no deben forzar a una persona a expresar emociones intensas, y tampoco deben interrumpirles o comunicarles que esa expresión no está bien o es dañina. Para los interrogatorios grupales, considere dividirlos en grupos más pequeños según sea la intensidad de la exposición al trauma. De esta manera, las personas no tienen que escuchar detalles gráficos de eventos que ellos no enfrentaron directamente. Los niños tampoco necesitan escuchar todos los detalles de los pensamientos y temores de los adultos durante un evento compartido.

4. CISD es solo una parte del amplio espectro que existe para intervención de crisis. Haga seguimiento y evalúe si la persona necesita intervención más allá de una sola sesión. No subestime el valor de la ayuda práctica y el apoyo continuo.

5. Cuando los líderes reconocen su rol crítico a la hora de proveer apoyo, ellos pueden brindar un cuidado emocional, espiritual y práctico que pudiera tener un impacto mucho más duradero que los interrogatorios.

6. Nosotros, que hacemos interrogatorios en contextos interculturales, necesitamos investigar un poco más acerca de la validez y el valor de CISD para las víctimas de trauma.

Para una discusión más detallada sobre CISD y las investigaciones que lo critican, ver el artículo titulado "Critical Incident Stress Debriefing for Cross Cultural Workers: Helpful or Harmful" en *http://www.mmct.org/wp-content/uploads/2020/03/Critical-Incident-Stress-Debriefing-Harmful-or-Helpful.pdf.*

Reconocer y Reformular

Las personan en situación de crisis, con frecuencia hacen declaraciones negativas, sin esperanza o desdeñosas. Mantener una perspectiva distorsionada y autocrítica puede entorpecer el proceso de sanidad. Una habilidad útil se llama "Reconocer y Reformular". Cuando se aplica esta habilidad, el cuidador escucha atento a comentarios de autocrítica, luego le da perspectiva o "reformula" el pensamiento irracional. Al hacer esto, él o ella previenen actitudes potencialmente dañinas o conductas basadas en juicios inexactos. Esencialmente, las afirmaciones distorsionadas no deben dejarse pasar sin ser modificadas. Los sobrevivientes de incidentes críticos podrían:

- Ser exageradamente autocríticos.
- Hacen una catástrofe de su incidente.
- Se quedan en los aspectos negativos.
- Se quedan atrapados en pensamiento del tipo "¿y si?"
- Pierden la autoestima.

A veces decir "hey, no podías haber hecho nada al respecto" es todo lo que se necesita para superar la autocrítica y recuperar la confianza. Otras veces, este tipo de afirmaciones no funcionan. Evite decirle a alguien que no debería tener ciertos sentimientos, lo cual hace que el individuo no se sienta escuchado. Por otra parte, decir que sus sentimientos son normales quedaría como condescendiente. Debido a la conformación única de cada individuo, es un gran reto responder a los pensamientos distorsionados. En algunas situaciones, cualquier cosa que digamos de manera natural cae en oídos sordos y se requiere una respuesta más estratégica.

Cuando se use la intervención "Reconocer y Reformular", escuche sin hacer juicios, reconozca que los sentimientos son comprensibles dadas las circunstancias, y luego ofrezca un punto de vista, algo diferente, más equilibrado o racional. Esta intervención afirma los sentimientos del individuo pero le cambia su marco de referencia y su significado. Los pasos para la intervención "Reconocer y Reformular" -son los siguientes:

1. Identifique el sentimiento o creencia que se expresa.
2. Imagine las circunstancias en las que el individuo experimentó esos sentimientos.
3. De alguna manera, reconozca y afirme verbalmente cuan normal o comprensibles pueden ser esos sentimientos dada la situación. Dele a la persona una perspectiva adicional que le dé otra forma de ver lo que ha experimentado.
4. Una vez que usted haya hecho su intervención, haga que se mantenga su afirmación. Eso no requeriría una respuesta verbal. El silencio probablemente signifique que están pensando en lo que usted acaba de decir. Esperemos que esto haya alterado su punto de vista. Si el silencio es prolongado, diga algo como, "entonces, ¿qué pasó después?" o, "dígame que más le estaba ocurriendo?"

Por ejemplo, alguien que fue robado podría decir, "Si hubiera sabido que eran bandidos no habría detenido el automóvil, debí saberlo por la forma en que vestían". Una respuesta "Reconocer y Reformular" sería algo como, "cuando ocurren cosas como esta, tendemos a juzgarnos a nosotros mismos. De igual forma, es bastante difícil saber cuándo unas personas vestidas como soldados en una alcabala, no lo son. Detenerse o no, es una decisión muy difícil".

Otros ejemplos de la intervención "reconocer y reformular":

- Es doloroso cuando hacemos las cosas como debemos y todo resulta de esta manera.
- Estos momentos son duros. Es muy duro lidiar con la situación cuando las
- cosas no salen como planeamos.
- No es fácil tomar decisiones en tiempos de caos y confusión.

Educación sobre Disparadores y Fundamentación

Aprender más acerca de cómo el cuerpo y la mente reaccionan al trauma es empoderar a aquellos que tienen que afrontar cosas aterradoras que no entienden. Los cuidadores que saben de las reacciones típicas comunes al trauma pueden tranquilizar y proporcionar un sentido de

DISPARADORES

- *Visual: Ver una persona que se acerca al vehículo con las manos escondidas recuerda a un ladrón en un robo en el auto.*

- *Sonido: Escuchar el sonido de fuegos artificiales y pensar que son disparos.*

- *Olores: Oler alcohol en el aliento de alguien le recuerda a quien abusó de ella.*

- *Sabores: La comida china le recuerda a alguien lo que estaba haciendo cuando recibió la noticia de la muerte de su esposa.*

- *Físico o Cuerpo: Sentir que alguien le agarra por detrás produce un recuerdo muy vívido de un asalto.*

- *Fechas o Estaciones Significativas: Aniversario de una muerte; una fecha que viene y va, que hubiera tenido un significado especial antes del trauma; las estaciones llevan consigo memorias y sensaciones que le recuerdan el trauma.*

- *Eventos Estresantes o Excitación: El aumento de las tensiones políticas disparan recuerdos de un golpe de estado previo o de una evacuación.*

- *Emociones Fuertes: Una madre siente ansiedad porque su hijo no ha llegado a casa, esto le dispara recuerdos del secuestro de su esposo.*

- *Pensamientos: Una mala evaluación de rendimiento dispara pensamientos, "soy un fracaso", el mismo pensamiento que tuvo en la escena de un accidente cuando "Yo" no fui capaz de ayudar.*

- *Conductas: Subirse a un vehículo le recuerda un accidente automovilístico que tuvo.*

- *De Repente: Cuando está cansado o generalmente estresado, un pensamiento intrusivo podría venir de la nada, sin provocación alguna.*

- *Combinaciones: Los disparadores pueden ser estimulados por varias categorías a la vez: ver a un hombre vestido de militar con un arma en la mano, combinado con la hora del día manejando, y el sonido de su voz, todos disparan recuerdos de agitación civil.*

Los disparadores son experiencias asociadas con algunos aspectos del trauma, y que pueden activar una respuesta postraumática (recuerdos intrusivos o reacciones de ansiedad). Una manera de explicar un disparador es que "durante eventos poderosos como este, el cerebro registra vistas, sonidos, olores, que ocurrieron en el incidente. Con frecuencia, como un sistema de alarma temprana, si más adelante tropezamos con una experiencia sensorial parecida, una parte de nuestra mente quiere prepararse para lo peor. No siempre sabemos cuáles serán los disparadores, pero anticiparlos puede ser útil" (Schiraldi, 2000; Snelgrove, 1999). A continuación, una lista de algunos ejemplos de disparadores.

Fundamentación es una técnica que sirve para ayudar a las personas a reorientarse a la realidad actual si un *disparador* hace que se reviva el trauma o se produzca una respuesta fisiológica. Les guía a calmarse a sí mismos enfocándose intencionalmente en lo que les rodea (lo que pueden ver, oír y sentir). Pídale que describa todas esas cosas en forma detallada y metódica. Por ejemplo, "veo las baldosas marrones en mi techo, las cortinas azules en mi ventana y las multicolores baldosas de mi piso. Oigo el sonido del ventilador en mi habitación y un ave fuera de mi ventana. Siento la suave tapicería de mi silla bajo mis piernas y una brisa que sopla en mi cara". Esto hace que la persona se ancle a la realidad presente, la cual se presume, es más segura que la memoria traumática. Para más detalles de esta habilidad ver la Sección 5B.

D. APOYO DE LA COMUNIDAD PARA LOS NIÑOS

Con frecuencia, los niños son las víctimas invisibles del trauma porque ellos retoman sus actividades normales y puede que ni hablen de lo ocurrido. Algunas veces los adultos suponen, erróneamente, que los niños no han sido impactados significativamente. Los padres y los cuidadores juegan un rol muy importante en ayudar a los niños a hacer frente con éxito a sus reacciones. La siguiente es una lista de lo que va a ser de ayuda (y lo que no). En el libro *Sojourners: The Family on the Move,* escrito por Ruth J. Rowen y Samuel F. Rowen (Farmington, Michigan Associates of Urbanus, 1990, 165-176) encontrarán más detalles al respecto.

Hacer estas cosas será de ayuda:

1. Escuche atentamente cuando los niños mencionan el miedo de manera casual o quieren hablar de ello.

2. Observe si muestran señales de las respuestas traumáticas emocionales, cognitivas o físicas; como, por ejemplo, bajo rendimiento, aislarse, irritabilidad, pesadillas.

3. Acepte que sus temores son reales para ellos, aun los imaginarios. Permítales experimentar esos sentimientos. Es necesario que se le dé la misma consideración a los temores, reales o imaginarios. Se puede hacer una distinción útil entre sus sentimientos de temor y la cantidad real de riesgo o peligro presente.

4. Eduque a los niños acerca de la situación. Puede que les falte información. Si la situación tiene que ver con cosas que les concierne directamente como escuela, amigos, alimentos o animales salvajes, deben estar informados. Lo desconocido causa temor. Use libros, fotos o videos para ayudarles a entender.

5. Consuélelos y deles el apoyo que necesitan mientras tengan miedo. Muchos de los temores se habrán superado al cabo de unas pocas semanas o meses; sin embargo, durante este período debe ser mucho más sensible a sus sentimientos y darle mayor apoyo.

6. Enséñeles que Dios ha prometido estar con nosotros. Isaías 43:5 dice: "No temas porque yo estoy contigo". La promesa es que Dios estará con nosotros en todo momento, aun en las situaciones difíciles.

7. Ore con los niños con respecto a sus temores.

8. Durante este tiempo, deles una medida extra de amor y seguridad. Será provechoso pasar más tiempo juntos como familia.

9. Busque experiencias positivas en relación al temor que le ayuden a disiparlo. Si el temor es a los perros, pase tiempo con un amigo que tenga un perro amigable y manso. Permita que el niño juegue con el perro a su propio ritmo.

10. Asegúrese de que ambos padres están de acuerdo en cómo manejar la situación.

11. Converse con otros padres cuyos hijos hayan experimentado temores similares y averigüe cómo lo manejaron.

12. Consulte con el médico de la familia si cree que él o ella puede ser de ayuda para determinar la mejor forma de superar los temores

que están causando los trastornos de sueño o de alimentación. Con frecuencia los temores implantados muy profundamente en los niños hacen que mojen la cama y que tengan pesadillas.

13. Recuerde que todos los niños van desarrollando temores a medida que crecen y si esos temores se vuelven en un problema más grave, depende de cómo los padres manejen la situación.

14. Hable con los niños después de la crisis para que ellos puedan contar su historia y revelen cualquier suposición equivocada, temores, o culpas personales. Los padres y otros adultos pueden ayudar a que sus niños vean la crisis desde una perspectiva diferente.

15. Ayude a los niños a desarrollar un sentido de seguridad a través de sus propias acciones. Por ejemplo, un niño que teme a la oscuridad puede beneficiarse al usar su propia linterna para iluminar la oscuridad.

Hacer Estas Cosas NO Será de Ayuda:

1. Reírse y decir al niño que es tonto sentirse así.
2. Ignorar sus reacciones al trauma y esperar que desaparezcan.
3. Hacer un escándalo por sus temores y darle demasiada atención.
4. Comparar al niño con sus hermanos o hermanas que no tienen miedo.
5. Inculcar temores en el niño al contarle de todas las tragedias que a diario ocurren en el mundo.
6. Permitir que el niño vea tus temores fuera de control. Ellos imitan las reacciones de temor.
7. Demostrar aprehensión de forma tal que confirme sus temores.

Otros Ideas para Interactuar con los Niños Traumatizados

1. Puede que los niños en edad prescolar no sean capaces de expresar verbalmente su reacción al trauma. Un acercamiento indirecto resulta más efectivo. Puede ayudarles haciendo dibujos, usar juguetes o utilizar títeres para recrear lo ocurrido. Otra idea es que lo ponga a dibujar o a recortar figuras de alguna revista que muestren cómo se sienten.
2. Permita que el niño hable de las cosas a su propio ritmo, de manera no lineal, en lugar de hacerle preguntas directas.

3. Solo porque un niño parece indiferente no significa que él o ella no esté afectado.

4. La forma en que los niños lidian con las crisis es influenciado por lo que ellos sienten y observan en sus padres. Por lo tanto, es importante que los padres busquen ayuda y trabajen en aras de su estabilidad y recuperación emocional.

5. Los niños encontrarán en sus fantasías respuestas a las preguntas no contestadas. Si los padres están disgustados pero nadie les explica a los niños el porqué, ellos podrían pensar que hicieron algo malo y que tienen la culpa. Si a un niño se le dice que algo malo ocurrió pero no se le dice qué ocurrió, él o ella podría imaginar algo peor de lo que verdaderamente pasó.

6. Explique lo ocurrido en forma clara, sencilla y cierta. Si alguien murió, darle la noticia en forma gradual podría ser una opción. Usar eufemismos como "se ha dormido" o "se ha marchado", o "Jesús lo necesitaba más que nosotros" podría causar más daño que beneficio. Un niño que equipara "morir" con "dormir" podría desarrollar una ansiedad significativa acerca de dormir o ir a la cama. Retrasar el duelo podría ser un problema para el niño si cree que el fallecido va a regresar. Decirle al niño que Jesús necesitaba a la persona más que nosotros podría. Causar resentimiento contra Dios.

7. Proteja al niño de la exposición repetida al trauma que se produce al escuchar a los adultos repetir la historia una y otra vez, o ver imágenes violentas en la televisión.

8. Pregunte al niño qué es lo que él o ella cree que ocurrió y por qué, a fin de descubrir cualquier conexión o conclusión errónea que se hayan formado.

9. Observe si hay señales de que los niños se estén culpando por lo ocurrido.

10. Trate de restablecer la rutina, las estructuras, el sentido de seguridad, y confianza lo más rápido posible. El niño puede regresar al colegio pero con expectativas de concentración y logro más bajas por parte de padres y maestros. Debe restablecer la rutinas familiares (horarios de comidas, patrones de antes de dormir como leer cuentos y orar, prácticas disciplinarias y tareas compartidas).

11. La separación temporal de los padres durante los eventos críticos, más adelante podrían causar ansiedad por separación, que incluye temor intenso de ser separado de sus padres y que algo malo les va a pasar a mamá y a papá.

12. Ayude a los niños a desarrollar habilidades para hacer frente a la crisis e invíteles a participar en el proceso de dar ideas para reducir la ansiedad y aumentar las competencias en el manejo del temor (memorizar versículos, escuchar música u orar).

13. Si trabaja con niños en grupos, divídalos según sus edades o nivel de desarrollo (prescolar, escuela primaria, adolescentes).

E. Apoyo Organizacional

El Papel del Liderazgo

Los líderes juegan un papel muy importante en el cuidado preventivo. J. Fawcett afirma que la cohesión del equipo y la confianza en un liderazgo competente, factores que deben existir antes de que se presente una crisis, son elementos importantes para lograr una sana adaptación post crisis. Al recomendar el entrenamiento pre-crisis para el liderazgo, Fawcett menciona la cohesión del equipo, la moral y el estilo de liderazgo consultivo. Estos factores aumentan el apoyo social y reducen el estrés. Un taller enfocado en ayudar a los participantes a construir confianza, manejar el estrés, escuchar bien y enfrentar los conflictos relacionales contribuirá significativamente a mejorar la calidad de las relaciones y del trabajo en equipo entre el liderazgo y el resto del personal. Un taller sobre crisis, diseñado para los líderes, puede desarrollar habilidades para comprender las respuestas normales a la crisis, proveer cuidados a las personas en crisis, construir y mejorar la confianza de manera proactiva, y reducir el estrés. Visión Mundial (World Vision) ha encontrado que el nivel de apoyo organizacional es más importante que el interrogatorio a la víctima (J. Fawcett, 2002). Específicamente, los empleados reportaron que la presencia de un gerente senior durante y después de un evento crítico, se percibió como apoyo y cuidado organizacional, y fue un factor significativo en cómo todos hicieron frente a la crisis. Los líderes pueden tener un impacto crucial mediante llamadas telefónicas, correo electrónico y visitas personales que comunican apoyo, preocupación, cuidado y el compromiso de ayudar. Dadas las presiones y responsabilidades de los líderes, cualquier programa preventivo que desee implementarse debe considerar sus necesidades emocionales antes, durante y después de la crisis. Ron Brown escribe:

> Si el liderazgo de la misión no reconoce, de alguna manera, el trauma que un obrero ha soportado, es como si un elefante hubiera entrado en la habitación. El trauma que un obrero experimenta puede tener un efecto personal enorme y, sin embargo, la descripción de este mismo evento puede tener un impacto emocional mínimo en el liderazgo de la misión, ya que el correo electrónico que describe el trauma es escaneado rápidamente. Es responsabilidad del líder reconocer el evento e indagar cómo el obrero está haciendo frente al trauma. Después de un evento muy traumático, una familia misionera regresó a su país de origen por un período corto. Hablaron maravillas del líder de su organización, que fue a visitarlos con su esposa. "Fue mucho más que un mensaje por correo. Él vino con su esposa". Esa acción habló más que palabras, y sintieron que la visita de un líder principal validó el dolor que habían soportado. Este ejemplo contrasta con otra familia que, después de un asalto muy intenso y muy traumático, no supieron nada de sus líderes. "Fue como si a ellos (los líderes) no les importara". La familia se sintió muy sola y se sintieron heridos por la falta de respuesta del liderazgo (Brown, 2007, 316).

Los líderes se encuentran en una posición única para darle tiempo de descanso a las personas, un retoque del presupuesto para obtener más recursos, escribir cartas a los patrocinadores, o hacer arreglos para comidas. Cuando evacuaron a MMCT de Costa de Marfil, tuvimos que dejar todos nuestros muebles, equipo de oficina y enseres personales. Mientras nos instalábamos, en casa y oficina en Ghana, enfrentamos obstáculos financieros y logísticos. Nuestros líderes nos apoyaron de muchas formas, pero para mí resaltan dos de ellas: uno de ellos emitió una solicitud para un financiamiento especial (se pagaron tres meses de nuestra renta en Costa de Marfil, lo cual fue una ayuda económica substancial). Otro líder y algunos compañeros regresaron a Abidjan, empacaron nuestras pertenencias y las enviaron a Ghana. Estas acciones hablan fuertemente del cuidado y la preocupación, y definitivamente facilitan el proceso de sanidad.

Planes Organizacionales

"El prudente se anticipa al peligro y toma precauciones. El simplón avanza a ciegas y sufre las consecuencias" (Proverbios 22:3, NTV).

No hace mucho, una mujer camerunesa experta en manejo de crisis se quejaba conmigo por la dificultad que tenía para que su supervisor hiciera un apartado presupuestario para el cuidado del personal en tiempos de crisis. Su respuesta, "¿estás deseándonos una crisis?". Después que todo su personal fue evacuado de una zona de guerra y los niveles de deserción aumentaron, se arrepintió de su postura tan miope.

Una organización proactiva estará lista para la crisis con planes de contingencia, construcción de confianza, manejo del estrés, planificación presupuestaria para el cuidado del personal, planes de vacaciones para el personal, revisión más estricta para el personal en zonas de alto riesgo y entrenamiento en el manejo de crisis para todo el personal. Los líderes y administradores pueden usar el Inventario de Estrés de los Obreros Interculturales (Cross Cultural Stress Inventory, Apéndice 2.D) o el Inventario de Autocuidado Personal del Instituto Hedington (Hedington Institute Self Care Inventory) en *https://www.headington-institute.org/resource/self-care-inventory/* para evaluar los niveles de estrés del personal en tiempos de transición o de crisis. También es bueno tener planes de contingencia y entrenamientos de seguridad como herramientas organizacionales para estar preparados para los tiempos de crisis. Crisis Consulting International (*www.cricom.org*) provee asesoría, negociación de rehenes y entrenamiento en planes de contingencia ante la crisis para las agencias misioneras.

No se puede esperar que las organizaciones cuenten con todo el conocimiento, las habilidades o el personal que se necesita para cada situación de emergencia, por lo tanto, se recomienda el trabajo en redes para proveer cuidado cooperativo. Esto se ha hecho con escuelas para hijos de misioneros (MK's) y los esfuerzos para el cuidado de los misioneros. MMCT es un ejemplo del trabajo en redes: el personal, los miembros del consejo consultor, la junta de directiva y las fuentes de financiamiento provienen de muchas organizaciones envidadoras. La Red de Seguridad Infantil (Child Safety Network) entrena ayudadores y provee asistencia en casos donde se sospeche de abuso infantil.

Ver Apéndice C para más información sobre organizaciones que buscan proveer cuidado de alta calidad para el personal.

F. Apoyo Profesional

Entrenamientos

Alexander Pope, en su "Ensayo sobre la Crítica (1709)" escribió: "El escaso conocimiento es una cosa peligrosa: beba profundo o no pruebe del arroyo de Piería: las corrientes poco profundas intoxican el cerebro y beber bastante nos hace sobrios de nuevo". A los cuidadores a quienes se les ha confiado escuchar y acercarse para caminar con el herido, se les han confiado una tarea sagrada. Dios nos ha dado dones y fortalezas, siendo la más valiosa el Espíritu Santo para que nos guíe mientras ayudamos a los que están en crisis. En algunos ambientes interculturales, las oportunidades de entrenamiento pueden ser limitadas. Los líderes y los cuidadores deben buscar proactivamente entrenamientos de calidad en habilidades para proveer cuidado. Esto podría incluir los entrenamientos de MMCT titulados "Respuesta a la Crisis en África Oriental y Occidental", cursos de consejería pastoral y clínica, entrenamientos en línea, lecturas seleccionadas o talleres ofrecidos en visitas a corto plazo por consejeros entrenados.

Consultoría

Si un cuidador observa síntomas que van más allá de las reacciones comunes o normales, debe consultar con un profesional, por correo, teléfono, una videoconferencia por internet o visitas personales para que determine el mejor curso de acción. Los consultores de consejería pueden ayudar a los cuidadores a recoger información, preparar planes de emergencia y referir a las personas. Establecer relaciones de antemano con un consejero, hace que se tenga a la mano informaciones de contacto, disponibilidad de viajes y áreas de experticia.

Evaluación y Consejería

Muchas organizaciones usan consejeros profesionales para hacer las evaluaciones preministeriales a fin de determinar la disposición psicológica de los candidatos. Igualmente, las evaluaciones pueden hacerse en otras ocasiones como tiempos de licencia u otras transiciones para determinar cómo la persona está manejando el estrés o si aún quedan algunos efectos postraumáticos. Cuando esto se hace de manera proactiva, se podrían prevenir complicaciones serias que requieran largos períodos de recuperación.

Algunos obreros interculturales vienen de países donde abundan los consejeros. Para otros, encontrar un consejero, especialmente un consejero cristiano, es todo un reto. En varias áreas del mundo existen centros de consejería para obreros interculturales, pero son muy pocos (ver apéndice C). MMCT provee consejería a corto plazo en África. Sin embargo, es difícil de reclutar a un consejero cristiano, maduro espiritualmente, con suficiente experiencia de vida y experiencia intercultural, dispuesto a dejar su empleo, levantar apoyo y vivir en el exterior.. Algunos consejeros vienen para hacer visitas cortas. Si puede establecerse una relación con visitas frecuentes (anuales), también se puede construir la confianza. Los obreros pueden beneficiarse de las revisiones de consejería o de trabajar los temas más graves que los compañeros cuidadores no están en capacidad de tratar.

La Necesidad de Apoyo Profesional

Algunas situaciones traumáticas poseen un alto riesgo de TEPT, lo cual indica que hay necesidad de involucrar a un consejero profesional (violación o cualquier tipo de abuso sexual, asesinato, suicidio, un ataque que amenazó la vida de alguien o un trauma que impactó a un niño). Los síntomas que requieren consulta incluyen: pensamientos o acciones suicidas, conductas claramente autodestructivas; cualquier señal de una condición psicológica (depresión severa, desorden bipolar, TEPT, o psicosis; abuso de substancias o adicción a ellas; abuso o abandono infantil; patrones persistentes o generalizados que perjudiquen gravemente las relaciones o el rendimiento de la persona). En la ausencia de un consejero, un cuidador con habilidades de observación bien afinadas notará si el comportamiento de alguien es anormal y no responde al apoyo que está recibiendo. Una consulta aclarará la importancia de esas observaciones.

SECCIÓN 3
Resiliencia Personal
Karen Carr

Resiliencia significa tener la fortaleza para cumplir el llamado de Dios aun cuando resulte doloroso y difícil. Resiliencia es mantenerse enfocado en un propósito superior motivado por el amor a Dios, al prójimo y al mundo, y apoyándose en los amigos. Aunque otros nos decepcionen, Aquél que nos llamó es quien nos lleva. ¿Qué nos fortalece? Como resultado de mi trabajo respondiendo a crisis y dando consejería en África Central, han surgido varios temas. Estos temas tienen que ver con la prevención, es decir, en la medida que crecemos y nos desarrollamos somos más capaces de afrontar traumas. Esos temas también se refieren a sanar, que es la base para un proceso de limpieza y sanación profundo después de un trauma.

A. Conocer Nuestro Llamado.

A través de un estudio se descubrió que un factor clave para la permanencia de los misioneros es "una fuerte convicción personal de la dirección de Dios". Brown nos da una descripción a continuación:

> "Las agencias de envío de misioneros deben lidiar con el tema de cómo se expresa hoy en día el concepto de *"el llamado"*. ¿Acaso los candidatos misioneros solicitan serlo sólo por el deseo de hacer algo bueno en el mundo? o ¿por necesidades personales? o ¿por un sentido de injusticia? De ser así, ¿cómo es que esos sentimientos se traducen, o se transforman, en una fuerte convicción que se mantiene firme durante los problemas y las pruebas?, ¿cómo se desarrolla ese llamado?, ¿dónde desarrollan los nuevos reclutas ese sentido del llamado? Quizás la pregunta más profunda sea, ¿cómo es que Dios habla y llama a las personas hoy en día para que le

sigan en la obra misionera? Cualquiera que sea el lenguaje o la semántica utilizada, las agencias de envío de misioneros, que a través de su proceso de selección asignan las personas a las naciones con nivel de riesgo máximo , deben sentirse satisfechas y confiadas de que los nuevos reclutas hayan sido llamados a servir en tales lugares. Al asegurar desde el comienzo un firme llamado y probar esa convicción en el ministerio, definitivamente vamos a contribuir a desarrollar resiliencia después del trauma" (Brown, 2007, p. 318).

Henri Nouwen escribe:

«Saber que el sitio donde vives y el trabajo que haces no es elección propia, sino que es parte de una misión, hace toda la diferencia. Cuando surgen las dificultades, el saber que he sido enviado me da la fortaleza que necesito para no salir corriendo, sino para permanecer fiel. Cuando el trabajo se hace pesado, las instalaciones son precarias y las relaciones frustrantes, puedo decir, "Estas dificultades no son razones para salir, *sino ocasiones para purificar mi corazón*"» (Nouwen, 1990, p. 109).

"Todos hemos sido llamados, no a hacer cosas extraordinarias, sino cosas muy ordinarias con el amor extraordinario que viene del corazón de Dios" (Vanier, 1989, p. 298). Después de ser evacuados de Costa de Marfil, nuestro equipo se mudó a Ghana y comenzó el proceso de empezar de nuevo en un país nuevo. En aquellos días de reflexión, me di cuenta que parte de lo que temía (la exposición a un estrés severo) había ocurrido y yo seguía tan motivada por el amor como antes. Me di cuenta que el llamado de Dios a mi vida era una constante que las circunstancias externas no podían desviar. Algunas veces, las luchas internas cuestionarían ese llamado, pero el trauma hizo más sólido mi motivo para estar allí. La gente que escoge estar en áreas de alto riesgo y lo que les motiva es el deseo de aventura, una adicción a la adrenalina, los sentimientos de culpa o para divertirse, se desilusionarán rápidamente. Normalmente, esas motivaciones no contribuyen a la resiliencia de cara al trauma.

B. Alabanza, Gratitud y Gozo

En 2ª de Crónicas 20, vemos que un vasto ejército marcha en contra del rey Josafat de Judá. La noticia lo aterroriza. En crisis, Josafat hace algunas cosas interesantes. Se dispone a buscar ayuda del Señor y ordena un ayuno comunitario. Ora públicamente y afirma el poder y la soberanía de Dios, recuerda la historia de la fidelidad de Dios y confiesa su propio sentido de indefensión e insuficiencia. Dios le dice a la gente de Judá y Jerusalén que vayan a la batalla seguros con la presencia de Dios, quien es su ánimo y su victoria. Josafat y su pueblo responden en alabanza a Dios. Alaban desde la relativa seguridad de sus hogares, hasta el campo de batalla. Van al frente del ejército para cantar al Señor con el cántico: "Den gracias al Señor, su fiel amor perdura para siempre". En el preciso momento en que empiezan a cantar y a alabar, el Señor hace que los ejércitos de Amón, Moab y del Monte Seir comiencen a pelearse entre sí.

Confieso que cuando veo el relato de la respuesta de Josafat ante la amenaza de aniquilación, la parte con la que me identifico es cuando él se sintió aterrorizado. Sin embargo, cada vez que recurro a la alabanza en medio de una crisis, he sentido un cambio en la batalla. La letra de esta canción escrita por el autor de música góspel Kurt Carr (no tiene ninguna relación con esta autora: wwwlyricsmania.com, a la cual se accedió por última vez el 9/9/2012), expresan el consuelo que encontramos en la armadura de la alabanza.

> *He perdido buenos amigos en el camino de la vida,*
> *algunos de mis amados han partido al Cielo para quedarse,*
> *pero gracias a Dios no lo perdí todo.*
> *He perdido la fe en las personas que dijeron que les importaba,*
> *en mi tiempo de crisis nunca estuvieron.*
> *Pero en mi decepción, en mi tiempo de dolor*
> *una cosa nunca flaqueó, una cosa nunca cambió.*
>
> *Coro:*
> *Nunca perdí mi esperanza.*
> *Nunca perdí mi gozo.*
> *Nunca perdí mi fe.*
> *Pero por encima de todo,*

nunca perdí mi alabanza.

Dejé pasar algunas bendiciones
y perdí mi enfoque y me perdí,
pero gracias a Dios no lo perdí todo.
Perdí posesiones muy preciadas
y he perdido algunas batallas por caminar con miedo,
pero en medio de mi lucha, en mi temporada de dolor
una cosa nunca flaqueó, una cosa nunca cambió.

C. Gracia vs Desempeño

¿Cómo fue que Jesús evitó "quemarse"?, ¿qué podemos aprender de Él para poder mentorear a otros? Jesús demostró un patrón que se ilustra en el "*Ciclo de la Gracia*" (Lake, 1966, p.133).

El Ciclo de la Gracia

El *Ciclo de la Gracia* ilustra la fuente de nuestro sentido de propósito e importancia. Comienza con la afirmación del amor de Dios hacia nosotros y la **aceptación** de quienes somos. Este nutriente constante **sostiene** nuestro bienestar y nuestra vida espiritual. Esto fluye a una conciencia de **importancia**, de la cual extraemos dirección y fuerza para poder **lograr** cosas que resultan en la sanidad y crecimiento de otros.

Jesús sabía que era aceptado por su Padre, quien dijo que Él era su Hijo amado y le daba gran gozo (Lucas 3:21-22). También nosotros somos gente aceptada, amada y escogida, en quienes Dios se deleita y se regocija (Sofonías 3:17; Mateo 6:25-27; Efesios 1:4-8).

Por estar en el Padre, obedecerle y permanecer en su amor, Jesús recibió su sustento (Juan 14:10; 15:10). Nuestro sustento proviene directamente de Jesús, el pan y agua de vida. Si vamos a Él, nunca tendremos hambre ni sed. También nos promete satisfacer nuestras necesidades y darnos paz en nuestra mente y corazón (Juan 6:35; Juan 14:27; Filipenses 4:18-19; Apocalipsis 22:17).

Cuando Jesús ministraba, su importancia y logro provenían directamente de su relación con su Padre. De la misma forma, nuestros logros, incluyendo nuestras respuestas al trauma y mecanismos para superarlos, fluyen directamente del aporte recibido.

EL CICLO DE LA GRACIA

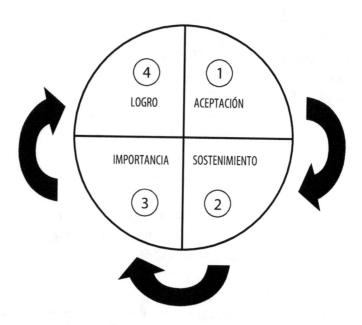

Jesús era consciente de su importancia como el Hijo de Dios y proclamaba abiertamente que Él era el camino, la verdad y la vida, y que nadie podía venir al Padre sino a través de Él (Juan 14:6). Nosotros podemos estar seguros de nuestra importancia como herederos, hijos adoptados y amigos, con el privilegio de compartir su gloria y sufrimiento (Juan 15:15; Romanos 8:15-17).

Los logros de Jesús en enseñanza, milagros y otras grandes obras están conectados a su relación con el Padre (Juan 5:19, 30, 36). Jesús dijo que sus discípulos (nosotros) haríamos cosas mayores que las que Él hizo y que produciríamos mucho fruto si permanecíamos en Él (Juan 7:38; 14:12; 15:5).

¿Cómo se relaciona el *Ciclo de la Gracia* con la ayuda a personas con trauma? La mayoría de las personas que trabajan a tiempo completo en el ministerio cristiano, tienen una ética laboral muy fuerte y el impulso para producir mucho fruto para el Señor. A veces, las organizaciones e iglesias que envían misioneros, contribuyen a la presión interna al enfocarse en los resultados (número de convertidos o iglesias plantadas), en lugar del caminar espiritual de los obreros. Esto hace que las personas se enfoquen más en los logros, descuidando otros aspectos del *Ciclo de la Gracia*.

Muchas personas empiezan por los logros, pasan a la importancia (a través de los logros), luego pasan a la fase de sostenimiento (con frecuencia hasta el punto de agotamiento) y finalmente, a la aceptación (sintiendo que han fallado y que no son dignos de la aprobación de Dios). Si se vive *el Ciclo* a la inversa, entonces es un *Ciclo de Frustración*, un *Ciclo Anti-Gracia*. Por ejemplo, un hombre llamado Tomás, tiene un fuerte sentido de la aceptación de Dios cuando empieza como misionero. Elige un campo difícil en el que no hay muchos cristianos. Al cabo de algunos años de servicio, Tomás comienza a sentir que no está marcando la diferencia. No puede ver resultados, ¡ni un sólo convertido! Hay presión por parte de las iglesias que le apoyan para que justifique el apoyo financiero, dado la falta de convertidos. Comienza a sentir que ha fallado delante de Dios, olvidando que Él le ama sin importar si su trabajo da frutos o no. Tomás está agotado y se siente vulnerable, porque está buscando su importancia y mantenimiento a partir de su desempeño, y no a partir del amor del Padre para con él. Entonces, cae en pornografía, que consigue en internet tarde en la noche después de que su esposa se ha ido a la cama. Esto le proporciona un alivio temporal, pero también lo llena de vergüenza y del temor a ser descubierto. Prisionero de su propia trampa, este hombre engañado piensa que debe probar su valor al Dios que murió por él.

Si una persona vive en el *Ciclo de la Frustración* y no en el *Ciclo de la Gracia*, será más propenso a caer cuando el trauma se presente. Imaginen cómo actúa el *Ciclo de la Frustración* cuando se produce una evacuación, un conflicto relacional, una muerte, estrés crónico o agotamiento emocional. El enemigo puede llenar nuestra cabeza con mentiras respecto a quiénes somos y la razón de encontrarnos donde estamos.

Como líderes y cuidadores podemos cuidar a los misioneros tratando de sacarlos con gentileza de un *Ciclo de Frustración* para llevarlos al *Ciclo de la Gracia*. Podemos llamarlos a la verdad de la Palabra de Dios: la aceptación y el sostenimiento vienen del Señor, y la importancia y el logro resultantes fluyen de esa fuente. Un buen liderazgo y el buen cuidado de los misioneros afirman esa verdad.

D. Perdón

Una misionera, que trabaja con mujeres que escaparon de la prostitución forzada, me preguntó cómo podría perseverar en su papel de cuidadora sin que la consumiera el odio por los abusadores. Hubo un tiempo en mi carrera misionera, que estuve llena de una ira justa, porque había visto y oído muchas historias traumáticas de injusticia y abuso. Un hombre golpeado con una pistola, secuestrado y abaleado cuando trataba de escapar. Una mujer secuestrada, obligada a entregar el dinero de la misión y golpeada en la cabeza. Una niña violada en grupo por ladrones. Una historia tras otra, había llenado mi corazón de amargura hacia los extraños que nunca conocí y que nunca conocería, aquellos que habían herido a los misioneros que tanto llegué a amar. No me desprendí de la ira contra los ofensores y lo que es más, sentí que tenía todo el derecho a mantenerla.

Al cabo de dos años de acumular emociones tóxicas, me diagnosticaron cáncer de ovario. Después de la cirugía y la quimioterapia, la ciencia médica me declaró curada. Espiritualmente hablando, yo seguía enferma. Un día en la iglesia, hubo un suave empujón del Espíritu Santo "Perdona a los hombres que hicieron esas cosas". Yo protesté y argumenté que yo no los conocía, y que no era a mí a quien habían herido. De manera que ¿por qué debía perdonarlos? La respuesta fue "Ese es tu cáncer y seguirás enferma hasta que los perdones". En obediencia y lágrimas pronuncié palabras de perdón, liberándolos de la prisión que había construido para ellos y para mí misma. Inmediatamente, sentí un ardor en el abdomen, donde estaba el tumor.

Desde entonces, como continúo escuchando historias horrorosas, he practicado el perdón regularmente, por no decir a diario. "No sostiene para siempre su querella ni guarda rencor eternamente. No nos trata conforme a nuestros pecados ni nos paga según nuestras maldades" (Salmo 103:9-10). Porque se nos ha dado una gracia que no merecemos, podemos dar a otros lo que no merecen. Humanamente no es posible, pero por la gracia de Dios podemos perdonar a las personas que no nos piden perdón y que han herido a los que amamos. Encuentro que esto es más difícil, que perdonar a las personas que me han herido directamente.

Mi respuesta para la misionera que me preguntó cómo podía seguir trabajando con las víctimas de la prostitución forzosa: Perdona a diario.

E. Construya Comunidad de Manera Proactiva

El título de esta sección, Resiliencia Personal, puede ser engañoso. Puede sonar individualista, como si no tuviera en cuenta la comunidad.

La resiliencia sólo ocurre dentro del contexto de la relación con Dios y con otros. Sucede en el proceso de sufrimiento, en la medida en que nos rendimos al fuego refinador del crisol del Señor.

Los misioneros que construyen una comunidad de manera proactiva, verán cómo crece su resiliencia personal junto a la resiliencia de la comunidad. Lo cual lleva, en última instancia, al cuidado bíblico en tiempos de trauma.

El MMCT es muy intencional en el tema de construir comunidad. Hemos desarrollado ideas específicas que todos consideramos esenciales. Algunas de estas ideas aplican a un equipo, muchas aplican a amigos o parejas casadas.

Actitudes

- Dar preferencia: ceder mi opinión o preferencia por el bien de otros.
- Compartir la preocupación por las familias de cada uno: llámelos por su nombre, ore por ellos, conózcalos.
- Generosidad.
- Ser incluyente.
- Hablar la verdad con gracia.

Prácticas

- Oración.
- Oración espontánea.
- Oración y Tiempo para reenfocarse: los domingos por la tarde cada uno de nosotros debe responder cuatro preguntas: ¿qué salió bien?, ¿qué no salió bien (la semana que acaba de pasar)?, ¿qué quiero? y ¿qué necesito (para la próxima semana)? Luego oramos por las preocupaciones de cada uno.
- Retiros de oración trimestrales.
- Viernes, oración por África, por los misioneros que servimos y lo que nos preocupa en el ministerio.
- Diviértanse: rían y jueguen juntos.
- Cuidar los unos de los otros cuando estamos enfermos.
- Tocar: abrazos, estrechar las manos, chocar los cinco y palmadas en la espalda.

- Servicio: ayudarse los unos a los otros en cosas prácticas, aun y cuando eso signifique renunciar a algo que "yo" quería hacer.
- Lean juntos las Escrituras antes del almuerzo.
- Actos de amabilidad: llevarle café a alguien por la mañana, preparar comidas u ofrecerse a hacer algo que le libere tiempo a otro.
- Despedidas y bienvenidas: entonen alguna canción de bendición cuando alguien llega o se va.
- Pasen vacaciones juntos (algunas veces).
- Ejercítense juntos: monten bicicleta, naden o hagan caminatas.
- Practiquen el perdón.
- Inviten a cenar a familias o individuos.
- Infórmense unos a otros cuando regresen de un viaje
- Pacto del equipo: lo leemos regularmente. El pacto incluye elementos para la toma de decisiones, comunicación, lealtad y compromiso, manejo de conflictos y construcción de la confianza.

F. Quietud y Rendición

En su libro *EL Evangelio según Job,* Mike Mason escribe acerca de la rendición y el sufrimiento:

> "En retrospectiva, puedo ver que la raíz de gran parte de mi angustia era que no había nada que pudiera hacer para controlar lo que me estaba sucediendo. Era absolutamente inútil y quizás sea ésta el alma del sufrimiento, esta aterradora impotencia. A nosotros los cristianos, no nos gusta vernos absolutamente inútiles en las manos de nuestro Dios. Con toda nuestra fe y con toda su gracia, aún preferimos mantener alguna apariencia de control sobre nuestras vidas. Cuando surgen las dificultades, nos gusta pensar que hay ciertos pasos que podemos dar o actitudes que podemos adoptar para aliviar nuestra angustia y ser felices. No hay respuestas fáciles para el sufrimiento. No existe tal cosa como levantarse uno mismo en un arranque de autosuficiencia. La única suficiencia en la vida cristiana es la de la cruz" (Mason, 1994, p. x-xi).

Durante gran parte de mi vida, las alergias y el asma han sido irritantes.

Como misionera en África, estuve lejos del polen y alérgenos de Virginia, y los síntomas desaparecieron. Pero, después de vivir seis años en Ghana, mi resistencia al moho del clima húmedo tropical comenzó a disminuir. Los síntomas de la alergia regresaron, seguidos por un asma débil, fácilmente controlados con antihistamínicos y una inhalación ocasional de Ventolín.

A principios del año 2010, mi sistema respiratorio ya no podía salir airoso en estas batallas. La inflamación de mis pulmones hacía que mi respiración fuera difícil y me costara mucho trabajo. Mi sistema inmune se vio muy comprometido debido a las intensas labores ministeriales y a los muchos viajes. Me contagié de malaria por primera vez, después de diez años viviendo en África. En una clínica local, el personal médico me trató por un ataque de asma, malaria y una infección en las vías respiratorias superiores, y me enviaron a casa. Al día siguiente, mi respiración era mucho más difícil y experimenté algo completamente nuevo para mí, el pánico. Comencé a hiperventilar y no sabía lo que estaba ocurriendo. Cuando inspiraba no podía sentir la satisfactoria sensación de recibir oxígeno. Mareada y débil, sentí un hormigueo, y mis dedos y mis manos comenzaron a entumecerse. Los amigos me llevaron a la clínica, yo pensaba que iba a morir. Me pusieron oxígeno, me pincharon, me pusieron una vía en la vena y caras preocupadas me rodearon.

Algo interesante ocurrió en mi mente y mis emociones ese día mientras me llevabanentre varios a la clínica. Estaba consciente de la gente que me miraba con preocupación en el vestíbulo,y mi pensamiento principal era "¿qué pasa contigo? ¡No seas tan débil!" Me sentía avergonzada de mi fragilidad y falta de control. Aún mientras tenía estos pensamientos, los deseché mirándolos con compasión y me reí de ser tan auto crítica en un momento de crisis como éste. ¿Acaso no soy yo la que exhorta a otros a tratarse a sí mismos con gracia? En mi mente se estaba formando una clase diferente de batalla. Meses después, la pude entender mejor.

Me ingresaron después de ser estabilizada. Los doctores y las enfermeras eran amables, pero de alguna manera, yo los sentía temerosos de tocarme o de acercarse mucho. Mis compañeros de equipo acamparon a la puerta de mi habitación y tomaron turnos para acompañarme por las noches. Si mi respiración se hacía difícil, uno de ellos iba en busca de una enfermera. La primera noche fue la más complicada. No dormí nada y sentí que cada respiro constituía un esfuerzo que requería mi concentración. Me preguntaba si sobreviviría a la noche. A la mañana siguiente, volví a sentir el pánico y nuevamente, la hiperventilación se sumó a mis dificultades respiratorias. Sentí que mi cuerpo me traicionaba, el aire que inspiraba no resultaba suficiente. Después de eso, conocí los términos "hambre de aire" y "captura de aire" que me ayudaron a darle sentido a lo que ocurría en mis pulmones.

Después de que me dieran el alta en el hospital, continué con las dificultades respiratorias y consulté con neumólogos en Ghana y Estados Unidos. Los exámenes de sangre reflejaron que tenía una infección secundaria, causada probablemente por condiciones insalubres en el hospital. Estuve en tratamiento con prednisona y antibióticos durante semanas. Mi enfermedad parecía un viaje sin fin. Podía ver como estaba cargando a mis compañeros de equipo, y eso me produjo sentimientos de culpa y frustración. Me encontré sintiendo las cosas más intensamente de lo que la situación requería. Lloraba de desesperación por cosas que antes podía pasar por alto. Estaba inquieta y con una sensación de que debía lograr algo. Mi cuerpo y mis emociones estaban fuera de mi control. Esto se debía en parte, a los efectos colaterales de la medicación y por el juicio negativo que hacía de mí misma por tener esos síntomas.

Mientras esto ocurría, el *Maestro Jardinero* Maestro labraba intensamente en el suelo de mi corazón, preparándolo para sembrar semillas de una intimidad más profunda con El. Durante el tiempo de quietud y reposo necesarios para sanar, leí, oré y reflexioné. Me intrigaron las múltiples referencias a aliento y respiración que había en las Escrituras.

Un día en que me costaba mucho respirar, recordé la historia de Eliseo en 2 Reyes 4:32-37. El hijo de la viuda había muerto y Eliseo se acostó sobre el niño, colocó su boca en la de él, sus ojos en los del niño y sus manos en las manos del niño. El niño volvió a la vida. Mientras oraba sentí que Dios hacía lo mismo conmigo dándome vida y aliento.

El libro de Will Collier acerca de los escritos de Fenelon, titulado "Deja que Dios" confirmó temas que el Señor me estaba enseñando. Todos damos por sentado el acto de respirar, es la esencia de la vida y casi ni pensamos en ello. Cuando Dios formó al hombre del polvo de la tierra, sopló su aliento de vida en su naríz y el hombre fue una criatura viviente (Gen 2:7). Una respiración profunda y satisfactoria tal como el sueño profundo, requiere rendición. Fenelon escribió,

Abandónate completamente a Dios. Abandónate locamente a Él, mientras respires sobre la tierra. Suéltate. Estás en buenas manos. Puedes abandonarte porque Dios nunca te abandonará... Dale paso a Dios. Ríndete. Permite que Él destruya esa bella imagen tuya que te ha tomado tanto tiempo crear. Permite que Dios escarbe en los rincones más ocultos de tu corazón donde acecha esa obsesión con el yo... Siente el vivo placer de no aferrarte a tu propia belleza, sino espera profundamente en (y por) la belleza de Jesús (Collier, 1970, p. 59).

Parte de mi autoimagen que tenía que morir, era que yo era fuerte, valiente, y libre de ansiedad. Cuando fui capaz de admitir y reconocer la ansiedad, fui libre para explorar como me manejaba en otras áreas y boicoteaba mi relación con el Señor y con otros. Algunas veces, mis altos niveles de productividad, mi orientación al logro y la necesidad de darle un cierre a todo eran producto de mi ansiedad. Reconocer esto, respirar más despacio y entrar voluntariamente a un lugar de descanso y quietud, trajeron sanidad y libertad. Fenelon escribió a un amigo que necesitaba dejar de esforzarse tanto:

"Aunque eres perceptivo y tienes una gran mente, Dios va a permitir que el caos converja de tal forma, que ninguna de tus habilidades naturales podrá ayudarte... Este no es el tiempo para decidir o para hacer. Dios no te está pidiendo que hagas algo. Cuando las cosas hayan cambiado y estés más descansado, podrás considerar tu circunstancia reposadamente y en paz, y así evaluar la verdad de tu situación. Luego, cuando no estés tan agitado, tendrás una sensación más clara de lo que puede ser mejor para ti. De nuevo, va a ser sencillo. Vuelve gradualmente a la vida sencilla. Simplemente, escucha, oración sencilla, humildad sencilla. No te apures. Date tiempo. Abre tus oídos a Dios y ciérralos a tu yo (Collier, 2007, pp. 56-58).

En el libro de Wendell Berry "Pie Blanco" se relata la historia acerca de un ratón atrapado en una inundación, flotando corriente abajo sobre un tronco en un río crecido, vulnerable a los depredadores. Berry comenta "Si la hubieran visto, habrían pensado que era paciente. Creo que era capaz de ser paciente, pero ella estaba haciendo nada, que era lo único que había por hacer" (Berry, 2009, p. 30).

En mi viaje de vuelta a la salud, escribí en mi diario: "Cuando estamos agitados e inquietos, ¿qué es lo que Dios dice? Quédate quieta y reconoce que yo soy Dios. Recuéstate junto a estas aguas tranquilas. Bebe en mi presencia. Confía en mí, que yo produciré fruto, aun y cuando no hagas nada. Pregúntame lo que quiero que hagas y no hagas más ni menos. Sabrás que estás haciendo mi voluntad, cuando experimentes gozo y paz en tu espíritu. Esa es tu prueba decisiva. Cuando es la ansiedad la que te motiva, eso no viene de mí".

Al cabo de unos meses de haber regresado a Estados Unidos, me recuperé lo suficiente como para regresar a África y retomar el ministerio a tiempo completo. Vivo sabiendo que mi sistema respiratorio está comprometido. Tengo que estar vigilante a las primeras señales de una recaída asmática, tomar medicina preventiva y evitar ciertos alérgenos. Pero no tengo que vivir con temor. De manera que en rendición y confianza, tomo mis riesgos y vivo al máximo. Respiro.

SECCIÓN 4
Manejo Saludable del Estrés
Frauke Schaefer

Cuando Tom y Nancy (nombres ficticios) se preparaban para salir en su primer período de misiones, esperaban servir como "padres" de una residencia para niños (a los que podrían amar y cuidar), en un país donde muchos eran pobres y sin educación. Esperaban ajustes culturales y condiciones humildes de vida. Lo que ellos no esperaban es que después de un intenso primer año de ajustes, un terremoto devastador golpearía el área. Tampoco se imaginaron que el director del proyecto, no sería capaz de cumplir con su rol y que Tom debería asumir el liderazgo. Tom nunca se habría ofrecido voluntario para esta posición. Sin embargo, con un esfuerzo extra, realizó un gran trabajo. Las necesidades del proyecto eran interminables y generalmente, la pareja apoyaba en todo, por lo que trabajaban la mayor parte del día. No es de sorprenderse que ambos, Tom y Nancy, pronto estuvieran extenuados más allá de los límites saludables, agotados emocionalmente y en gran necesidad de contar con un manejo efectivo del estrés, si querían continuar con el ministerio que tanto amaban.

En los ministerios nacionales e internacionales abundan las historias como las de Tom y Nancy. Gente dedicada, y algunas veces hasta heroicas, se las arreglan para responder a las necesidades humanas, a pesar de los recursos y personal limitados. Estas personas con propósito siguen adelante ayudando, promoviendo la justicia y haciendo que el Reino avance en circunstancias difíciles. Sin embargo, los largos períodos de intensa demanda o trauma severo pasan factura a estos vasos de barro, llenos de propósito celestial. El resultado puede ser depresión, agotamiento emocional y estrés postraumático. Afortunadamente, existen formas prácticas para reducir el estrés ministerial.

A. Prácticas Saludables para Gente Resiliente

Las personas sanas físicamente pueden practicar estrategias para el manejo del estrés en cualquier ambiente. Al hacerlo, estarán "en mejor forma" cuando les toque enfrentar los retos ordinarios y extraordinarios de la vida. La práctica regular de esas estrategias crea una especie de amortiguador emocional para los períodos de dificultad intensa. Si se tiene suficiente energía y motivación para hacerlo, estas prácticas van a contribuir a disminuir la gravedad de los síntomas cuando el excesivo estrés y el desgaste ya están presentes. Al faltar la energía y la motivación, y la persona está muy angustiada, agobiada o con pensamientos suicidas, la única opción realista para mejorar la situación de manera efectiva es la ayuda profesional, incluida la medicación.

ESTRATEGIAS DE MANEJO DE ESTRÉS APLICADAS DE MANERA SEGURA

Segura

- *Para mejorar la resiliencia.*
- *Para reducir la angustia en personas que funcionan adecuadamente.*
- *Para ayudar a personas con energía y motivación suficientes, a aplicar las estrategias.*
- *Para mejorar el sueño de los que padecen insomnio.*
- *Para mejorar sentimientos de tristeza, falta de gozo o energía.*
- *Para mejorar dificultades en el control de sentimientos como la ansiedad, la irritabilidad y la rabia.*

No Segura por sí misma*

- *Si una persona está cansada de la vida o ha considerado hacerse daño.*
- *Si una persona tiene pensamientos destructivos o piensa en hacer daño a otro.*
- *Si la persona oye o ve cosas que no existen, experimenta la sensación de que le persiguen o tiene otros temores fuertes e irreales.*
- *Si una persona abusa del alcohol u otras drogas (incluyendo medicinas de prescripción, tales como medicamentos para los nervios, pastillas para dormir o analgésicos).*

*¡Estas personas necesitan ver un profesional médico inmediatamente!

Muchos pastores y misioneros están deseosos de aprender más acerca de las estrategias para el manejo del estrés. Esas prácticas sencillas pueden integrarse a la vida cotidiana. El manejo del estrés puede hacer la diferencia, ya sea para mejorar el bienestar, tratar con el estrés en general, el estrés postraumático, la ansiedad o la depresión. El manejo del estrés puede ser una alternativa apropiada cuando la persona rehúsa a "solo tomar medicamentos para sentirme mejor". Si al cabo de varias semanas, después de empezar a aplicar las estrategias de manejo del estrés no hay alivio suficiente, la persona debe consultar con un profesional médico. En este punto, puede que estén abiertos a considerar el uso de medicamentos sin juzgarse a sí mismos, pues saben que han hecho su mejor esfuerzo. Hay algunas situaciones en que el manejo del estrés por sí solo, no es suficiente y se debe involucrar inmediatamente a un consejero profesional o a un médico.

B. Resiliencia, lo que Significa

El uso del término *resiliencia* ha aumentado en los últimos años. ¿Qué es lo que significa? Originalmente, el término se usaba en el campo de la física, se describe como:

> "La propiedad de un material de regresar a su forma original
> [...] luego de deformaciones que no excedan su límite de
> elasticidad"(Princeton University, 2020).

Según esta definición, si se aplica una fuerza externa a un material, éste tiene la capacidad de regresar a su forma anterior no mucho después del impacto. El término también se ha utilizado para los seres humanos. Según el Centro de Resiliencia su definición es:

> "La habilidad de recuperarse [...] de cambios disruptivos [...]
> sin sentirse agobiado o presentar conductas disfuncionales o
> dañinas". (*https://resiliencycenter.com/resiliency-definitions/*)

Después de un cambio disruptivo, una persona resiliente quedará impactada por un tiempo, pero luego avanzará hacia la restauración para volver a funcionar como solía habitualmente. Un modelo de resiliencia moderna creado por Richardson (2002), muestra como una persona afectada por un trauma puede regresar a su nivel anterior de funcionamiento, a un nivel menos o a uno aún más alto. El trauma impacta la homeostasis psicológica de una persona. El impacto causa un nivel de alteración, cuya severidad es amortiguada por factores protectores: apoyo comunitario, buena salud mental y manejo del estrés, junto a una sólida teología del sufrimiento. Los resultado funcionales de los procesos de reintegración vana a depender de factores psicológicos, espirituales y de la calidad del apoyo que hayan recibido. Los investigadores observaron que además de debilitarse o regresar a su estado anterior, una persona puede también salir fortalecida de su lucha con la adversidad, causando su reintegración en un nivel *superior* de resiliencia al anterior. La Biblia describe esta posibilidad: "Y, después de que ustedes hayan sufrido un poco de tiempo, Dios mismo, el Dios de toda gracia que los llamó a su gloria eterna en Cristo, los restaurará y los hará fuertes, firmes y estables" (1ª de Pedro 5:10, NVI). Aunque en última instancia la restauración es obra de Dios, existen condiciones biológicas que nos ayudarán a "recuperarnos" y hacernos más fuertes (Vea por favor el *Modelo de Resiliencia de Richardson* en la próxima página).

C. Respuesta Sana y Respuesta Enfermiza al Estrés

Los mecanismos naturales y efectivos de respuesta al estrés ayudan al cuerpo humano a adaptarse a éste. Si siente una amenaza, como por ejemplo, un ataque físico, el cerebro emite señales hormonales que van a la glándula pituitaria, que a su vez emite señales a las glándulas suprarrenales. El sistema nervioso autónomo se activa como un rayo. Las hormonas del estrés (cortisol, adrenalina y norepinefrina), se hacen presentes de inmediato. La respuesta física al estrés moviliza energía, provee enfoque e incrementa el estado de alerta. El cuerpo está listo para pelear o correr, lo que sea más apropiado.

Cuando la amenaza disminuye (es decir, el peligro ha pasado, la persona huyó del atacante o utilizó estrategias de defensa propia), es necesario que la respuesta mediante las hormonas del estrés termine y el cuerpo regrese a la normalidad. La recuperación efectiva hace al cuerpo resiliente y más adaptable. Sin embargo, si la respuesta al estrés se mantiene activada, el cuerpo estará expuesto a altos niveles de hormonas del estrés. Los científicos llaman "carga alostática" a la acumulación de estrés físico.

MODELO DE RESILIENCIA DE RICHARDSON

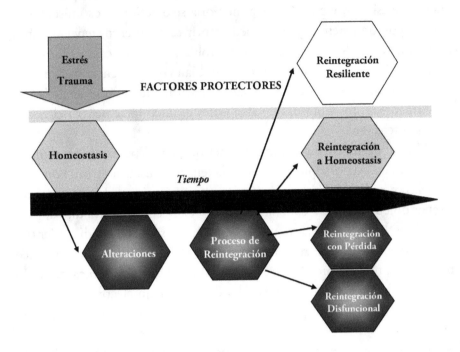

Cuando la carga alostática aumenta, el cuerpo humano está expuesto a estrés crónico elevado. Cuanta más adversidad se enfrenta, la respuesta al estrés se debilita y es menos eficiente, debido a que ya está activada parcialmente. A medida que el estrés crónico se acumula, el sistema es menos capaz de ajustarse y no puede producir suficientes hormonas del estrés adicionales. Esa inhabilidad de ajustarse al estrés hace que los cuerpos y las mentes sean menos resilientes. Un manejo efectivo del estrés ayuda a terminar el proceso de respuesta al estrés. Un cierre efectivo reduce los niveles elevados de estrés crónico acumulado o "carga alostática", lo que a su vez, mejora la habilidad de ajustarse a nuevos estresores. Esta adaptabilidad aumenta la resiliencia ante ambientes de alto estrés.

Si la respuesta al estrés está activada en exceso constantemente, el cuerpo y la mente comenzarán a mostrar signos de estrés crónico elevado. Bajarán las defensas del sistema inmune, haciendo cada vez más difícil luchar contra infecciones, gripes, diarreas o malaria. La presión sanguínea y el ritmo cardíaco permanecerán elevados y puede que aumenten los niveles de colesterol. Podrá haber problemas del sueño, también sufrirá la capacidad de pensar claramente acerca de temas complejos, de enfocarse y de tomar buenas decisiones, y puede que la memoria se deteriore. Los músculos se podrán pondrán tensos y uno pueda sentir calor intenso, tener sudores, mareado, tener dolores de cabeza o problemas estomacales; sentirse al borde e irritable, con emociones que cambian con frecuencia haciéndolas difíciles de controlar, estallar en llanto repentinamente o levantar la voz airadamente. Estos síntomas de alto estrés crónico incrementan el riesgo de desgaste severo.

Al final de mi turbulento primer período en Nepal había acumulado estrés crónico. Al principio, sólo sentía la tensión muscular en mis hombros y cuello, y una sensación constante de estrés emocional. Luego comencé a tener dificultades para conciliar el sueño. Concentrarme era difícil, pero todavía podía manejarlo, así que perseveré en mi servicio. Un día, mientras trabajaba en la clínica, no pude contener el llanto. El examen médico mostró que tenía la presión arterial alta, al igual que el ritmo cardíaco. El estrés que había acumulado, y la falta de un manejo efectivo del mismo, me habían llevado a un punto tal de agotamiento que requería atención médica.

Los retos ministeriales, tanto en casa como en el exterior, se enfrentan mejor manteniendo la respuesta al estrés de manera sutil y adaptable. Después de un trauma o una crisis, la respuesta al estrés puede reducirse mediante el buen cuidado propio, que le permite al cerebro y al cuerpo rebotar física y emocionalmente, y le permite al alma crecer espiritualmente.

D. Fortalezca la Resiliencia Biológica

Cualquier actividad que reduzca los niveles de base del estrés, aumentará la adaptabilidad biológica y la resiliencia. Las estrategias más efectivas de manejo del estrés son los ejercicios aeróbicos regulares, dormir suficiente, comer alimentos que mejoren la resiliencia y tener un estilo de vida equilibrado con tiempos regulares de descanso.

Ejercicios Aeróbicos Regulares

¿Se ha dado cuenta de lo relajado que se siente su cuerpo después de una caminata vigorosa, correr montar en bicicleta o nadar? La relajación física y emocional son beneficios comunes que resultan de los ejercicios aeróbicos. Un ejercicio aeróbico es aquel que aumenta el ritmo cardíaco y respiratorio durante un período de tiempo sostenido, permitiendo que la respiración sea cómoda. Por ejemplo, cuando hacemos ejercicios aeróbicos debemos poder hablar con un amigo que camina, corre o monta en bicicleta a nuestro lado. Las investigaciones realizadas sobre el efecto de los ejercicios sobre la ansiedad, la depresión y la sensibilidad al estrés, muestran que las personas que se ejercitan regularmente a nivel aeróbico, obtienen beneficios en su salud mental (Salmon, 2000). No obstante, aquellos que hacen esfuerzos excesivos y se exigen demasiado, causan efectos anaeróbicos en su cuerpo y, para ser exactos, su condición mental podría empeorar. La gente en buena forma física se recupera del estrés mucho más rápido, lo cual demuestra claramente una mejora en su resiliencia. Es interesante que los ratones de laboratorio, que dan vueltas en una rueda, después de experimentar un agente estresor mayor, mostraron una reducción en su respuesta al estrés (Mills y Ward, 1986; Starzec, Berger y Hesse, 1983). Probablemente, este resultado también aplique a los seres humanos. Ejercitarse regularmente, aumenta los factores protectores para que contraataquen los efectos nocivos del estrés en las células del cerebro. La gente que deja de ejercitarse, pierde los efectos beneficiosos al cabo de dos semanas (Salmon, 2000).

Los ejercicios aeróbicos sencillos incluyen caminatas vigorosas, trotar o correr, montar en bicicleta, nadar, saltar a la cuerda (bueno, para practicar en interior) y el tenis. También existen excelentes deportes aeróbicos que se practican en equipo, como el vóleibol, el baloncesto, el bádminton, el fútbol y el fútbol americano, que involucran correr. Treinta minutos diarios, la mayoría de los días de la semana, son suficientes para lograr el efecto deseado, aumentar la resiliencia y reducir los niveles altos a bajos o moderados. Las personas que no están acostumbradas a ejercitarse, pueden comenzar con lo que sea que puedan hacer cómodamente para ir incrementando gradualmente el tiempo y el grado de esfuerzo. Para los propósitos del manejo del estrés es más importante permanecer en la zona aeróbica, que la velocidad en la que se desarrolle. La fuerza muscular y el umbral aeróbico aumentan gradualmente con el esfuerzo ligero, que permite aumentar la velocidad mientras permanece en la zona aeróbica. Si luego del descanso y la rehidratación se siente energizado y no exhausto, es una buena señal de un ejercicio aeróbico exitoso.

Una persona deprimida encontrará que es difícil comenzar a ejercitarse debido a la falta de energía. Esta persona puede comenzar con ejercicios moderados durante cortos períodos de tiempo, tales como caminar durante diez minutos e ir incrementando gradualmente hasta treinta minutos. Una manera estupenda para que un cuidador ayude a una persona estresada o deprimida a comenzar a ejercitarse, es hacer juntos caminatas cortas. Como las personas deprimidas o ansiosas se enfocan en la incomodidad inmediata del ejercicio, los cuidadores pueden ayudarles a enfocarse en los beneficios que obtendrán (o que han ganado en el pasado). Esto aumentará la motivación. Además, combinar el ejercicio con una actividad placentera como escuchar música, conversar con un amigo u observar paisajes hermosos, puede mejorar la motivación.

Dormir Suficiente

Puede que las tensiones del ministerio nos tienten a "ahorrar tiempo" durmiendo menos. Puede que algunas veces, reducir las horas de sueño sea inevitable, pero es un riesgo a largo plazo. Incluso después de unas pocas noches con menos horas de sueño, pueden presentarse consecuencias físicas y mentales.

Existen muchas causas que interrumpen el sueño. Las personas que sirven en el ministerio, generalmente tienen agendas apretadas. Además, reciben llamadas o visitas en horas poco usuales para tratar asuntos urgentes. El personal que trabaja en misiones médicas, en áreas remotas y en países subdesarrollados son, en la mayoría de los casos, los únicos disponibles en caso de emergencia. Necesitan responder, aunque no sea bueno para su salud. El calor, el ruido, los mosquitos, las necesidades de los niños pequeños o los sofocos de la menopausia también pueden perturbar el sueño. La apnea del sueño es una condición común en los que roncan o tienen sobrepeso. La dificultad para respirar y la falta de suficiente oxígeno perturban el descanso. Una consulta médica y posiblemente un estudio del sueño pueden ayudar a identificar la/s causa del insomnio.

Normalmente, los adultos necesitan de siete a nueve horas de sueño. Lo típico es que nos durmamos al cabo de treinta minutos, nos despertemos una o dos veces por la noche y volvamos a dormirnos en menos de treinta minutos. La mayoría de las personas sabe cuántas horas de sueño necesitan normalmente para funcionar bien y manejar el estrés. Una regla práctica sería las horas de sueño que necesitan para despertar frescos, al cabo de unos cuantos días de vacaciones.

Los investigadores han comparado los niveles de hormonas del estrés y los tiempos de recuperación de la respuesta al estrés de las personas que duermen lo suficiente, con los de aquellos que duermen unas horas menos. Los niveles de hormonas del estrés fueron significativamente más bajos en los que durmieron suficiente. Además, en los que durmieron menos, requirió más tiempo para que los niveles de hormonas del estrés volvieran a la normalidad. Los largos períodos de recuperación indican claramente, que la falta de sueño reduce la resiliencia (Leproult et al., 1997).

Los trastornos del sueño son comunes en las personas que se encuentran bajo estrés, que han tenido un trauma o con agotamiento severo. Con frecuencia, la pérdida del sueño es el primer indicador de que el estrés está haciendo mella en el cuerpo y la mente. Como cuidadores de personas en roles y ambientes de alto estrés, siempre debemos tener especial interés en preguntar acerca de los patrones de sueño. Dios aplicó a Elías el remedio del sueño cuando estaba exhausto, después de una prolongada batalla espiritual. Dios le hizo dormir, comer, beber y dormir de nuevo, hasta que sus fuerzas regresaron (1ª de Reyes 19:5-8).

Existen muchos recursos disponibles para mejorar el sueño con estrategias sencillas y prácticas que reciben el nombre de "higiene del sueño". Puede encontrar en línea recursos acerca de estrategias que mejoren el sueño en el Apéndice C: *Libros, Recursos en línea, Oportunidades de Capacitación y Centros de Consejería.*

Comer Alimentos que Mejoran la Resiliencia

¿Pueden acaso los alimentos mejorar la resiliencia? Hasta cierto punto, pero no tanto si lo comparamos con el ejercicio aeróbico y dormir suficiente. Cuando Daniel y sus amigos vivieron en el exilio, en el ambiente idólatra de Babilonia, pidieron permiso para comer sólo verduras y tomar sólo agua en lugar de contaminarse con la carne y el vino de Nabucodonosor. Muy al contrario de lo que temían sus cuidadores, se hicieron más fuertes que los otros (Daniel 1:8-16). Los estudios de investigación de poblaciones muestran que las personas que siguen una "Dieta Mediterránea" se deprimen menos que otros. Los alimentos mediterráneos incluyen frutas y verduras, cereales, pan, nueces, legumbres, pescado, grasas monoinsaturadas (como el aceite de oliva), sólo pocas cantidades de carne o productos lácteos (Sánchez-Villegas et al., 2009). Los estudios destacan los beneficios del ácido fólico para la salud mental (unos 400mcg/d; Coppen y Bailey, 2000; Coppen y Bolander-Gouaille, 2005). También se recomiendan los ácidos grasos omega-3 (2 porciones a la semana de pescado graso a la semana, aceite de pescado, nueces y linaza) y probablemente la vitamina D (400 a 1000 IU), en combinación con la exposición al sol de más de treinta minutos diarios.

Los alimentos con alto contenido en azúcar (caramelos, pasteles, donas, helados, pan blanco y patatas) incrementan los niveles de la hormona del estrés. ¿Por qué? Un pico del nivel de azúcar en la sangre, induce una fuerte respuesta de insulina. Con el tiempo, esto conduce a una "caída" de azúcar en la sangre (hipoglicemia o bajos niveles de azúcar en la sangre), que a su vez activa hormonas de forma muy parecida a una respuesta al estrés. Es por esto que, una hora después de haber ingerido una comida con alto contenido de azúcar y carbohidratos, una persona puede sentirse un poco ansiosa e irritable, y al mismo tiempo, sentir hambre, deseando comer más de lo mismo. Los alimentos con bajo contenido en azúcar y carbohidratos, altos en fibra y combinados con grasas sanas, hacen que el aumento de los niveles de azúcar en la sangre sea gradual, haciendo que el incremento de los niveles de insulina sea también gradual, evitando así la "caída" de azúcar en la sangre. Para reducir la línea base de los niveles de hormonas del estrés, es importante que las personas coman carbohidratos complejos ricos en fibra, como las frutas, verduras y productos de granos enteros. En áreas remotas, estos alimentos no siempre están disponibles. Por lo tanto, muchos misioneros se han dedicado a sembrar verduras con grandes beneficios personales. Con frecuencia, sus cosechas han servido de inspiración a la comunidad que les rodea para comenzar a plantar sus propios verduras y así también poder alimentarse más sanamente.

Las personas bajo estrés se sienten agotadas y se fatigan fácilmente. Para aquellas que se han propuesto seguir adelante, el ajuste más prometedor parece ser una bebida con cafeína. Ciertamente, en minutos, la cafeína aumenta nuestro estado de alerta y nos da una sensación de energía renovada. Sin embargo, esto tiene un precio. La cafeína reduce la efectividad de la enzima *adenosina*, que descompone las hormonas del estrés en nuestro cuerpo. La deficiencia de la adenosina causa las sensaciones de la cafeína de inquietud y nerviosismo en personas que se encuentran bajo estrés elevado. Esta sensación de agitación es el resultado de la acumulación de hormonas del estrés que no pueden descomponerse de manera normal. A niveles de partida más altos para el estrés, mayor será el efecto colateral de la cafeína. La cafeína se queda hasta 12 horas en el organismo, sosteniendo así los altos niveles de hormonas del estrés. Puede que las bebidas con cafeína tomadas por la tarde o noche afecten el sueño. Disminuir o evitar del todo las bebidas con cafeína, ayudará a reducir los ya elevados niveles de estrés, especialmente después de un trauma. Sin recurrir a la cafeína, la fatiga común de las tardes puede aliviarse moviéndose un poco, tomando líquidos o comiendo una pequeña cantidad de chocolate.

Mantener el Equilibrio

Al caer la noche, la respuesta al estrés se relaja cuando la gente reduce el ritmo, disfrutan de la socialización, juegan o se divierten. Cuando la gente lo pasa bien, el sistema del estrés se recupera. En nuestro mundo imparable, donde los logros determinan la importancia, la observación del Sabbat cobra cada vez más importancia entre la gente de fe. Para los ministros, el domingo suele ser el día más ocupado de la semana. Los pastores y misioneros tienen responsabilidades profesionales durante toda la semana, y obligaciones con la iglesia los fines de semana. Parece que el trabajo no termina, esto va en dirección contraria a nuestro diseño y contra los principios de vida de nuestro Creador, quien trabajó atenta y creativamente, y luego, el séptimo día se detuvo para descansar y deleitarse con su creación. El Creador cambió el estar consigo mismo como Padre, Hijo y Espíritu Santo, para conectarse con lo que había creado y con quien había creado. El experimentó una conexión y un deleite profundos. Así que aquí lo tienen, ¡permiso para honrar el ritmo de trabajo, descanso y deleite!

Un tiempo de inactividad en la semana dedicado al descanso y el deleite es muy útil, y hasta puede salvar vidas. Permite que la respuesta al estrés se reestablezca y el cuerpo regrese a una línea base más adaptable y resiliente. Las vacaciones anuales desestresan de la manera más profunda. Puede que algunas personas se sientan importantes e indispensables, como si no "pudieran permitirse" un tiempo libre. Esto, sin embargo, con el paso del tiempo hará mella en su resiliencia y adaptabilidad, a medida que se nieguen a sí mismos ese tiempo de recuperación que Dios ordenó para "recuperarse" de los efectos del estrés que experimentan. Un buen cuidado continuo, para la gente que sirve en el ministerio, comienza con animarlos a tomar tiempo libre para el descanso. Esta motivación puede empezar destinando los recursos necesarios para tener tiempos regulares de renovación. La clave aquí es que ellos "no pueden permitirse" no tenerlos.

Tiempos de Inactividad

Después de un trauma, los cuerpos se encuentran inundados con hormonas del estrés. Los recordatorios de un evento pueden ser como las réplicas de un terremoto, hacen revivir el momento con toda su fuerza. Zahava Solomon, una psicóloga judía, estudió el efecto de los tratamientos para el estrés de combate en los soldados israelíes en el frente de batalla. Aquellos que sufrieron reacciones al estrés, recibieron tratamiento en la *proximidad* de su lugar de servicio, *inmediatamente* después de que ocurriera la reacción al estrés y con la *expectativa* de recuperación en mente. Los soldados tratados de esta forma, aún veinte años después tenían tasas más bajas de angustia mental y funcionaban mejor que sus colegas que no recibieron tratamiento (Solomon et al., 2005).

Por lo tanto, permitir que las personas en el ministerio tengan tiempos de inactividad después de un trauma, redundará a largo plazo, en beneficio para su salud y su funcionamiento. ¿Cómo pueden aplicarse los principios de proximidad, inmediatez y expectativa a los misioneros con reacción al estrés? Algunas organizaciones ya proveen tiempos de inactividad para su personal después de un trauma o de tiempos de servicio particularmente demandantes. Esas organizaciones cosechan el beneficio de tener obreros que funcionan bien, en lugar de obreros que presentan tasas elevadas de desgaste e índice de deserción. Algunos de los obreros que sirven en Sudán del Sur, salen de este ambiente de alto estrés cada ciertos meses, para descansar y recuperarse en un país vecino más seguro. Los sitios elegidos para esos tiempos de inactividad necesitan ser lo suficientemente seguros y apacibles, y mucho mejor si quedan cerca del campo de servicio. Enviar a los misioneros a casa para sus tiempos de inactividad, puede poner sobre ellos un nuevo estresor, ya que podrían tener que lidiar con las expectativas de quienes les apoyan; también los sacarían de su red de apoyo inmediata en su propio campo y eso bajaría sus expectativas de regresar al campo rápido.

E. Herramientas Específicas para el Manejo del Estrés

Con frecuencia, el estrés acumulado crea tensión muscular debido a la dificultad para relajarse o bajar el ritmo. A continuación, algunas técnicas fáciles y efectivas para responder a esto.

Relajación Muscular Progresiva

La relajación muscular progresiva disminuye la tensión muscular inducida por el estrés aumentando la conciencia de la tensión y creando la capacidad para liberarla. Los grupos de músculos permanecen tensos por un tiempo corto (progresando de un grupo al siguiente), y luego se relajan mientras la persona es consciente de cómo se siente cuando se relajan (Jacobson, 1938; Rimm y Masters, 1979). Reconocer la tensión muscular es el primer paso para relajarla de manera consciente. Las personas estresadas suelen tensar los músculos de los hombros, el cuello o las lumbares. Dejar que físicamente la tensión se vaya, hará que la mente siga el ejemplo y se relaje.

En internet puede encontrar instrucciones escritas en: *www.amsa.org/healingthehealer/muscle relaxation.cfm*

Para ponerlo en práctica, las instrucciones en audio pueden ser muy útiles. Puede encontrar ejemplos en: *https://cmhc.utexas.edu/mindbodylab.html* o en *www.youtube.com/watch?v=HFwCKKa--18*.

Escuchar Música Lenta y Cantar

En un estudio reciente, se medía el nivel de estrés en pacientes de cirugía de corazón abierto mientras escuchaban música relajante. Mientras escuchaban, sus niveles de cortisol (hormona del estrés) eran significativamente más bajos que los de aquellos pacientes que solo descansaron (Nilsson, 2009). Cuando los pacientes que fueron sometidos a cirugía de hernia escucharon música relajante, su respuesta al estrés disminuyó e informaron sentir menos dolor post-operatorio (Nilsson, 2005). Parece que la música lenta, calmada, de cualquier estilo, disminuye la respuesta al estrés. Esta música pone a la audiencia en un estado de paz interior. A medida que la atención está dirigida a los sonidos, los ritmos y las melodías que generan placer, el cuerpo agitado se calma y se distrae la mente placenteramente. Cualquier persona que aprecie la música, debe usar con frecuencia su música lenta favorita, especialmente cuando esté estresado. Cuando las memorias del trauma disparen una respuesta al estrés, la música lenta es una estrategia para salir emocionalmente de las memorias y relajarse.

De la misma manera que un ejercicio de respiración profunda, el canto da ritmo a la respiración e induce un estilo de respiración diafragmático mucho más relajado. El canto es una manera artística de vocalizar una exhalación. Cuando se está angustiado, el canto también puede convertirse en una "maravillosa forma de gemir". De la misma forma en que la música se conecta con nuestra alma, la lenta exhalación vocalizada afecta a nuestros cuerpos. En un taller al que asistí recientemente, el experto americano en trauma, Bessel van der Kolk compartió la teoría de que el canto (en el coro de una iglesia) podía ser una buena forma de aumentar la resiliencia ante el trauma. Vale la pena considerar como las canciones, cánticos o hasta tararear una canción puede ser de utilidad cuando acudimos en ayuda de personas con trauma. La comunidad cristiana tiene una vasta tradición de himnos y canciones contemporáneas que, usadas apropiadamente, pueden aliviar, consolar y calmar en momentos estresantes.

Imaginación

La imaginación es una forma de entrar emocionalmente en una experiencia relajante y consoladora. Un lugar apropiado para las prácticas de imaginación debe ser seguro, como por ejemplo: un lugar de vacaciones relajantes, un jardín apacible, una escena de importancia espiritual o una imagen de la Biblia (por ejemplo, descansando en los verdes pastos del Salmo 23). A medida que uno entra en la imaginación sanadora, las vistas específicas, los sonidos, los olores y las sensaciones físicas han de imaginarse muy vívidamente. Cuando esas sensaciones se fortalecen en la mente también se fortalecerá el efecto relajante y consolador de la imaginación.

F. Medicamentos y Resiliencia

Con mucha frecuencia los cristianos se preocupan de que los medicamentos psicotrópicos podrían "mimarlos" y llevarlos a depender de "muletas". Jonathan Davidson, un investigador de la Universidad de Duke, examinó el efecto de la medicación ansiolítica y antidepresiva Sertralina (Zoloft), uno de los inhibidores selectivos de recaptación de serotonina (ISRS), sobre la resiliencia. Algunos aspectos de resiliencia mejoraron con la medicación. Las personas se sintieron más confiadas. Mostraron una mejor percepción de control, mejoró su habilidad para controlarse y controlar sus sentimientos, y una mejor habilidad para adaptarse al cambio. Como estaban menos agobiados sintieron que afrontar el estrés les hacía más fuertes. Davidson también encontró aspectos de la resiliencia que permanecieron intactos con o sin medicación. No es de sorprender que las características que no fueron afectadas, sean la creencia en Dios, el sentido de significado, la habilidad de tomar decisiones y el sentido de determinación (Davidson et al., 2005).

Generalmente, los medicamentos son necesarios cuando las personas carecen de la energía o el control emocional para aplicar sus habilidades normales para responder. Un ejemplo de esto, incluye a personas que se han sentido abrumadas durante un largo tiempo a pesar de los esfuerzos para mejorar o que pierden el control sobre sus emociones. Personas con arranques de ira, llanto frecuente o "pánico descontrolado" se beneficiarían de la medicación. Si hay pensamientos suicidas, se necesita derivar a la persona a un profesional entrenado. Los medicamentos pueden ayudar "a bajar el volumen" de los fuertes sentimientos que una persona es incapaz de controlar constructivamente. De esta manera, la medicación puede ayudar a establecer un sentido de control y mejorar su funcionamiento. Uno todavía sentirá las emociones, pero ya no al punto de que sean agobiantes.

Las personas que toman medicamentos, todavía necesitan trabajar sus aspectos emocionales, pero cada vez se inclinarán menos a evitar o resistir ese trabajo. Una vez que un médico establece la necesidad de medicamentos ansiolíticos o antidepresivos, lo mejor es que la persona dure en tratamiento durante por lo menos seis a doce meses. Esto permite que la persona trabaje los temas estresantes aumentando la *resiliencia psicológica* a largo plazo. También se provee un marco de tiempo para que el cerebro se recupere de los efectos del alto estrés crónico, aumentando así la *resiliencia biológica* a largo plazo. Cuando los médicos sugieren retirar la medicación gradualmente, el paciente está en mejor disposición de hacerlo con éxito. De manera que, es posible "deshacerse de las muletas" debido a la nueva *resiliencia psicológica* y *biológica* que se ha ganado. Como los medicamentos afectan muy poco la *resiliencia espiritual*, necesitamos "excavar más profundo" para fortalecer o restaurar este aspecto de fuerza y vitalidad. El capítulo de los *Recursos Espirituales* de este libro presenta algunas ayudas para "excavar" efectivamente.

Manejo del Estrés Traumático Severo
Frauke Schaefer

A. El Cerebro Responde al Trauma

La reacción del cuerpo al trauma va más allá de una respuesta biológica al estrés. En tiempos recientes los neurobiólogos han podido aclarar mucho más la forma como el cerebro reacciona al trauma severo. Esta percepción es invalorable para entender cómo manejar el estrés traumático severo.

Las estructuras profundas del cerebro, la amígdala cerebral y el hipocampo, toman un rol protagónico en situaciones de supervivencia. Como parte del sistema límbico, ellas guían las emociones y las conductas a realizar para tener seguridad y para sobrevivir. Esta parte del cerebro funciona a nivel instintivo e inconsciente, y responde a las sensaciones en lugar de responder al lenguaje o al pensamiento consciente. La amígdala cerebral evalúa las percepciones sensoriales del cuerpo según su relevancia, e indica la importancia detectada por las emociones. Por ejemplo, alertan al cuerpo de algún peligro y, cuando lo amerita, ponen en funcionamiento la respuesta de "huir o luchar". En situaciones de peligro, la amígdala cerebral funciona como un sistema de alarma. También almacena experiencias especialmente las peligrosas, en forma de imágenes conectadas a emociones fuertes. Estas imágenes en la memoria, unidas a las emociones fuertes, ayudan al cuerpo a reaccionar inmediata y efectivamente ante una amenaza.

El hipocampo guarda los recuerdos y los detalles reales (dónde y cuándo algo ocurrió), luego los categoriza y almacena en la memoria a corto plazo. También pone los recuerdos a disposición de las estructuras más superiores de la corteza cortical que permiten el procesamiento consciente. Para que se produzca el aprendizaje a partir de las experiencias, es necesario que la memoria a corto plazo funcione bien. Desafortunadamente, la intensa estimulación de la amígdala cerebral interfiere con el funcionamiento del hipocampo. Una persona expuesta a la intensa estimulación de la amígdala, tiene una fuerte angustia, tanto emocional como física (excitación, imágenes retrospectivas somáticas), pero no es capaz de procesar un evento más a fondo (van der Kolk, Psycobiology. 2007). Una vez que la excitación está controlada, el hipocampo está en capacidad de categorizar, almacenar y conectar información a la corteza cerebral para su procesamiento cognitivo y verbal. Esto es necesario para comprender, integrar y dar significado. Numerosas estrategias modernas de terapia y oración de sanidad apoyan la relajación para disminuir la excitación, creando experiencias físicas y emocionales de conexión y seguridad (rudimentos, imaginería) y así dar paso al procesamiento efectivo de recuerdos traumáticos cargados de emocionalidad.

El trauma psicológico se asemeja a una cicatriz emocional que hace que el sistema de evaluación del cerebro sobrerreaccione a los estímulos disparando el estrés físico, recuerdos recurrentes (imágenes estresantes) o sensaciones físicas como si un trauma importante estuviera ocurriendo en realidad. Puede que la persona no sea consciente del disparador, pero nota la reacción en cuerpo y mente. Aquellas personas que no han almacenado los recuerdos de un trauma en las estructuras superiores del cerebro, pueden permanecer inconscientes de que una sensación relacionada al trauma ha disparado una alarma en su cuerpo. Puede ser que las personas que no recuerdan conscientemente partes del trauma permanezcan con brechas confusas en su memoria. Mejorar la habilidad de manejar la excitación y el estrés traumático allana el camino hacia la restauración de esas brechas.

Investigadores estudiaron la actividad cerebral en personas con recuerdos traumáticos recurrentes activos cuando se les leía la historia de su trauma. Había amplia actividad en el hemisferio derecho del cerebro, donde se evalúa la importancia emocional. En contraste, el hemisferio izquierdo del cerebro, incluyendo las partes responsables del lenguaje, mostraron muy poca actividad (van der Kolk, Psycobiology, 2007). Cuando el cerebro es expuesto a recuerdos traumáticos, puede que las personas sean tan sobreestimuladas que, literalmente, sean "incapaces de pensar" al nivel necesario para comprender e integrar la experiencia. Con esto como base, es necesario proveer las herramientas para manejar la sobreestimulación, la hiperexcitación y las imágenes en retrospectiva en preparación para cualquier procesamiento verbal de un evento traumático. El primer paso para reducir el estado de excitación de una persona traumatizada es conectarse con ella o él con gentileza, de manera respetuosa, calmada y, de ser necesario, muy firme.

B. Habilidades para el Control Emocional

Las habilidades para el control de las emociones son indispensables, ya que el procesamiento efectivo de un trauma solo es posible cuando la persona es capaz de manejar con suficiencia la hiperexcitación y las imágenes en retrospectiva. Las siguientes habilidades han sido usadas con éxito para hacer frente a las fuertes emociones causadas por el estrés traumático.

Respiración Profunda

La respuesta de "huir o luchar" activa los disparadores relacionados al trauma y libera hormonas de estrés dentro del cuerpo. La ansiedad hace que la respiración sea rápida y superficial, los músculos del pecho se mueven y se extienden hacia arriba. La respiración rápida y superficial puede causar hiperventilación y mareos. La respiración diafragmática, profunda y lenta, es una forma segura, rápida y efectiva para hacer disminuir la respuesta al estrés. Es como frenar después de haber acelerado demasiado. Solo unas cuantas respiraciones diafragmáticas pueden estabilizar una excitación intensa. La respiración profunda debe practicarse antes de enfrentarse a una situación estresante. A continuación, una manera de practicarla:

1. Siéntese cómodamente en una silla, descanse los pies firmes en el suelo y coloque su(s) mano(s) sobre su estómago. (La respiración profunda también se puede practicar de pie o acostado.)
2. Inhale, imagine el aire fluyendo a la parte baja de su abdomen. Sostenga el aire por un momento.
3. Exhale lentamente a través de su boca. Puede contar hasta ocho para ayudar a que la respiración sea lenta. Haga una pausa por un momento hasta que necesite inhalar la próxima bocanada de aire.
4. Haga varias inhalaciones profundas y note los cambios en su cuerpo. Una vez que se practica, la respiración profunda puede usarse en cualquier circunstancia o postura.

5. Como ayuda adicional, puede pensar que está inhalando nuevas fuerzas (las fuerza de Dios) y deje ir las tensiones al exhalar.

Cuando esté ayudando a alguien profundamente angustiado, trate de practicar la respiración profunda junto con la persona. Una crisis no es momento para instrucciones detalladas, así que será de gran ayuda una compañía que marque la pauta.

Técnicas de conexión a la realidad

Las técnicas de conexión a la realidad son útiles para contratacar los disparadores relacionados al trauma y las imágenes en retrospectiva. Aunque las imágenes en la memoria (imágenes en retrospectiva), las emociones internas y la alarma física de la amígdala cerebral secuestran la mente y el cuerpo, se puede hacer regresar a la persona al momento actual (aquí y ahora) al conectar sus sentidos con el ambiente seguro que le rodea en ese momento. Algunos ejemplos de técnicas para conectar a la persona a su realidad inmediata, pueden ser los siguientes:

- "Date cuenta de cómo tus pies tocan el piso. Nota cómo se siente tu cuerpo descansando en la silla. Nota cualquier sensación física que sientas como neutra o reconfortante."
- "Nota lo que ves aquí y ahora. (Fíjate algunos detalles: ¿qué cosas a tu alrededor son verdes, azules o amarillas?) Date cuenta de lo que escuchas (detalles). Nota cómo se sienten al tacto, la silla, la mesa, o la ropa (detalles), quizás, nota que olores percibes. Hoy es (fecha, día de la semana), estamos en (lugar). Este es un lugar seguro."
- Además, considere usar una fragancia favorita fuerte como canela, lavanda, perfume, colonia o café para traer la consciencia de vuelta al presente. Algunas personas llevan en su bolsillo o cartera una pequeña muestra de la fragancia que huelen cuando se disparan por los estímulos. Como el sistema olfativo (sentido del olfato) es parte del sistema límbico, las fragancias con asociaciones positivas pueden reducir el efecto de las imágenes en retrospectiva. Por otra parte, las imágenes en retrospectiva pueden dispararse en la presencia de olores asociados al trauma, tales como humo, aceite, un fuego ardiendo o el olor de una colonia asociada a una violación.

Es importante ayudar a la persona a elegir una fragancia que solo despierte asociaciones placenteras y relajantes.

La Técnica de las Imágenes

La técnica de las imágenes se usa para dirigir conscientemente la atención de la persona hacia sensaciones más relajantes, seguras y placenteras. Cuando las sensaciones asociadas al trauma causan angustia, redirigir la mente hacia sensaciones placenteras ayuda a relajarse y a reducir la respuesta al estrés. Es típico que los sobrevivientes de un trauma se alivian cuando se dan cuenta que no tienen que sufrir por las imágenes retrospectivas, sino que tienen las herramientas para controlarlas, reducirlas e incluso detenerlas.

La aplicación de las siguientes técnicas de imágenes ha tenido buenos resultados.

1. Imágenes del Lugar Seguro

El ejercicio de relajación en el lugar seguro es particularmente útil para superar el estrés traumático. Llena la mente con sensaciones placenteras y relajantes que prácticamente desplazan a las sensaciones desagradables asociadas al trauma. Puede reducir o detener las imágenes en retrospectiva. A continuación, algunas instrucciones para la técnica de imaginar un lugar seguro:

- "Busque en su mente el recuerdo de algún lugar donde se haya sentido completamente seguro, donde su cuerpo está en calma y relajado. Está solo en ese lugar. Puede que Dios esté allí. Puede tomarle algún tiempo encontrar ese lugar. Asegúrese de sentirse completamente seguro y relajado allí."
- "Una vez encontrado el lugar seguro y relajante, imagínese entrando. Note lo que *ve*. Hágase consciente de los detalles. Fíjese lo que *oye*. ¿Qué características tienen los sonidos? o acaso ¿"oye" silencio?"
- "Note lo que *siente en su piel*. ¿Hace calor o frío, se mueve el aire? ¿Puede *tocar* las cosas a su alrededor? ¿Cómo las siente? ¿Percibe algún *olor o aroma* placentero? ¿A qué se asemeja?"
- "Quédese un rato en su lugar seguro, disfrute de las sensaciones

relajantes y placenteras. Llene su mente con ellas hasta que se hagan fuertes y su cuerpo se sienta bien y relajado."

• "Cuando esté listo para salir de su lugar seguro, haga una respiración profunda, abra los ojos y regrese a donde se encuentra ahora."

La técnica de la imagen del lugar seguro debe aplicarse primero cuando no hay imágenes en retrospectiva o disparadores. Una vez que se domine, entonces puede llevarse a cabo para detener la aparición de imágenes en retrospectiva y disparar reacciones.

2. Técnica de Alto –Imagen

Esta habilidad se usa para controlar las imágenes traumáticas en retrospectiva que duran más que solo un momento. Las imágenes en retrospectiva pueden ser imágenes estables o una película en movimiento. Cambiar la retrospectiva de una imagen abrumadora, horrible e inevitable a otra que puede observarse mentalmente con desapego, desde una distancia, logra un mayor sentido de control. Esto reduce el impacto emocional.

• "Visualice la imagen en retrospectiva como vería normalmente imágenes o películas en casa (álbum de recortes, TV, pantalla del computador)."

• "Mueva suavemente su conciencia del centro de la imagen a la periferia. Imagínese el marco de un cuadro, la pantalla del televisor, los bordes del monitor de su ordenador, alrededor de la imagen o película."

• "Imagine que la imagen en retrospectiva es una foto en su álbum de recortes. Cierre el libro mentalmente y ponga al frente la fecha y el año, de manera que pueda volver a encontrar la imagen cuando esté listo" O, "si es una película en retrospectiva, imagínese usando el control remoto o la tecla de la computadora para cambiar la imagen: oprima avanzar, retroceder, quite el audio, cambie el color, o edite usando fotoshop."

3. Ensayo de Imágenes

El Ensayo de Imágenes se ha estudiado en sobrevivientes de trauma que presentan pesadillas recurrentes. Resultó muy efectiva al cabo de solo unas pocas sesiones de práctica enfocada. Los resultados fueron tan impresionantes que se publicaron en el *Journal of American Medical Association (Krakov, 2001)*. La técnica de Ensayo de Imágenes asume que las imágenes intencionales que aparecen mientras se está despierto pueden influir en el tipo y frecuencia de las pesadillas. Los elementos claves del Ensayo de Imágenes son:

- Ponga por escrito la descripción de una pesadilla perturbadora (comience con una de las menos perturbadoras).
- Cambie la pesadilla de cualquier manera positiva que desee y anote la descripción del sueño cambiado.
- Ensaye el sueño cambiado en imágenes vívidas durante diez a quince minutos.
- Comparta el primer y el segundo sueño con otra persona (un cuidador de confianza, un colega, un consejero o un profesional de salud mental)
- Ensaye el nuevo sueño durante cinco a veinte minutos todos los días, pero nunca trate de trabajar con más de dos sueños distintos a la semana. Comience con las pesadillas que causan menos angustia y gradualmente proceda hacia las más angustiantes.
- Si inesperadamente el Ensayo de Imágenes aumenta la angustia emocional, deténgase y consulte a un profesional de salud mental.

En casos menos graves, aliente a las personas con pesadillas a simplemente cambiar el mal sueño de la forma que quieran y que anoten la nueva versión. Luego, ensayen a diario el sueño alterado hasta que la pesadilla ya no sea un problema.

Distracción Estratégica

Una simple distracción ayuda cuando el dolor intenso, la herida o la ansiedad se desbordan y no pueden tratarse con efectividad. La distracción no debe convertirse en un hábito regular, pero sí tiene su lugar en el manejo de la angustia. Las actividades seguras con sensaciones físicas son particularmente apropiadas, ya que proveen conexión natural a la realidad en el momento presente: envolverse en una manta y disfrutar de una bebida caliente o fría, una lectura placentera, una ducha o baño tibio, observar algo hermoso y placentero o escuchar sonidos que produzcan calma (caída de agua, arroyos, música suave).

Si uno está molesto o ansioso, la actividad física liberará el estrés y generará fuertes sensaciones físicas que son normales. Algunos ejemplos serían: trabajar en el patio, cortar el césped, cortar leña, hacer jardinería, limpiar la casa, hornear y cocinar. Los juegos que no requieren mucha concentración pueden ser una buena distracción. Las películas también pueden funcionar, pero deben usarse con mucha precaución porque pueden contener violencia y disparadores del trauma. Si las situaciones sociales son un disparador, hablar con una persona "segura" puede ayudar a que la conmoción interna disminuya.

Manejo Básico de la Ira

Después de un trauma, la ira es una preocupación común. Si una persona "va de cero a cien" en una fracción de segundo, se hace difícil controlar la ira. Afortunadamente, la mayoría de las personas pueden identificar las sensaciones físicas que indican cuando la ira va en ascenso. Los ejemplos incluyen tensión muscular, sensación de calor o ritmo cardíaco más acelerado. Una vez que la persona está consciente de los indicadores, puede salir de la situación y calmarse antes de tomar otras acciones. "Tiempo fuera" puede ser algo tan sencillo como salir de la habitación durante el tiempo que sea necesario para reducir la ira a niveles manejables. Salir a caminar por un momento y hacer unas cuantas respiraciones profundas puede disminuir aún más la tensión interior. El ejercicio regular ayuda a reducir las reacciones intensas de ira.

Identificación de Disparadores

Los disparadores son sensaciones que activan la respuesta de "huir o luchar". Pueden ser sensaciones asociadas con traumas pasados, tales como ver ropa que le recuerde al ladrón, los sonidos u olores asociados a un accidente automovilístico o tipos de contacto u otras sensaciones relacionadas con una violación. Entender por qué las reacciones de una persona se disparan con lo que en otros casos son circunstancias normales, puede resultar un trabajo detectivesco. No obstante, detectar los disparadores forma parte de superar su efecto.

A medida que la gente se hace consciente de cuáles son los disparadores relacionados al trauma que le hacen reaccionar, es más fácil poder controlar su "respuesta de huir o luchar" usando habilidades de conexión con la realidad, respiración profunda y distracción estratégica. Educar sobre disparadores y reacciones comunes a las personas que hayan sufrido un trauma recientemente, , las equipa para poder detectarlos. Esto les permite interpretar con exactitud la excitación física y mental, y reaccionar con el uso efectivo de esas habilidades. Se sentirán con más confianza al estar equipados con información, panfletos y estrategias que los conecten a la realidad.

C. Evitar la Evasión

Como se describió anteriormente, cuando la amígdala cerebral identifica una amenaza seria hace que el cuerpo y la mente asuman el modo supervivencia, listo para un efectivo"huir o luchar". Las reacciones suelen ser instintivas, físicas y no pensadas. A medida que la reacción de huir o luchar disminuye, pueden usarse las otras funciones del cerebro tales como la memoria a corto plazo (hipocampo) y el procesamiento complejo (corteza cerebral frontal ejecutiva), lo cual permite un entendimiento, coherencia y capacidad para tomar decisiones de manera mucho más profunda. Mientras que la persona se encuentra en el modo de "huir o luchar", es imposible pensar en términos más complejos. Es un estado de excitación física desagradable con una fuerte sensación de miedo y de peligro. Esto es muy difícil de tolerar. El impulso instintivo sirve para saltar a la acción para superar o evitar una amenaza.

Aunque la acción o la evasión son útiles en situaciones de peligro inmediato, se convierten en una falsa alarma cuando son los disparadores de una imagen en retrospectiva. Cuanto más incómoda sea la respuesta asociada al trauma de paisajes, sonidos, olores y otras sensaciones, es más probable que la persona evite esos estímulos. Puede que, después de un accidente automovilístico grave, algunos eviten conducir o eviten conducir por la carretera donde ocurrió el accidente. Si en el accidente estuvo involucrado un camión, entonces, estos vehículos pueden convertirse en disparadores. Los camiones que pasan a su lado pueden ser tan intolerables que la persona decide evitar conducir del todo. Solo cuando las personan ganen confianza en el manejo de sus angustias, podrán superar gradualmente la evasión.

Al considerar el dolor asociado con reacciones ante los disparadores, existen buenas razones para que la persona evite ciertos paisajes, sonidos, sensaciones físicas o hablar del hecho traumático, mientras esté muy angustiada y fácilmente agobiada.   Forzar a una persona a que hable o se involucre en actividades que le disparan recuerdos traumáticos, cuando no cuentan con las herramientas necesarias para manejarlos, sería traumatizarla de nuevo sin ningún beneficio. Sin embargo, si una persona se siente confiada y equipada para hacer frente a los disparadores, él o ella se encuentra ya en una excelente posición para hablar del trauma y tomar las medidas necesarias para evitar las conductas evasivas. A la larga, el trauma debe ser encarado para que se produzca la sanidad. Aplicando la sabiduría de Eclesiastés 3: hay un tiempo para evitar (distraer, estabilizar) los recuerdos traumáticos y hay un tiempo para enfrentarlos. Cuando una persona traumatizada se encuentre muy agobiada, es tiempo de evitar, distraer y estabilizar. Cuando la persona posee habilidades de supervivencia, naturales o adquiridas y está lista para enfrentar el trauma, entonces es hora de hacerlo. En su libro *"Una Gracia Disfrazada"*, Jerry Sittser da fe de la necesidad de encarar las pérdidas traumáticas con una metáfora poderosa:

> La forma más rápida para que una persona alcance el sol y la luz del día, no es corriendo hacia el oeste, persiguiendo al sol que se pone, sino, corriendo hacia el este, sumergiéndose en la oscuridad hasta salir al sol que se levanta (Sittser, 2004,42).

Cuando una persona evita continuamente la oscuridad (el dolor emocional), el camino hacia el sol (sanidad y bienestar) será muy prolongado. Algunos deberán tomar la decisión consciente de dar un giro de180 grados del alivio inmediato del dolor a través de la evasión y, en su lugar, enfrentar lo que resulta incómodo a fin de obtener un alivio más profundo y la restauración. Las habilidades en el manejo del estrés traumático serán de ayuda para que la persona tome esta decisión. Sittser describe su elección:

> En aquel momento descubrí que tenía el poder de elegir el rumbo que mi vida debía tomar, aunque la única opción abierta para mí, al menos al principio, era huir de la pérdida o enfrentarla lo mejor que pudiera. Como ya sabía que la oscuridad era inevitable y no podía evadirla, decidí que,

desde ese momento en adelante caminaría hacia la oscuridad, y no escaparía de ella, permitiendo que la experiencia de mi pérdida me llevara en un viaje donde quiera que me llevara y ser transformado por mi sufrimiento en lugar de pensar que de alguna manera podía evitarlo. Yo, aunque vacilante, elegí correr hacia el dolor y rendirme a la pérdida a pesar de no tener ni idea de lo que significaría (Sittser, 2004, 42).

Es posible que, al estar convencidos del valor de enfrentar el dolor emocional, los consejeros y otras personas que ayudan, sientan la necesidad de animar a la persona a que hable de su pérdida o de su trauma antes de que esté lista; sin embargo, es importante esperar hasta que la persona esté dispuesta hablar. El interino se utiliza mejor para apoyar, estabilizar, consolar y equipar con métodos de supervivencia. Cuando la persona ya esté preparada para hablar del trauma, anímele a detenerse, a tomar aire o hacer un descanso cuando sea necesario. La confianza que se gana cuando se navega hacia adentro y hacia afuera de los recuerdos traumáticos, sin sentirse agobiado, tiene más valor para el proceso de sanidad que la narrativa completa.

Algunas personas encuentran útil llevar el proceso por medio de un diario. ¡Esta es una gran herramienta! Aquellas personas propensas a la evasión posiblemente necesiten un empujoncito para llevar un diario. Puede que primero quieran conversar con alguien acerca de los aspectos difíciles de su experiencia. Puede que otros prefieran trabajar duro en el procesamiento de su evento sin darle tiempo suficiente al consuelo, el relax, apoyo y actividades normales de la vida. Este último grupo pone en riesgo el agotar sus limitados recursos emocionales. Hay que animarles a bajar el ritmo, tomar su tiempo e involucrarse en las actividades normales, estabilizadoras o consoladoras, y luego continuar con su proceso. Enfrentar el dolor tiene un precio físico que necesita ser compensado con actividades regeneradoras. De la misma forma en que el cuerpo físico necesita tener un ritmo de trabajo y descanso, también el alma lo necesita. Requiere moverse a un ritmo que alterne entre enfrentar el dolor y regenerarse o distraerse.

Hay muchas formas de evadir el dolor. Una de ellas es mantenerse preocupado con pensamientos de cómo se hubiera podido prevenir la situación. Estos pensamientos suelen comenzar con "sí solo" o "y si", y pueden llevar a la autoacusación y a la culpa, que finalmente dominan la mente y no dan lugar a enfrentar el dolor. Otra forma de evasión es la demasiada distracción (tv, juegos, comida, bebida, drogas, relaciones o actividad sexual inapropiadas) para bloquear el dolor o que estehaga insensible. Para otros, la ira se siente más fácil que la vulnerabilidad pero desvía el dolor. Retraerse de todos excepto de la familia y amigos más cercanos puede ser necesario por algún tiempo, pero aislarse por largo tiempo solo prolonga la agonía.

Afortunadamente, el rebote resiliente de un trauma es mucho más común que un prolongado estrés postraumático (Bonnano,2004). Aunque la mayor parte de la población de los Estados Unidos (50-60%) sufre uno o más traumas severos a lo largo de sus vidas, solo el 5-10% desarrolla TEPT (Ozer, 2003). Un 85- 90%, entre un grupo de misioneros sirviendo en África Occidental, experimentó uno o más traumas severos en su vida, pero solo el 5% de ellos desarrolló TEPT (20% de ellos presentó TEPT completo o síntomas de estrés postraumático; Schaefer, 2007). Esto sugiere que los misioneros en África Occidental fueron más resilientes que la población estadounidense en general. Ciertos tipos de traumas tienen una tasa más alta de TEPT (agresión física, violación o traumas de guerra). También los ambientes de alto riesgo son un factor. Los misioneros que sirven en localidades menos estables (altas tasas de pobreza, crimen e inestabilidad social) desarrollaron TEPT más frecuentemente. Esto indica que los altos niveles de estrés continuo pueden, finalmente, agotar las reservas aun de aquellos con las mejores habilidades de supervivencia. Dicho esto, un buen número de personas traumatizadas mejoran gradualmente en los primeros tres a seis meses del impacto. A pesar de los síntomas persistentes y las luchas, puede esperarse más mejoría durante el resto del primer año. Para muchos, el primer o segundo aniversario de la crisis marca un punto de inflexión hacia la mejoría y el regreso a una vida con nuevos parámetros de normalidad. Cada situación y cada persona son únicas y no podemos juzgar a las personas que demoran más en recuperarse. Solo una minoría sufrirá de angustia a largo plazo. Este número puede reducirse con un buen apoyo. Si una persona parece estar bien después de un trauma, es aconsejable hacerle seguimiento al cabo de unos 3 meses para verificar que la recuperación continúe. De no ser así, es posible que necesite apoyo adicional de un consejero entrenado o profesional.

D. Disociación - Insensibilización y Amnesia

La disociación es una manera en la que el cerebro protege a la mente de una angustia insoportable, desprendiéndose de algunos aspectos del trauma. Durante la disociación, el tálamo, una parte del cerebro medio, muestra menor actividad. Normalmente, el tálamo recibe el impulso sensorial tanto del cuerpo como del mundo exterior. Luego conecta esta información con la corteza cerebral, permitiendo el procesamiento consciente. Esta interacción tálamo-corteza ayuda a la persona a integrar los datos sensoriales (del cuerpo), los emocionales y cognitivos, procesarlos efectivamente y experimentarse a sí mismo como coherente. La disociación protege la mente pero pagando el precio de desintegrar la percepción, la memoria y el sentido de sí mismo (Frewen, 2006; van der Kolk, *Dissociation*, 2007). Cuando una persona se disocia, se altera la experiencia normal e integrada de sí misma. Aunque el proceso permite un distanciamiento, conduce a un estado mental desintegrado. Cuando la disociación continúa más allá de la fase inicial después del trauma, comenzará a obstaculizar la reintegración efectiva. Las imágenes en retrospectiva pueden considerarse como percepciones disociadas. La amnesia y la insensibilización son Otras formas comunes de disociación .

Cuando ocurre la disociación, parte de la experiencia no está disponible, por lo cual la persona no puede recordar partes del evento traumático sin importar cuánto se esfuerce. Esto es amnesia, y puede ser problemático y confuso. Los que responden a la crisis necesitan ser conscientes de que esta brecha en su memoria se estableció por una razón. Es parte de la historia del trauma que la persona no pudo enfrentar en ese momento. Una vez que la persona haya adquirido las herramientas para regular la angustia y recuperar estabilidad, la mente puede llenar la brecha de memoria y procesarla, integrando así la experiencia de la persona. En caso contrario, la persona se beneficiaría con la consejería profesional si la brecha en la memoria continúa y es problemática

La insensibilización emocional ocurre en otro tipo de disociación postraumática. El cerebro procesa este tipo de disociación de manera muy diferente. Este es un estado de hipervigilancia y tolerancia aumentada al dolor (Frewen, 2006; van der Kolk, *Dissociation,*2007). Las personas que experimentan insensibilización emocional se sienten separadas y no realmente presentes, como si hubieran "salido de su cuerpo"; se sienten "congelados" y "desactivados" emocionalmente. Este tipo de proceso disociativo, llamado despersonalización, funciona como una anestesia. La despersonalización evita que las personas sientan dolor cuando otros estarían sufriendo mucho. Las personas que apoyan notarán que estas personas parecen extrañamente insensibles y calmados para lo que está ocurriendo (o se está discutiendo), parecen desconectados, desvinculados y ausentes. Una persona que habla de un evento horrible sin mostrar emociones podría estar disociando y no afrontando el evento. En un estado como ese, es imposible la supervivencia o el procesamiento normal. Este estado de desvinculación por emergencia evita la sobrecarga de angustia pero no ayuda a la reintegración. Aunque la disociación alivia la angustia en una crisis aguda, nunca es el estado mental correcto para procesar constructivamente los eventos problemáticos.

E. Apoyo a Personas en Pánico: Frenar la Escalada

Luego de la muerte repentina de un ser querido, un asalto, violación, desastre mortal o algún otro trauma intenso, no es raro que las emociones dolorosas alcancen tal intensidad que resulten imposibles de controlar. Algunas personas pueden llorar desconsoladamente o presentar un ataque de pánico. Las personas en pánico están agitadas, caminan de un lado a otro, lloran, gimen, gritan o hiperventilan. Su corazón late fuerte, sus músculos están tensos, sudan; algunos presentan náuseas y hasta vomitan.

El apoyo a las personas en pánico comienza con nosotros permaneciendo calmados. Podemos controlar nuestro propio estrés haciendo unas pocas respiraciones diafragmáticas profundas (ver *Respiración Profunda* en la Sección 5B), orando brevemente y enfocando nuestra mente en la presencia, ayuda y fuerza de Dios. Podemos orar calladamente pidiendo a Dios que dé estabilidad. Si nos mantenemos calmados, nuestro apoyo y orientación pueden proveer estabilidad a la persona en pánico. Las emociones de los que apoyan influyen directamente, para bien o para mal, en las de la persona que estamos asistiendo.

Podemos ayudar a las personas en pánico pidiéndoles que hagan unas cuantas respiraciones profundas. Esto funciona mejor si lo hacemos juntos. Si la persona continua hiperventilando (respiración rápida y superficial) podemos darle una bolsa de papel para que respire en ella. Esto ayuda a calmar las sensaciones físicas problemáticas que acompañan a la hiperventilación. Una vez que la persona respira más lentamente (o dentro de la bolsa), podemos preguntarle: "¿qué parte de su cuerpo se siente mejor ahora?" Esto cambia su atención de la angustia física a sensaciones positivas y permitirá que se relaje aún más.

Las siguientes *técnicas para frenar la escalada* pueden ser útiles en situaciones difíciles:

- Trate de parecer calmado y seguro de sí mismo, aun si no se siente así. Conscientemente, baje el tono de su voz, hable con firmeza y quizás algo más lento.
- Sea siempre respetuoso incluso cuando esté redirigiendo o poniendo límites. El individuo agitado es muy sensible a sentirse avergonzado e irrespetado.
- No sonría, ya que esto puede interpretarse como burla o ansiedad.
- Tenga precaución con los contactos físicos (pida permiso primero) o no toque para nada a la persona agitada, puesto que puede hacerle sentir incómoda o que usted se está entrometiendo.
- Dele espacio físico a la persona para que camine de arriba abajo, y haga lo que esté a su alcance para prevenir heridas físicas.
- No alce su voz por encima de una persona que grita. Espere hasta que la persona respire, luego hable. Hágalo con calma y a un volumen promedio.
- Hable en un tono de autoridad, firme pero siempre respetuoso.
- Nunca discuta o trate de convencer, ya que el estado mental de las personas agitadas no le permite ser razonable.
- Intente pasos sencillos, como ofrecerle un vaso con agua (en un recipiente irrompible) o una manta o dirigir gentilmente su atención a un paso de acción.
- Si es posible, lleve a la persona a un lugar protegido de estímulos perturbadores.

F. Cuándo Considerar el Uso de Medicamentos

Las habilidades para regular las emociones y frenar la escalada pueden ser de gran ayuda, pero, en ocasiones, es apropiado indicar medicamentos.

Pánico

Si el pánico no cede con el apoyo o si recurre con intensidad, un médico en su consulta podría prescribir algún tranquilizante (como alprazolam, lorazepam, clonazepan, o diazepam). Estos medicamentos solo deben usarse por corto tiempo, ya que podrían causar dependencia.

Insomnio

La agitación que ocurre después de una crisis puede mantener el cuerpo y la mente en estado de alerta durante toda la noche. Si el insomnio dura varios días, produce fatiga y disminuye la capacidad para enfrentar una crisis. Para mejorar el sueño es importante reducir la cafeína y el alcohol así como realizar actividades que relajen y distraigan antes de acostarse a dormir. Si esto no es suficiente, el siguiente paso es recurrir a las medicinas de venta sin prescripción (Benadril, Melatonina, y Valeriana) o a las infusiones de hierbas que induzcan al sueño. Si esto no es suficiente para dormir unas seis o siete horas, se debe consultar a un médico para que suministre una ayuda apropiada, que no debe tomarse por largo tiempo. Confronte la causa subyacente a la falta de sueño y desarrolle hábitos sanos de sueño ("higiene del sueño").

Depresión, Ansiedad y Estrés Postraumático.

Cuando la depresión, la ansiedad o el estrés postraumático causan dificultades significativas en el funcionamiento de la persona en su casa o en el trabajo, es hora de considerar (con la ayuda de un profesional) el uso de antidepresivos o ansiolíticos ISRS (Inhibidores Selectivos de la Recaptación de Serotonina) o un SNRI (Inhibidor de la Recaptación de Serotonina-Noradrenalina). Estos medicamentos son: sertralin (Zoloft), citalopram (Celexa) escitalopram (Lexapro), fluoxetina (Prozac), paroxetina (Paxil) venlafaxina (Effexor) desvenlafaxina (Pristiq) o mirtazapina

(Remeron). Estos medicamentos mejoran la depresión, la ansiedad y los síntomas postraumáticos en un lapso de dos a cuatro semanas si se toman regularmente. Este período es necesario para que los niveles de serotonina y norepinefrina aumenten en el cerebro. Al seleccionar la medicación, el profesional considerará el estado general de salud física y mental de la persona, así como también los posibles efectos colaterales.

G. Control de Impulsos Suicidas

Después del devastador accidente en Tanzania donde murió su esposo ehirió gravemente a su hijo y a ella, Ann Hamel relata:

> A medida que comprendía la realidad, me sentí aplastada. Toda mi vida había visto a Dios como mi Padre celestial. De buena gana dejé mi vida cómoda en América para servir a Dios en África pero confié en que Él cuidaría de mí y de mi familia. Mientras lidiaba con lo que había pasado, lamenté que algunos de nosotros sobreviviéramos al terrible accidente. Parecía que la muerte era preferible a la vida que tenía por delante. Mi dolor era tan intenso que solo pensaba en escapar de él. Miré el goteo intravenoso en mi brazo y le pedí a mi amigo médico que pusiera algo allí que acabara con mi vida. No quería enfrentar un futuro sin mi esposo y sin Dios. (Historia 3)

Inmediatamente después que Ann se diera cuenta de lo que había pasado, se sintió aplastada por el dolor, la pérdida y la lucha espiritual eran tan fuertes, que pensaba que era mejor la muerte a seguir viviendo. No solo deseaba estar muerta, también consideró algunos pasos para que eso ocurriera.

Después de una crisis devastadora, los pensamientos suicidas pueden sobrevenirle a cualquiera de nosotros, aun a los más fuertes y espirituales. El justo Job lamenta el dolor devastador en su vida. Su hastío de la vida luego de los desastres sucesivos era grave. Deseaba intensamente nunca haber nacido y maldijo el día y las circunstancias de su nacimiento (Job 3).

Los que apoyan deben ser conscientes de que los pensamientos suicidas y los impulsos a actuar para poner en práctica esos pensamientos ocurren cuando las personas se encuentran abrumadas por el dolor, la pérdida, la depresión o la ansiedad. Es importante escuchar bien para darnos cuenta de los indicadores que señalan pensamientos suicidas. Debemos hacer una práctica normal del preguntar directamente a las personas si se sienten "cansadas de la vida" o "desean estar muertas". La pregunta no plantará ideas peligrosas en la mente de la persona. De hecho, cuando se hace la pregunta con cuidado, tendremos la oportunidad de hablar acerca de los pensamientos o impulsos que tienen y que sienten temor o vergüenza de discutir.

Las personas suicidas se sienten atrapadas y desamparadas, sea por la situación o por la intensidad de sus emociones. Si una persona manifiesta pensamientos suicidas, se debe tomar medidas de seguridad ¡inmediatamente! Se debe recurrir a la ayuda profesional para calibrar la gravedad del riesgo. En los Estados Unidos, este es un profesional en salud mental. Si percibe un riesgo inminente de que la persona se haga daño a sí misma, entonces llévela a centro de emergencia más cercano.

En caso de que no haya un profesional de la salud, o que se retrase la cita médica, un apoyador maduro (o equipo) de confianza, debe quedarse con la persona permanentemente. De por sí, la sola presencia de un colaborador alivia los temores y reduce el impulso de hacerse daño. Los apoyadores necesitan asegurarse de que la persona no tenga a mano ningún medio con el cual hacerse daño, particularmente aquellos sobre los cuales la persona está pensando. Esto incluye quitar de su alcance medicamentos potencialmente dañinos, cuchillos, pistolas, cuerdas o cualquier otra cosa que pueda usar para autolesionarse. También debe supervisarse el acceso al alcohol, el cual puede perjudicar el autocontrol. Normalmente, las personas en dificultad desean escapar de la angustia agobiante y, a la vez, continuar viviendo. Los pensamientos suicidas suelen atemorizar a las personas que los experimentan. Los que apoyan pueden conectarse con esta parte que quiere vivir y darle soporte a esa inclinación. Así, los apoyadores se convierten en aliados en la lucha por superar cualquier deseo de muerte.

H. Conclusiones

Apoyar a las personas con estrés traumático severo puede ser una tarea intimidante. En los países donde los servicios de salud, incluyendo los de salud mental, están disponibles, serán los profesionales de la salud y el personal entrenado en emergencias o desastres los que presten el servicio. En países donde el acceso al apoyo profesional es limitado, serán los colegas o compañeros, representantes de cuidado al misionero, líderes de misiones los que estén al frente brindando los "primeros auxilios psicológicos". Para todas estas personas, así como para pastores y miembros de las congregaciones con un interés especial en el apoyo postraumático, el conocimiento de principios para manejar el estrés traumático les ayudará a acompañar e personas en su camino a la recuperación junto a la atención profesional.

Muchos obreros inteculturales que trabajan en países menos desarrollados usan el libro *Donde No Hay Doctor* de David Werner (Werner, 1992) para los primeros auxilios médicos. Este libro provee información acerca de los cuidados esenciales de salud a nivel básico y en un formato fácil de entender. Desde el año 2003, disponemos del libro con un concepto parecido *Donde No Hay Psiquiatra* de Vikram Patel. Una gran aportación sería contar con un libro similar enfocado en el cuidado durante las crisis.

SECCIÓN 6
Recursos Espirituales para el Manejo del Trauma.
Frauke y Charlie Schaefer

Cuando un conductor ebrio devastó la existencia de Jerry Sittser al quitarle la vida a tres miembros de su familia y dejar heridos a otros, Jerry estaba desconcertado ante pensamientos confusos y los intensos sentimientos que albergaba (Historia 4). El dolor, la aflicción, la tristeza, la rabia, el miedo y el desconcierto le resultaban abrumadores. Ciertas fortalezas en las que se apoyó durante la crisis le ayudaron en su lenta recuperación. Su fe era fuerte. También se apoyó en amistades íntimas, sólidas y sus fuertes lazos con una comunidad cristiana. Sus amigos le escucharon expresar sus sentimientos sin tratar de cambiarlos. Su conocimiento de los Salmos de lamento le recordó a Jerry que es aceptable expresarle a Dios nuestras emociones crudas y fuertes. Jerry necesitó también darle sentido al traumático incidente y su impacto en su comprensión general de la vida y de Dios. Lidió con serias interrogantes: ¿Existe un Dios?, ¿Acaso Dios tiene verdaderamente todo el control?, ¿Hay una moral universal? Entró en un proceso de intentar darle sentido a un mundo que, para él, había cambiado profundamente.

En retrospectiva, al cabo de varios años, Jerry señala las cicatrices que el trauma del accidente dejó en su vida y cómo se convirtieron en marcas de gracia. Se dio cuenta que su vida emocional era mucho más profunda, que tenía una claridad nueva con respecto a lo verdaderamente importante y una nueva determinación para dedicarse a lo más importante. Después de muchas luchas y dudas, Jerry halló una confianza renovada en su fe. Conoció a Dios y su gracia en una forma novedosa y más profunda.

Como en el caso de Jerry, el trauma severo saca abruptamente a las personas de su estabilidad intelectual y emocional. En su libro *Facilitando el Crecimiento postraumático*, Calhound y Tedeschi (Calhound y Tedeschi,

1999,2) describen, metafóricamente, los traumas severos como eventos que tienen un impacto "sísmico" en la cosmovisión de la persona y en su funcionamiento emocional. Como un terremoto, el trauma sacude con vehemencia la comprensión del mundo que tiene la persona y con frecuencia la desbarata.

El Trauma en este capítulo se refiere a las experiencias por las que las personas atraviesan o presencian, y que involucran heridas graves, muerte o amenazas de muerte; Sea que esas personas sean las afectadas, sus familiares o amigos cercanos. Las reacciones al trauma severo incluyen comúnmente el temor, impotencia u horror. Los ejemplos de tales eventos traumáticos incluyen accidentes con heridas físicas o muerte, desastres naturales que presenten amenazas de daño o muerte, diagnósticos de enfermedades terminales, abortos o nacimientos sin vida, violencia como robos (robo de vehículos con violencia, violación) y exposición a revueltas sociales o guerras. Existen otras situaciones traumáticas como desempleo, pérdida de propiedades, indigencia, divorcio, el desgaste acumulativo de altos niveles de estrés. Estos no son el enfoque de nuestras consideraciones; sin embargo, mucho de lo que aquí discutimos también aplican a estos temas dolorosos.

El trauma sacude las convicciones más profundas de una persona sobreel propósito y significado de la vida, y hacen que las personas cuestionen su perspectiva de Dios. Los cristianos que sirven en el ministerio, cuya relación con Dios es la base de sus vidas, pueden ser particularmente retados. Pueden surgir preguntas como: ¿por qué Dios permite el sufrimiento?, ¿acaso es Dios realmente bueno cuando aparentemente permite el mal?, ¿es la creencia en un Dios amoroso y Todopoderoso coherente con el sufrimiento en el mundo? En su intento por tratar de darle un sentido teológico a las tragedias del mundo, incluyendo la incomprensible masacre de Virginia Tech en 2007, Philip Yancey se pregunta: What Good is God? (Yancey 2010). Las tragedias desafían el concepto de Dios que hemos conocido y en el que hemos confiado. ¿Le importa a Dios?, ¿responderá a nuestras necesidades y a las necesidades de los que amamos?, ¿podemos poner nuestra confusión, nuestra decepción o nuestra frustración delante de Dios? o ¿estaría Dios furioso y nos abandonaría o nos castigaría en medio de nuestro dolor más profundo?, ¿acaso Dios solo quiere que confiemos y nos sometamos a Él? o ¿acaso todavía podemos enfrentarlo con honestidad y dignidad? El trauma puede alterar nuestro sentido de la visión y propósito en el ministerio. Después de una pérdida, un dolor o una traición es común preguntarse: ¿Valen la pena? (las personas a quienes ministran) ¿Tiene sentido renunciar a tanto?, ¿acaso el ministerio tiene aquí algún impacto significativo?, ¿cómo es que Dios quiere que continúe cuando estoy débil y he fallado?

Cuando el trauma nos empuja a un torbellino de emociones y confusión acerca de las interrogantes más profundas de la vida y sacude nuestros cimientos, nos volvemos vulnerables. Las creencias que antes nos consolaron reciben una paliza. A medida que luchamos a través del desconcierto, las piezas de nuestro sistema de creencias se reacomodan con el paso del tiempo. La crisis presenta la oportunidad para una nueva construcción y para fundamentos más sólidos. Imagine lo que ocurre cuando una casa es reconstruida después de un desastre natural. Algunas partes de la vieja casa pueden ser útiles en la nueva, pero algunas ya no lo serán. Algunos de los cimientos necesitarán ser reconstruidos. La reconstrucción puede resultar en una estructura que sea menos sólida, igualmente sólida, o aún más sólida que la anterior. De igual forma, luego de un proceso de reconstrucción personal y espiritual después de una crisis, la persona puede emerger más frágil, tan fuerte como antes o más fuerte y más resiliente. Considerando el proceso de romper, luchar y reconstruir, surgen las preguntas: ¿qué características aumentan la resiliencia frente a los retos emocionales y espirituales que conllevan los traumas?, ¿existen algunas maneras de estar mejor preparados para enfrentarlos?, ¿eué factores determinan cómo atravesamos esta vulnerabilidad emocional y espiritual?

La *Resiliencia* describe la habilidad que tiene una persona para "rebotar" después de un impacto. Supone una "pérdida de forma" inducida por un trauma, que posteriormente será restaurada. Después del impacto, las personas resilientes recuperan su constitución anterior. Son muchos los factores que determinan la resiliencia: biológicos, psicológicos, sociales y espirituales. Este capítulo se enfoca en los factores espirituales que mejoran la resiliencia.

Nuestra fe cristiana es por naturaleza relacional, un lazo personal y de pacto entre nosotros y Dios que nos creó y nos ama. En Jesucristo, Dios sufrió y murió en la cruz por nuestros pecados a fin de que pudiéramos recibir una nueva vida espiritual. Dios vive en nosotros y nos transforma a través del Espíritu Santo. Queremos amar y honrar a Dios mientras buscamos los propósitos de su Reino en el poder de su Espíritu. Por último, esperamos estar eternamente conectados a Él en amor y adoración. El propósito y el significado de nuestras vidas se construyen sobre estas bases de nuestra relación con Dios; científicamente esto se describe como "religiosidad intrínseca". El trauma puede romper esta relación esencial. Los cristianos pueden experimentar esta ruptura como el proverbial "quitar la alfombra de nuestro suelo". La probabilidad de que nuestra conexión con Dios sea restaurada y aun fortalecida después del impacto es lo que determina la resiliencia espiritual.

Hay ciertas características espirituales que nos hacen más resilientes. Adquirida una sana teología bíblica del sufrimiento provee un robusto marco de apoyo a través de las inevitables luchas que se presentan después del trauma. Una habilidad de perdonar, lograda con la práctica, facilitará dejar ir los sentimientos debilitantes de rabia, dolor, amargura y resentimiento que se presentan después de experimentar crisis violentas. Después de la adversidad, la familiaridad con el aceptar y expresar sentimientos fuertes en la relación con Dios y con otros va a permitir que la conexión, la sanidad y la recuperación de la esperanza sean más rápida. La seguridad y habilidad de estar abierto en algunas relaciones, particularmente con otros creyentes, proveerá el tan necesitado espacio seguro que servirá de sostén en tiempos de vulnerabilidad.

Hay ciertos recursos espirituales para una persona que se encuentra en medio del "impacto sísmico" de la lucha post traumática, que pueden ayudar en el proceso de reconstrucción, estableciendo con frecuencia cimientos más profundos. Experimentar la presencia de Dios en "el valle de sombra de muerte", no importa cuán débil o velada sea, es clave para asegurar a los cristianos de la duradera relación con el autor y sostenedor de sus vidas. Expresar a Dios sentimientos fuertes en forma de lamentos o gemidos es una manera de reconectarse con Él. Encontrar el camino desde la rabia y la amargura hacia el perdón verdadero libera a la persona de las cadenas de autodestrucción que la atan al doloroso pasado. Experimentar la gracia de Dios puede ayudar a una persona a recuperarse de la autocondenación que puede causar el trauma.

Los que salen airosos de la lucha y la reconstrucción cosecharán crecimiento del proceso. El *Crecimiento Postraumático* describe los cambios positivos que ocurren después del trauma; cambios en cómo nos vemos a nosotros mismos, a nuestras relaciones y cómo entendemos a Dios, el mundo, el propósito y el significado de la vida. El crecimiento postraumático aumenta la resiliencia futura.

En esta sección, primero observaremos las *características espirituales* que aumentan la resiliencia de los cristianos antes de que se aventuren a entrar en situaciones de alto riesgo. Consideraremos cómo podemos fortalecer esas características en preparación para sus retos. Luego observaremos los *recursos espirituales* que les ayudarán en medio de las luchas espirituales que se producen después de un trauma. Los que preparan a otros para el ministerio pueden encontrar que la "Lista de Verificación de Resiliencia Espiritual" es útil en programas de orientación o como herramienta para evaluar la resiliencia espiritual de los candidatos al ministerio. Aquellos que cuidan de las personas después de un trauma encontrarán recursos particularmente importantes en la segunda sección de este capítulo. La distinción entre características espirituales y recursos espirituales no está bien definida. Cada una influye en la otra. Las características espirituales afectan el ingenio de las personas a medida que avanzan en sus luchas. El estar familiarizado con recursos espirituales como el lamento y el proceso del perdón mejorarán la resiliencia espiritual.

1. CARACTERÍSTICAS ESPIRITUALES DE LAS PERSONAS RESILIENTES

A. Una Sólida Teología del Sufrimiento

Luego de un sufrimiento inesperado, las personas no solo son desafiadas a hacer frente a la situación de angustia y a los problemas prácticos, sino que también, de alguna manera, necesitan "darle sentido" a las cosas, aunque pueda que lo ocurrido no "tenga sentido" a la luz de las expectativas y creencias de la persona. Generalmente, las suposiciones básicas ayudan a atribuirle algún significado a los eventos, a partir de un marco más grande. Las suposiciones como parte de una cosmovisión dan un sentido de orden, de seguridad, de orientación y de control; colaboran a interpretar experiencias nuevas e inusuales, y esto ayuda a hacer ajustes. La fe religiosa es el marco fundamental que tiene un creyente para entender el mundo, hallar significado, y provee un lente para comprender el propósito de los eventos y de la vida en general. Esta comprensión genera motivación y vigor para vivir con propósito.

Cuando un evento "no tiene sentido" dentro de la comprensión actual de la persona, el resultado es confusión, desorientación, un sentido de injusticia, incertidumbre y vulnerabilidad. El propósito de vida, que alguna vez fue claro, se torna en incertidumbre. La energía y el enfoque ganados a partir de un propósito claro se debilitan o desaparecen. La persona se siente como un barco de vela a la deriva en un inmenso océano sin brújula.

Modelo de Investigación de Superación Religiosa después de un Trauma

Los modelos de superación al trauma basados en investigaciones han determinado que las discrepancias entre las suposiciones anteriores y la nueva comprensión de un evento causan angustia, la cual aumenta en proporción a la discrepancia entre suposiciones y comprensión. Esto puede significar un agudo sentido de desorientación, pérdida del control, certidumbre o comprensión del mundo. Crystal Park, una investigadora de la superación religiosa, encontró que reducir las discrepancias aumenta la probabilidad de recuperación. Reducir la discrepancia es posible si se cambia la forma de cómo se percibe o comprende el evento, ajustando las creencias globales y las metas o ambos (Park, 2005). Las grandes discrepancias desafían a las personas a redefinir o remodelar muchas de sus suposiciones anteriores. La redefinición facilita los ajustes y permite la integración de una experiencia negativa específica al entendimiento global de la persona. Una mejor integración resulta en niveles más bajos de depresión, niveles más altos de bienestar subjetivo y crecimiento postraumático.

Teología del Sufrimiento y Discrepancia

Una sólida teología del sufrimiento ayudará a reducir las discrepancias gracias a las expectativas bíblicas y realistas de la persona con respecto a Dios. También ayudará a restaurar un sentido último de seguridad y control. Para los cristianos, con frecuencia este sentido de seguridad radica en la aceptación de que Dios posee control absoluto. Una teología del sufrimiento bíblica ofrece la seguridad de que Dios todavía es "bueno" y hace que "todas las cosas obren para bien". Cuando un ministro, un misionero o un discípulo cristiano ya ha lidiado con una teología personal del sufrimiento, se sentirá menos confundido cuando esté en crisis. Está bien enseñar a los candidatos a misioneros y a pastores una teología del sufrimiento, pero su exploración personal de creencias acerca del sufrimiento les dará una base mucho más sólida para su resiliencia. Esto podría involucrar el estudio personal de textos relevantes, discusiones en grupos pequeños y hacerse preguntas controversiales y difíciles. De lo contrario, quedará como un conocimiento intelectual superficial y posteriormente no proveerá suficiente apoyo espiritual ni emocional. En apoyo a este proceso, Robert Shaum ha preparado una *Hoja de Trabajo: Hacia una Teología del Riesgo y el Sufrimiento* (Apéndice A).

Las personas en el ministerio, aun estando equipadas con la mejor teología del sufrimiento, van a afrontar luchas a nivel del corazón después de un trauma severo. En medio de estas luchas, generalmente se profundizan su autocomprensión y la forma como capta el propósito de la vida. Aunque, durante esas luchas, existe un riesgo real de alienación de Dios, afortunadamente para la mayoría de ellos será una oportunidad para conocer a Dios de una manera nueva y más íntima.

B. Motivación Religiosa Intrínseca

Un trauma desafía nuestra fe y nuestro conocimiento de Dios. El resultado es influenciado por la centralidad de la fe en la vida de una persona. A medida que la fe de un cristiano se fortalece, se convierte en el lente a través del cual se ve el trauma. La fe es también un profundo reservorio de alimento espiritual cuando estamos en necesidad. Para un cristiano, la clave de su resiliencia reside en el grado de su amor a Dios y en hasta qué punto su propósito y significado personal se encuentra en su relación con Dios.

La *motivación religiosa* es la característica espiritual más importante a la hora de determinar cómo un cristiano experimenta el trauma. La motivación es distinta a las creencias y a las prácticas que componen la fe en general, aunque están interrelacionadas. La motivación describe el impulso que mueve la fe de un cristiano en Dios. Los cristianos tienen fe por razones diferentes.

Existen dos clases de motivación religiosa: ver la religión como un fin en sí mismo, o como un medio para otro fin. La *motivación religiosa intrínseca* considera la relación con Dios y su sentido de propósito y significado como un fin en sí mismo. Los cristianos con esta motivación aman a Dios porque Él es Dios, porque Él los ama y porque Él murió por ellos. Estos pensamientos dan cuenta de sus elecciones.

Otra motivación por la que los cristianos siguen su fe, es que es un medio para satisfacer otros deseos personales. Ellos opinan que su participación en la religión es solo como una parte de la vida y valoran los beneficios que ello conlleva. Por ejemplo, las prácticas religiosas y el compromiso pueden dar seguridad, una comunidad, felicidad, comodidad, salud y prosperidad.

Estas dos clases de motivaciones no son puntas opuestas de un continuum y tampoco son mutuamente exclusivas. Los cristianos pueden tener ambas motivaciones al mismo tiempo; siendo una más fuerte que la otra. La religiosidad intrínseca tiende a ser más fuerte en aquellos que tienen creencias y compromisos sólidos con su fe; mientras que la búsqueda de satisfacer otros deseos de otras personas mediante la práctica de la fe, no está atada a la fuerza de las creencias y compromisos de una persona (Donaheu, 1986).

La respuesta de Sadrac, Mesac y Abednego al rey Nabucodonozor es un buen ejemplo de cómo las motivaciones religiosas influyeron en las decisiones (Daniel 3). Los tres jóvenes habían sido designados para regir los asuntos de Babilonia, gracias a la interpretación de los sueños del rey dada por Dios a través de Daniel. Ellos sabían que su poder y su riqueza provenían de su relación con Dios y con otros creyentes, y que Dios podía intervenir y proveer. Nabucodonozor los amenazó con arrojarlos al horno de fuego si no servían a sus dioses o adoraban la imagen de oro que él había mandado a hacer. Sin embargo, Sadrac, Mesac y Abednego, demostraron que su mayor motivación para adorar a Dios era intrínseca, no buscaba estatus ni seguridad. Ellos servirían a Dios viniera lo que viniera, con el conocimiento de que Dios les podría liberar. Su motivación era la creencia de que Dios es el único digno de adorar.

Nabucodonosor les preguntó:

—¿Es cierto, Sadrac, Mesac y Abednego, que ustedes se rehúsan a servir a mis dioses y a rendir culto a la estatua de oro que he levantado? Les daré una oportunidad más para inclinarse y rendir culto a la estatua que he hecho cuando oigan el sonido de los instrumentos musicales. Sin embargo, si se niegan, serán inmediatamente arrojados al horno ardiente y entonces, ¿qué dios podrá rescatarlos de mi poder?

Sadrac, Mesac y Abednego contestaron:

—Oh Nabucodonosor, no necesitamos defendernos delante de usted. Si nos arrojan al horno ardiente, el Dios a quien servimos es capaz de salvarnos. Él nos rescatará de su poder, su Majestad; pero aunque no lo hiciera, deseamos dejar en claro ante usted que jamás serviremos a sus dioses ni rendiremos culto a la estatua de oro que usted ha levantado. (Daniel 3:14-18, NTV)

Los profundos recursos espirituales les dieron certeza a Sadrac, Mesac y Abednego que Dios estaría con ellos a pesar de todo. Cuando salieron ilesos del horno, el rey Nabucodonozor también comenzó a alabar a Dios porque reconoció la liberación de los que eligieron morir antes que adorar a un dios falso.

Cuando nuestras vidas están fuera de control, la creencia en el propósito de Dios y en su promesa de estar con nosotros (motivación religiosa intrínseca), pueden proveer estabilidad y consuelo. Karen Carr experimentó esto en las semanas que siguieron a su evacuación de la lucha en de Costa de Marfil. Ella escribió:

Lloré, hice preguntas que no tenían respuesta como, "¿Por qué Dios permitió esto?" Regresé a la raíz de la razón de mi presencia allí (Dios puso en mi corazón un gran amor por los misioneros y me llamó a este trabajo). Estas raíces eran profundas, duraderas y me dieron la certeza de que Dios mismo me equiparía para hacer el trabajo para el cual me llamó. No se trataba de mis fuerzas, energía o voluntad, se trataba de saber que esto era exactamente lo que se suponía que hiciera. Pude continuar porque me motivaron el amor por las personas que ayudaba y el gozo que sentía al hacerlo" (Historia 1).

Cuando un trauma nos hace sentir incapaz, nuestra búsqueda de seguridad nos lleva a confiar en el control, cuidado y amor de Dios. Algunas veces la violencia, la pérdida y la tragedia no tienen ningún sentido. Parece imposible reconciliarlos con el amor de Dios, como fue la reacción inicial de Jerry Sittser cuando perdió tres miembros de su familia (Historia 4). Creer que Dios nos ama y que está obrando para lograr su propósito en y a través de nosotros mismos es una fuente estable de consuelo, esperanza y propósito mientras soportamos el dolor.

Un trauma tiene el potencial de causar angustia en forma de depresión, ansiedad e impotencia. Las investigaciones demuestran que las personas con motivación de religiosidad intrínseca tienden a deprimirse menos por los traumas y tienen aptitudes para recuperarse más rápido (Smith, McCullough y Poll, 2003). También experimentan un mayor sentido de propósito y de influencia sobre los resultados en lugar de experimentar impotencia. La religión y la salud mental se entrelazan más poderosamente a medida que uno se desplaza desde la religiosidad institucional (motivaciones externas, participación en los servicios o actividades de la iglesia, oración ritual) hacia la devoción personal (motivación intrínseca, lazos emocionales con Dios, intensidad devocional y oración coloquial) (Hackney y Sanders, 2003).

Activar la Religiosidad Intrínseca

Las motivaciones religiosas intrínsecas, en las personas que han atravesado por eventos altamente estresantes en su vida, contribuyen en gran manera a una mejor salud mental a largo plazo (Smith, McCullough y Poll; Schaefer, Blazer y Koening, 2008). Es más probable que las personas que poseen una fuerte motivación intrínseca, hagan cambios positivos y crezcan durante las luchas que siguen al trauma. Tienden a tener mayor fuerza personal, relaciones personales más profundas, mayor apreciación de la vida y más crecimiento espiritual. Estos beneficios son tan extraordinarios que en las fuerzas armadas americanas abogan por atención espiritual a los soldados que presenta Trastorno de Estrés Postraumático (TEPT) (Pargament y Sweeney, 2011). Esto resalta lo importante que es para los cristianos utilizar recursos espirituales para la resiliencia y sanidad después de un trauma.

La mayoría de los cristianos poseen fuertes motivaciones de religiosidad intrínseca cuando comienzan en el ministerio. A través de sus roles, expresan el propósito y el significado que les da su fe; sin embargo, los desafíos y las presiones de algunas posiciones ministeriales pueden erosionar parte de esa fortaleza. Como la religiosidad intrínseca fomenta la resiliencia, los líderes de ministerios cristianos necesitan avaluarla, mantenerla y fortalecerla. Los líderes pueden buscar la motivación intrínseca preguntando a los candidatos acerca de su sentido del llamado y las razones detrás de su deseo de servir. Pueden escuchar el propósito y significado que surge de la relación del candidato con Dios. Para mantener y fortalecer la religiosidad intrínseca, los líderes de ministerio pueden animar a los candidatos a involucrarse en actividades que nutran su amor por Dios y su conciencia de la presencia de Dios, tales como adoración comunitaria, música y oración. Pueden fomentar que los miembros del equipo compartan entre sí sus experiencias en la obra de Dios. El apoyo y el cuidado mutuo son una expresión tangible y un recordatorio del amor de Dios. La prioridad de la devoción personal puede modelarse y promoverse. Estudios bíblicos sobre temas como el carácter de Dios, el perdón y la gracia, son recordatorios del amor de Dios, y desafían a los ministros a integrar todos esos principios a sus vidas. Los cristianos en servicio ministerial deben hacer retiros espirituales con regularidad donde incluyan adoración, oración contemplativa, dirección espiritual y estudio bíblico aplicado. Ayuno con oración es otra disciplina que puede sacarnos de nuestro ajetreo para que nos enfoquemos en Dios.

A motivación intrínseca puede fortalecerse aun después del trauma. Como cuidador, preste especial atención a cómo la experiencia ha afectado su fe. ¿Cómo hacía la persona antes del trauma para encontrar consuelo y enfoque espiritual? El cuidador puede animar a la persona a pasar tiempo en estas prácticas que le son familiares. Los cuidadores han de estar atentos a las creencias y prácticas religiosas sanas, y animarlos a que se refugien en ellas. La participación continuada en la adoración, oración y devoción personal es muy deseable. A medida que la persona está buscando a Dios, otros pueden unirse a estas prácticas para apoyar. Los cuidadores pueden extraer respuestas de la persona traumatizada acerca de cómo creen que Dios ha venido obrando en sus vidas, aun en su dolor. Hablar de sus experiencias de Dios ayuda a las personas a ser más conscientes de la presencia de Dios. Demostrar interés activo en su espiritualidad y no evadir los temas difíciles constituye una invitación para que la persona traumatizada hable y crezca.

ACTIVIDADES QUE PROMUEVEN LA RELIGIOSIDAD INTRÍNSECA

- *Participar en adoración y oración comunitaria.*
- *Compartir con la comunidad cómo Dios ha estado obrando en sus vidas.*
- *Experimentar el amor de Dios a través del apoyo y cuidado mutuo.*
- *Practicar tiempos devocionales personales.*
- *Participar en estudios bíblicos que busquen conocer el carácter de Dios, el perdón y la gracia.*
- *Asistir a retiros espirituales con adoración, oración, dirección espiritual y estudio bíblico.*

C. Enfrentar y Compartir Sentimientos Incómodos

Reconocer y expresar las emociones incómodas es primordial para manejar la angustia relacionada con el trauma de manera constructiva. Desafortunadamente, esta no es una característica de todas las iglesias u organizaciones cristianas conservadoras hoy en día. Puede que exista la expectativa de que aquellos que "están bien con Dios" y "tienen fe suficiente" no tienen sentimientos negativos. En consecuencia, las personas que expresan pena, dolor, tristeza, duda o rabia (emociones que en el contexto americano se describen como "negativas") pueden atraer rechazo y hasta condenación por parte de otros creyentes. Los creyentes que están sufriendo pueden creer esto y pensar que sus emociones se deben a su "falta de fe" o a que es un "mal" cristiano. Otros pueden asumir que sus sentimientos son pecaminosos o vergonzosos. Así, es comprensible que la gente esconda sus emociones "negativas" o, peor aún, las nieguen.

En la segunda parte de esta sección, exploraremos el lamento dentro de la tradición espiritual de Israel, y en un sentido más amplio, de todo el pueblo de Dios. En el lamento, los creyentes llevan al Señor su agonía, sufrimiento, tristeza, rabia y deseos de venganza. Esto puede hacerse en privado o en comunidad. La tradición espiritual del lamento demuestra que sentir y expresar el dolor no es la marca de una fe débil, de ser un "mal" cristiano, pecaminoso o vergonzoso. De hecho, el coraje y la confianza de nuestra relación con Dios están ancladas en la seguridad de su fidelidad, y son las virtudes que necesitamos para confrontar y comunicar los sentimientos inquietantes en la presencia de Dios.

Promover auténticas iglesias cristianas y comunidades misioneras que reciban bien las expresiones de toda clase de emociones, sienta bases sólidas para sobrevivir a los eventos traumáticos de la vida. Así también, permite que el crecimiento espiritual brote desde la lucha honesta. Los grupos pequeños, los equipos de intercesión y los ministerios de oración de sanidad son los campos de práctica.

D. Conocer y Extender el Perdón

Los crímenes interpersonales como asaltos, robo, robo de automóvil con violencia, violación o terrorismo generan sentimientos poderosos de rabia, y deseos de justicia. Inicialmente, se necesita una sólida "respuesta de lucha" para auto protegerse; sin embargo, la hostilidad prolongada drenará los recursos emocionales y físicos necesarios para sanar. Las investigaciones han encontrado que la hostilidad y el resentimiento a largo plazo están conectados a un mayor grado de angustia mental, emocional y física (Luskin, 2002, 77-93). En contraste, las personas capaces de perdonar después de un trauma violento están menos angustiadas.

¿Cómo pueden perdonar esas personas? Los cristianos creen que sus faltas son perdonadas porque Jesucristo tomó sobre sí el justo castigo por ellos. Haber recibido el perdón abre la mente y el corazón para extender a otros ese mismo perdón. El Padre Nuestro infiere que perdonar a otros está conectado con haber recibido primero el perdón. El compromiso con la práctica regular de perdonar a nuestros "deudores" y "a los que nos ofenden" es una gran preparación para situaciones extremas que ponen a prueba el perdón. La mayoría de las personas tienen motivos de queja de sus padres, hermanos, esposos o amigos, lo cual provee oportunidades para practicar.

LA HABILIDAD DE PERDONAR

Las personas estarán mejor preparadas para perdonar si:

- *Han aceptado y recibido continuamente el perdón de Dios y de otros.*
- *Han entendido bíblicamente el proceso del perdón, y*
- *Han perdonado a otros con regularidad, sin albergar resentimiento.*

E. Conocer y Recibir Gracia

Es típico que los cristianos en labores ministeriales sientan un fuerte deseo de agradar a Dios. Son personas resistentes, "fuertes" yse fijan altos estándares profesionales y personales para sí mismos. Esto es bueno siempre y cuando no se dejen arrastrar por el heroísmo o el perfeccionismo, donde se fabrica la redención sin el poder y la gracia del Redentor. El heroísmo solitario aumenta la vulnerabilidad a sentirse como un fracaso cuando las cosas salen mal. El resultado es un sentido de "no ser suficientemente bueno" o no ser "merecedor". Esto puede resultar en vergüenza, autocondenación y aislamiento hacia Dios y hacia otros. En modo supervivencia después de una crisis, las personas no siempre van a tomar las decisiones correctas y tampoco estarán en buena forma cuando se vean afectadas por la confusión, el estrés y la depresión. De hecho, puede que estén más débiles que nunca. Aceptar la vulnerabilidad y la debilidad sin sentir vergüenza de sí mismos es razonable y resiliente.

Conocer y recibir la gracia puede ayudar a las personas a recuperarse. Si una iglesia o una agencia misionera reconoce los fracasos y debilidades humanas normales, apoya a sus miembros con compasión, estará proveyendo espacios para recibir gracia. Además de esto, los miembros deben ser conscientes de sus propias limitaciones; aceptarlas y buscar la gracia de Dios les ayudará a recuperarse más rápido y a confiar más en Dios. La autocondenación erosiona la fortaleza emocional. La verdadera perfección en el sentido cristiano viene de aquel que dijo: "Te basta con mi gracia, pues mi poder se perfecciona en la debilidad" (2 Corintios 12.9 NVI).

F. Relaciones de Apoyo con Otros Creyentes

La resiliencia humana depende de la habilidad de conectarse íntimamente por lo menos con algunas personas. Mostrarse abierto y vulnerable promueve la clase de relaciones profundas que alientan a afrontar y superar las luchas. Estas conexiones íntimas crecen con amistades, compañeros de oración, mentoria espiritual y grupos pequeños. En estas relaciones, las personas se apoyan unas con otras cuando las cosas se ponen duras. Las investigaciones demuestran que los cristianos se hacen más resilientes cuando se relacionan con sus comunidades de fe en adoración y amoroso cuidado mutuo.

Las personas reilientes son más interdependientes que dependientes. Cuando la vida golpea duro, ellas se confían a otros y aceptan ayuda y apoyo. Las personas en ministerio con frecuencia están a la vista de todos, de manera que puede ser riesgoso ser vulnerable. Normalmente tienen grandes cargas de trabajo y un tiempo limitado para nutrir sus amistades. Aunque muchos anhelan y aprecian las relaciones estrechas, no todos le dan prioridad a la formación de ese vínculo. Comprender la importancia del equilibrio entre la vida personal y la vida ministerial lleva a que los obreros cristianos se permitan tener el tiempo y el placer de mantener amistades estrechas con al menos unos pocos. En esta clase de relaciones la vulnerabilidad se vive y se practica. Aunque todas las buenas relaciones proveen apoyo y consuelo, aquellas que comparten fe y propósito son las adecuadas para que los cristianos luchen y oren con más honestidad, permitiendo que la comprensión se profundice cuando surgen interrogantes acerca de los cimientos de la fe por causa de un trauma.

G. Fortalecer la Resiliencia Espiritual en Preparación al Riesgo

En esta sección hemos revisado las características espirituales importantes de las personas que han mostrado más resiliencia frente a un trauma. Promover estas cualidades en individuos, iglesias y organizaciones misioneras les prepara mejor para enfrentar el impacto emocional y espiritual de un trauma. Un resumen de estas características aparece a continuación en la *Lista de Verificación de Resiliencia Espiritual.*

LISTA DE VERIFICACIÓN DE RESILIENCIA ESPIRITUAL

Sólida Teología del Sufrimiento

☐ ¿Ha lidiado (he lidiado) la persona con su (mi) teología del sufrimiento y las premisas resultantes han sido bíblicas?

☐ ¿Nuestra (mi) organización promueve y anima a las personas a tener una teología sólida del sufrimiento?

Motivación Religiosa Intrínseca

☐ ¿Tiene la persona (tengo) el hábito de congregarse (me) para orar y adorar en comunidad?

☐ ¿Tiene la persona (tengo) al menos dos amigos íntimos cristianos para apoyo mutuo y compartir abierta y profundamente?

☐ ¿Tiene la persona (tengo) el hábito de la oración personal y la lectura de la Biblia? ¿Tiene la persona (tengo) el hábito de participar en retiros espirituales, oración contemplativa y recibir dirección espiritual?

Habilidad de Afrontar y Compartir los Sentimientos Incómodos

☐ ¿La persona habla (yo hablo) auténtica y honestamente acerca de las experiencias difíciles de la vida y los sentimientos que las rodean?

☐ ¿Nuestra organización (mi organización) promueve el compartir honestamente los sentimientos incómodos, o acaso se comunica de manera indirecta que los "buenos cristianos" no deben tener ciertos sentimientos?

Conocer y Extender el Perdón

☐ ¿La persona sabe (yo sé) por experiencia recibir el perdón de Dios y de otros?

☐ ¿Acaso la persona está consciente (estoy consciente) del proceso del perdón y es (soy) capaz de distinguir el perdón de la excusa o pasar por alto las heridas?

☐ La (mi) organización anima y promueve a dar, conocer y experimentar el perdón?

Conocer y Recibir Gracia

☐ ¿La persona tiene (tengo) una profunda experiencia en ser amada y valorada por Dios?

☐   ¿La persona acepta (yo acepto) el quebrantamiento humano como una experiencia común y es capaz de amar a otros (a mí mismo) cuando los defectos son visibles sin condenarlos abiertamente?

☐   ¿La (mi) organización promueve una cultura de apertura, vulnerabilidad y apoyo cuando sus miembros lidian con su quebrantamiento?

Relaciones de Apoyo con Otros Creyentes

☐   ¿Tiene la persona (tengo) al menos dos amigos cristianos íntimos?;

☐   ¿La persona le da (yo le doy) especial importancia a cultivar y mantener relaciones estrechas de amistad por encima del trabajo del ministerio?

Fortalecer la resiliencia espiritual es una excelente preparación para manejar mejor lo que tengamos por delante. Una buena preparación incluye la reflexión en nuestra teología personal del sufrimiento, profundizar la vida espiritual y la motivación, comprender y practicar el perdón, crecer en la habilidad de compartir los sentimientos incómodos y dar prioridad a construir amistad con otros cristianos; sin embargo, en medio de las pruebas y las tribulaciones es necesario algo más.

En la vulnerabilidad y confusión que sigue a una crisis traumática, es necesario confiar en Dios y en otros de formas nuevas que no ocurren de manera natural cuando todo marcha bien. Con frecuencia, esta necesidad nos lleva a nuevos descubrimientos; sin embargo, algunos se quedan atascados ante el desafío. El sufrimiento puede "desgastar" espiritualmente a las personas o ser Suelo Sagrado para profundizar la fe. Este suelo puede ser un lugar de transformación sobre el cual los fragmentos se reensamblan en un nuevo orden que honra a Dios.

¿Cómo puede una persona superar los retos de una crisis, experimentar transformación y crecer espiritualmente? Se necesitan recursos espirituales confiables para apoyar a una persona en el "valle de sombra" de la lucha espiritual (Salmo 23:4). Esta sección trata acerca de esos recursos espirituales para las luchas después de un trauma.

2. RECURSOS PARA LA LUCHA ESPIRITUAL

A. Conocer la Presencia de Dios

No hay nada más importante y reconfortante para los cristianos en crisis que darse cuenta que Dios está allí con ellos. La Biblia está llena de recordatorios que nos aseguran que Dios siempre está con nosotros. La cantidad de estos pasajes constituye una evidencia de cuánto necesitamos los humanos esta seguridad. En situaciones atemorizantes es difícil ser conscientes de la presencia de Dios. Los supervivientes de traumas saben que a pesar de su fuerte creencia de que Dios está con ellos sin condición, hubo momentos en los que era difícil aferrarse a esa convicción y sentir a Dios en realidad. Algunos no encontrarán la presencia de Dios por algún tiempo y a otros les parecerá que están perdiendo su conexión con Dios para siempre. Afortunadamente, más temprano que tarde, la mayoría volverá a saber de la presencia de Dios. Aquellos que apoyan a los creyentes cristianos durante una crisis reconocen que las personas experimentan la presencia de Dios de distintas formas.

Cuando Allan y Betsy (Historia 2) atravesaron por una crisis de salud que amenazó sus vidas, tanto sus amigos como la comunidad de la iglesia les rodearon inmediatamente. Proveyeron apoyo práctico, oraciones, hombros sobre los cuales pudieron llorar y compañía en los momentos de soledad. Con frecuencia sus amigos solo estaban allí. Reconocieron su dolor y literalmente les acompañaron a vivir juntos la crisis. Estar rodeados por personas amorosas fue la evidencia más tangible de la presencia de Dios que Betsy hubiera experimentado jamás. Para Allan, la presencia de Dios comenzó a mostrarse en un momento solitario cuando su mirada se posó sobre un icono de la Santísima Trinidad. Ese momento le dio la visión y la promesa de que él, Allan, había sido invitado a entrar en comunión con la Santa Trinidad a medida que empezó a transitar un camino cuyo fin no podía ver.

En otro escenario, Amanda (nombre ficticio) y su esposo trabajaban en una misión médica en un país en desarrollo. Ambos amaban profundamente a sus hijos. Cuando, repentinamente, perdió a uno de sus hijos por una enfermedad grave, la confusión y la oscuridad cayeron sobre Amanda.

Inicialmente, perdió su conexión con Dios. También perdió su intimidad con las personas amorosas dentro del contexto de su ministerio y círculo de amistades. Las personas que intentaban acercarse eran rechazadas en su mayoría. Solo unos cuantos fueron admitidos a su mundo interior de dolor, decepción y amargura. A su esposo le permitió entrar, pero era visto con sospecha y recibido, en ocasiones, con irritación. El corazón de Amanda pedía a gritos ser entendido en medio de la rabia y el dolor, y para ella era muy difícil encontrar esa comprensión; de manera que no quería hablar, sino que estaba ensimismada con pensamientos inquietantes y sentimientos oscuros. Esta oscuridad, junto con el dolor de su añoranza y su negativa a aceptar la muerte de su hijo, parecía ser el lugar donde aún podía encontrarse con su hijo perdido y tener alguna sensación de control sobre lo que, de otra manera, parecía escapar completamente de sus manos. Se preguntaba si soltar el dolor sería traicionar al hijo que tanto amó. Cuando Amanda se dio cuenta que Dios también estaba en el dolor con ella, lamentando la pérdida de su hijo, comprendiendo profundamente su experiencia, una lucecita comenzó a brillar en su oscuridad.

La presencia de Dios muestra que no estamos perdidos, aun en las situaciones más caóticas y dolorosas. Confirma que Él tiene el control de nuestras vidas aun cuando para los sentidos humanos parece fuera de control. Saber que Dios está presente nos asegura que Él entiende el dolor. Pero, ¿cómo puede la presencia de Dios ser real en medio de la confusión y la oscuridad que siguen al trauma? ¿Cómo puede experimentarse su presencia cuando hasta concebirla resulta difícil?

B. Conocer la Presencia de Dios: A Través de Otros

Muchos han dado testimonio de la forma poderosa en que una comunidad amorosa ha ayudado a sentir que Dios estaba con ellos. La presencia tangible de las personas amorosas que transmiten amor y consuelo muestran el amor de Dios.

La Capacidad de los Cuidadores para Estar Presente

Muchos desean "estar allí" y estar "presentes" con las víctimas de trauma; pero entrar a su mundo puede ser una experiencia sobrecogedora.

Estar con alguien en dolor significa que nos permitamos ser afectados por el dolor y la confusión que siente la víctima, aunque sean en menor intensidad. Es por esto que la tentación de los cuidadores es "arreglar" el dolor. "Arreglar" el dolor alivia la presión causada por querer ayudar al otro a sentirse mejor. Hace que los que apoyan se sientan útiles y más en control, pero, arreglar eso no profundiza lo suficiente como para sanar. La mayoría de nosotros recuerda algún momento en que una persona bien intencionada ofreció un consejo rápido, con aires de espiritual o un comentario superficial con la intención de consolar. No funcionó. Nos sentimos "pacificados", desestimado, o incomprendidos. Muchos también recuerdan momentos preciosos cuando alguien entró a nuestro dolor, al escucharnos bien o tocarnos con gentileza. Compartir con vulnerabilidad y escuchar atentamente pueden crear una conexión que, de otra manera, es difícil de experimentar. La aflicción y el dolor compartido en la expresión del cuidador reconoce y valida esos sentimientos en la persona afectada, y lo hace más fácil de soportar. Cuando los que apoyan se unen al dolor, confusión y vulnerabilidad de los que sufren, pisan sobre "Suelo Sagrado". Allí, se une con la persona en reverencia al Señor en lo que Él puede estar haciendo.

La Habilidad para Recibir Apoyo

Los cuidadores están familiarizados con situaciones en las que solo consiguen una puerta cerrada, aun "estando más que dispuestos" a "entrar" y "estar allí" y acompañar a la persona en su angustia emocional y espiritual. ¿Qué hacer ante esa puerta cerrada o ante una puerta que se cierra en la propia nariz del cuidador? Un buen lugar para empezar es el autoexamen, incluyendo el considerar si son los más idóneos para ofrecer ayuda en esa situación (por favor ver AutoReflexiones de un Cuidador Cuando una Persona Se Aísla).

Si los intentos por ayudar a la persona no abren la puerta, puede que las razones no tengan nada que ver con el cuidador. Algunas personas traumatizadas se sienten tan vulnerables o tan sobre estimuladas, que lo único que pueden hacer es encerrarse en sí mismas. Cualquier intento por acercarse, les puede parecer una intromisión, y lo reciben con irritación. Un nuevo incidente traumático puede activar patrones de respuesta causados por heridas pasadas. Igualmente, las experiencias pasadas con otras personas afectará la forma como hombres y mujeres traumatizados reciben e interpreten a los ayudadores. Las razones más comunes para que las personas se encierren en sí mismas son un fuerte sentido de vulnerabilidad, vergüenza, ira no resuelta o depresión.

AUTOREFEXION DE UN CUIDADOR CUANDO UNA PERSONA SE ENCIERRA EN SÍ MISMA.

- *¿Será que estoy excesivamente preocupada en hacer que la persona se sienta mejor en lugar de escucharla, entenderla y estar con él o ella?*

- *¿Hice sugerencias demasiado rápido cuando la persona no estaba lista para recibirla, y quizás se sintió malinterpretada o herida?*

- *¿Me he enfocado demasiado en hablarle a la persona en lugar de acercarme a ella de una manera más holística, como ofreciendo las herramientas o la clase de ayuda que necesitan? ¿Cómo puedo consolarlos?*

- *¿Soy la persona más idónea para acercarme a esta persona en necesidad? (Ej. si una mujer ha sufrido una violación, la presencia de una mujer generalmente la hará sentir más segura que la de un hombre). ¿Hay alguna persona en quien la persona traumatizada confíe más que en mí?*

Para complicar más las cosas, no todos los que se encierran en sí mismos realmente desean que los dejen solos. Una persona que sufrió una pérdida significativa, dijo una vez: "Aunque rechazaba las invitaciones y los intentos de otras personas de hablar conmigo, no quería que se rindieran, que se dieran por vencidos conmigo y me dejaran". Aunque los rechazaba, necesitaba saber que su familia y amigos seguían interesados, atentos, amorosos y dándole el cuidado necesario. Finalmente, al ser convencida poco a poco, abrió la puerta, un centímetro a la vez.

La violencia interpersonal puede hacer que las víctimas sean particularmente desconfiadas. Necesitan reconstruir su confianza poco a poco. El cuento infantil escrito por Antoine de Saint Exupéry, "El Principito", puede ayudarnos a ver el proceso gradual que se requiere. El Principito trata de construir una relación con un zorro tímido y temeroso. El zorro lo alienta a ser paciente a acercarse gradualmente con precaución:

"Primero te sentarás a una corta distancia de mí...te miraré de reojo y tú no dirás nada...Cada día te sentarás más cerca (de Saint Exupéry, 2000). Una estrategia de contactos regulares, cortos, aparentemente insignificantes, con frecuencia funcionan con alguien que se ha encerrado en sí mismo. No tome como algo personal los arranques de ira; por el contrario, comprenda que es un muro defensivo que hace a la persona sentirse menos vulnerable cuando es difícil enfrentarse al mundo.

C. Conocer la Presencia de Dios: Intercesión

Al poner a la persona y la situación delante de Dios en oración, los cristianos creyentes asumen un rol sacerdotal. Aun si la persona en crisis se siente incapaz de acercarse a Dios personalmente, el equipo de apoyo ocupa la brecha al llevarlo/a en oración ante Dios. Hacerle saber que otros están orando por él o ella es un consuelo muy especial. Además de las oraciones humanas, Cristo mismo se para en la brecha e intercede en el reino espiritual. El Espíritu Santo también está activo delante del Dios Altísimo expresando nuestras preocupaciones más profundas, incluso aquellas expresadas en gemidos (Romanos 8:27, NVI). Saber que otros oran por ellos puede alentar a los que sufren, especialmente cuando sienten un distanciamiento en su conexión con Dios.

Al principio de su ministerio, Pablo encontró fuerte oposición en Listra y al final fue apedreado. Lo arrastraron fuera de la ciudad y algunos pensaron que había muerto. "Pero, cuando lo rodearon los discípulos, él se levantó y volvió a entrar en la ciudad." (Hechos 14: 19b-20 NVI). Este corto pasaje es una imagen poderosa de lo que ocurre cuando los creyentes se "reúnen alrededor" de una persona que sufre. El reunirse, con o sin palabras, crea instantáneamente un sentido de conexión, de cuidado, de consuelo, de orden y de esperanza. Es como una forma de oración concreta cuando los creyentes expresan la intensión que Dios tiene de acercarse a los que sufren, y sus efectos son poderosos.

D. Conocer la Presencia de Dios: Rituales

Los rituales religiosos simbolizan y expresan la realidad espiritual, la convierten en una forma concreta que involucra la mente, el corazón y los sentidos acercando así el reino espiritual. Los rituales son particularmente beneficiosos en momentos cuando es difícil aferrarse a las verdades espirituales. Durante las tormentas de la vida, los rituales pueden convertirse en un ancla para el alma angustiada. Los rituales conectan también a los miembros de una comunidad. Los rituales familiares pueden usarse para propósitos especiales o crear unos nuevos. ¿Qué rituales son particularmente útiles para apoyar a los cristianos después de un trauma?

La Santa Comunión.

Ya que la persona en crisis puede sentirse lejos de Dios, tomar la Santa Cena individualmente o en grupo puede, literalmente, ayudar a probar la presencia de Dios. Cuando reciben la comunión, las personas se sienten fortalecidas en su fe y afirmadas en la fidelidad de Dios. Durante la comunión pueden meditar en los sufrimientos de Cristo y darse cuenta que Él conoce y entiende su sufrimiento. Los que se sienten culpables pueden liberarse de ese sentimiento al reconocer el cuerpo y la sangre entregados por ellos. Tomar juntos la comunión puede renovar la conexión con la comunidad de fe.

Vigilia a la Luz de las Velas.

Con frecuencia, las vigilias a la luz de las velas se usan para protestar por las injusticias, dar testimonio del sufrimiento o conmemorar las vidas perdidas en accidentes, desastres naturales o enfermedades; simbolizan el duelo por los muertos. En este sentido, las vigilias a la luz de las velas son un lamento expresado, que pueden realizarse en silencio con objetos que son reliquias familiares y fotos en las manos, o con oraciones, canciones y otras expresiones de lamento.

Tributo a los Fallecidos

Es común rendir tributo a las personas fallecidas. Se puede expresar de diferentes formas: escribiendo cartas o tarjetas, llevar flores, artículos favoritos, evidencias de logros alcanzados o mostrar fotos de la persona fallecida. Hoy en día los tributos electrónicos pueden ayudar en su duelo a una comunidad dispersa; como ejemplos tenemos un sitio web y una cuenta de Facebook en honor al fallecido. Esos tributos pueden ser muy reconfortantes para la familia.

Cuando la pérdida ha afectado a cierta comunidad geográfica, se puede organizar una reunión para recordar a la persona y consolarse unos a otros en su duelo. Proveer una expresión ritual de tristeza y duelo ayudará a los individuos a expresar sus sentimientos y superarlos con la resonancia y el apoyo de la comunidad.

Rituales de Perdón

Es muy duro dejar ir el resentimiento y la amargura que sentimos contra los que nos han hecho daño. Realizar un acto simbólico que muestre nuestra disposición a perdonar puede ayudar a las personas a superar la resistencia interior, o a"sentir" que el perdón sea algo más real para ellos. A pesar de su deseo genuino de perdonar, la gente se encuentra, con frecuencia, retirando el perdón una y otra vez. Un ritual de perdón puede ayudar a la persona a recordar un momento especial de disposición a perdonar y a animarla a volver a caminar el sendero del perdón una y otra vez.

El Equipo Móvil de Cuidado Misionero en África Occidental presenta a los compañeros de respuesta un sencillo pero poderoso ritual de perdón, extraído del taller del Dr. Rhiannon Lloyd: *Sanando las Heridas del Trauma.* Se construye una sencilla cruz grande de madera, que nos recuerda a Aquel que llevó nuestro pecado y con gracia nos perdona. Se invita a las personas a escribir en pedazos de papel los temas de dolor y resentimiento de los que se quieren liberar. Si lo desean, pueden compartirlo con otro creyente. De no ser así, doblan su nota y uno por uno, con martillo y clavos, clavan el papel en la cruz. Al hacer esto, simbólicamente dejan ir su resentimiento mediante el perdón intencional.

Ritual de Despedida

Tener que salir de una casa o de un lugar de manera abrupta debido a desastres naturales o a guerra civil, no da mucho tiempo para el duelo. Un ritual de despedida ayuda en el proceso. Se dibuja un plano de la casa. Una vela encendida puede simbolizar una última caminata por las habitaciones importantes. En cada habitación, los participantes conmemoran los eventos especiales y dan gracias. Luego, la habitación se entrega a Dios y a sus nuevos dueños.

Ritual de Restauración del Hogar

Los inmuebles que han sido robados o violentados de alguna manera, se sienten "sucios" e invadidos por algo malo. Un ritual de restauración puede reclamar la atmósfera y el carácter de ese hogar. Una manera de hacerlo es usando fragancias o flores frescas y disfrutar de los aromas dentro de la casa. La casa puede restaurarse con palabras como "esta es una casa donde habitan la amabilidad y la generosidad, de bienvenida y hospitalidad, de amistad y relaciones, un hogar para cocinar y compartir, un hogar dedicado al Señor y a su pueblo." Los aromas, las palabras y la oración vuelven a consagrar la casa. Se pueden elevar oraciones pidiendo protección, junto con las oraciones por los que sufrieron dentro de la casa y, de ser apropiado, por los ladrones o invasores.

E. Obstáculos para Conocer la Presencia de Dios

El apoyo amoroso, la oración intercesora y los rituales hacen tangibles la presencia y el amor de Dios a los que atraviesan por una crisis. No obstante, algunas percepciones y emociones pueden comprometer y hasta bloquear la conciencia de la presencia de Dios después de un evento significativo de la vida. Estos incluyen el sentido de que Dios lo está castigando o lo ha abandonado, y sentimientos de culpa y vergüenza. Los cuidadores necesitan abordar estos obstáculos potenciales.

La Sensación de que Dios Lo Está Castigando.

Cuando el esposo de una mujer murió repentinamente, ella sintió que el fallecimiento de su esposo fue el castigo de Dios por su omisión. De manera que se apartó de Dios y de todos los demás. Después de los terremotos o tsunamis, los líderes espirituales siempre reciben la pregunta si el hecho fue un castigo divino. Algunas veces los líderes han dicho que ciertamente el desastre se debía a la ira de Dios por la desobediencia y descuido espiritual. Las investigaciones arrojan que las personas que perciben el sufrimiento como castigo de Dios tienen más dificultad para superar la crisis y sufren más de depresión y de estrés postraumático. La Biblia enseña que el sufrimiento entró al mundo con la caída y que puede ser una consecuencia de la desobediencia humana. Pero cuando se le preguntó a Jesús acerca de un hombre que había nacido ciego: —"Rabí, para que este hombre haya nacido ciego, ¿quién pecó, él o sus padres?

Jesús respondió: Ni él pecó, ni sus padres —respondió Jesús—, sino que esto sucedió para que la obra de Dios se hiciera evidente en su vida."(Juan 9:2-3 NTV). La perspectiva de Jesús acerca de este tema está dirigida al presente y al futuro, no enfocada en la culpa por acciones del pasado.

Buscar la causa y la explicación del sufrimiento forma parte de la naturaleza humana. Con frecuencia, cuando una persona presume que el sufrimiento es por causa de sus transgresiones es un intento de sentirse más segura y tratar de evitar problemas en el futuro. Identificando la causa del problema la gente obtiene un sentido de seguridad, control, orden o justicia. No obstante, interpretar algo como un castigo de Dios por alguna transgresión personal viene con un muy alto precio de culpa, vergüenza y distanciamiento de Dios y de otros. En contraste, Jesús se refiere a Dios como quien se revela en medio de una situación perturbadora. Esta perspectiva le acerca a Dios y cambia la atención a las posibilidades presentes y futuras. Los cuidadores pueden hacer preguntas, con gentileza, sobre las nociones de castigo y animarles a reflexionar sobre lo que Dios está haciendo en medio del "desastre".

Sentido de Culpa y Vergüenza

Las personas que recién han experimentado un trauma tienden a decir cosas como "si solo hubiera hecho esto o lo otro, nada habría pasado", "si solo me hubiera dado cuenta, si hubiera prestado más atención", "si solo me hubiera tomado el tiempo para conducir más despacio" o "si solo hubiera reaccionado de una manera mejor mi amigo no habría muerto". Una señora ansiosa que no pudo resucitar a su marido que no respondía dijo una vez: "Si yo no hubiera estado tan en shock, habrá comenzado antes el RCP (resucitación cardio pulmonar) y mi esposo no habría muerto. " Abrumada al darse cuenta de lo ocurrido, la gente comienza a pensar para sí cómo hubiera podido evitar el incidente, y luego pasa a acusarse por omisión o comisión. La autoacusación resultante, la culpa y la vergüenza pueden hacer una brecha entre ellos y Dios.

Si una persona necesita ayuda para superar la falsa culpa y vergüenza, una discusión racional a lo mejor no va a llevar a ninguna parte. La estrategia *Reconocer y Replantear* resulta lo mejor en tales situaciones. Los cuidadores pueden *reconocer* el deseo de la persona de que el evento nunca ocurriera y *replantear* eso de que la desconsolada "hizo lo mejor que pudo". Por ejemplo, uno podría decirle a la mujer que le "falló" a su esposo: "sé cuánto deseas haberlo podido salvar. Cualquiera en tu situación estaría en shock. Hiciste lo mejor en ese momento, y mucho más de lo que la mayoría de las personas habría hecho". De esta manera, es posible animar con gentileza a la persona a aceptar la gracia por ella misma. Si la persona está tomando apropiadamente la responsabilidad por un aspecto del trauma, también puede reconocerse y luego guiarla a seguir hacia el perdón y la gracia (Karen Carr elabora las habilidades para Reconocer y Reformular en la Sección 2C de este capítulo)

La Sensación de Haber Sido Abandonado por Dios

Después de que la van de la familia chocara contra un camión en Ruanda, Ann sintió que Dios la había abandonado (Historia 3). Si Dios había prometido guardar a su familia, entonces ella razonó que Dios debió haber desaparecido de la escena cuando ocurrió el accidente. Cuando Dios no actúa acorde con lo que se espera de Él, las personas pueden pensar que las ha abandonado. Cuando el shock entumece las emociones, o cuando alguien se desliza hacia la depresión, se pierden las señales normales de la presencia de Dios (la paz y el gozo). Es posible sentirse abandonado por la incapacidad de sentir esas emociones. Creer que Dios se ha retirado intencionalmente hace que los pasos para reconectarse con Él sean más difíciles. Una persona que se siente abandonada puede encerrarse en tristeza, soledad o desesperación.

Las investigaciones indican que a aquellos que se sienten abandonados por Dios se les hace más difícil sobreponerse (Pargament et al., 1998). ¿Qué pueden hacer los cuidadores? Pueden explorar las razones por las cuales las personas se sienten abandonadas por Dios. ¿Será que la persona tiene una comprensión equivocada de lo que Dios debió haber hecho (teología del sufrimiento), o por causa de la insensibilidad emocional o la depresión? Con este conocimiento, los que apoyan están mejor equipados para afrontar las preocupaciones subyacentes. Con delicadeza, pueden cuestionar las expectativas inapropiadas; o se puede explicar la insensibilidad inducida por el shock, o la falta de gozo y de paz acaecida por la falta de gozo; pero la falta de sentimientos de ninguna manera significa que Dios esté ausente. El cuidador puede, entonces, ayudar a la persona a encontrar formas para reconectarse con Dios, tales como la Santa Cena o el lamento.

F. El Lamento

Aunque la angustia emocional y la confusión espiritual después de un trauma amenazan la confianza en Dios y la conciencia de su presencia, algunos sentirán que su relación con Dios ha sido interrumpida. Cuando el dolor, la confusión, la ansiedad, la aflicción, el remordimiento y la rabia brotan todas al mismo tiempo, algunas personas reculan, otras entran en shock y se paralizan y, otras personas claman a Dios pidiendo ayuda con urgencia. En tales situaciones, Dios es lo primordial; sin embargo, puede que no nos sintamos cómodos expresándole ciertos sentimientos. Es aquí donde la práctica del lamento puede resultar el punto de inflexión para la sanidad.

Definiendo El Lamento

El lamento "es una fuerte expresión de aflicción, remordimiento o queja ante el Señor en oración o canción, individualmente o en congregación" (Instituto Juvenil Fuller, 2008). Como vemos documentado en los salmos, los israelitas oraban y cantaban a Dios en una gran variedad de situaciones de vida. Los salmos que expresan con crudeza emociones como dolor, confusión, enojo, rabia, odio y abandono, se han denominado "salmos de lamento" o "salmos de desorientación" (Brueggemann, 1984). El investigador Keith Meador halló que a la gente altamente religiosa le es más fácil expresar a otros sus emociones abiertamente, en comparación con otras personas (Meador et al., 1992). La expresión honesta de las emociones hace que sea más fácil sobrellevar la angustia.

Observando detalladamente los elementos esenciales del lamento en el Antiguo y en el Nuevo Testamento, encontramos que resalta:

1. *Identificación:* La identificación clara y el reconocimiento honesto de la herida.
2. *Invocación:* Se pide a Dios que preste atención.
3. *Presentación:* Presenta a Dios una *situación específica* y expresa los sentimientos conflictivos como el dolor, el abandono, las heridas, la vergüenza, la confusión, el sentirse abrumado, la tristeza, la desesperación, la rabia y las luchas ante un Dios que parece inactivo o en silencio. Por momentos, no se encuentran las palabras y el llanto y los "gemidos" se convierten en las únicas expresiones

posibles (Romanos 8:22, 23, 26, NVI). En Getsemaní, se describe a Jesús como invadido por la angustia (Marcos 14:34, NVI). Él expresa a gritos su sensación de abandono ("abandonado") por el Padre en la cruz (Marcos 15:34, utilizando el lamento del Salmo 22:1, NVI).

4. *Expectativa:* Se espera que Dios escuche, acepte el dolor y que le afecte. Brueggerman escribe, "Dios toma el dolor de la tierra y lo incorpora a su propia vida, con lo cual el *cielo* es transformado" (Brueggerman, 1992, 47; itálicas mías).

5. *Anticipación:* Se espera que Dios responda de acuerdo a lo que ha prometido. "Dios acepta los gemidos, los incorpora a su persona misma, y le responde al herido Israel con promesas de lo alto."(Brueggerman, 1992, 52). Anticipar que Dios responderá en maneras concretas genera esperanza para el aquí y el ahora. Más allá de esto, se abre una mayor perspectiva de esperanza en la redención escatológica.

6. *Proclamación:* Se reconoce a Dios y se le alaba por quién es y por el cumplimiento anticipado de sus promesas. Casi todos los salmos de lamento terminan en alabanza. En muchos salmos se entrelazan el lamento y la alabanza, y el salmista se mueve entre ambos.

7. *Participación:* La comunidad de creyentes se une al lamento del individuo, recibiendo así el dolor y compartiéndolo con el afligido. Juntos, el individuo y la comunidad encuentran esperanza en la presencia redentora de Dios.

En el lamento reconocemos la angustia causada por una experiencia dolorosa, la presentamos a Dios y a la comunidad; y se espera que ambos presten atención, escuchen y hagan eco. Cuando Dios recibe el dolor humano en su corazón y lo procesa de acuerdo a su divinidad, se espera que actúe según su carácter y cumpla sus promesas ahora y al final de los tiempos.

Participar en el Lamento

Proveer modelos de lamento ayudará a las personas en su oración o para llevar registro de su lamento personal. Una buena forma de comenzar es seguir el ejemplo bíblico de los salmos de lamento y una estructura sencilla de lamento (por favor diríjase al cuadro correspondiente). Se puede encontrar otro modelo útil en *www.Journey-Through-Grief.com*. La expresión de lamento más eficaz depende del temperamento de la persona en angustia. Una persona extrovertida se sienta y ora a Dios en voz alta usando una estructura sencilla, o expresa sus preocupaciones a un grupo. El grupo puede, entonces, sumarse al lamento de la persona ante Dios, quizás generado por un líder. Una persona más introvertida puede escribir un diario y posteriormente elevar una oración de lamento ante Dios.

Hay personas que, a pesar del estímulo, del modelaje y la provisión de recursos, no están listas para expresar sus sentimientos en palabras. Puede que el llanto y el gemido sea todo lo que pueden ofrecer. Jerry Sittser se encontró en esta posición después de perder a tres miembros de su familia en un accidente., Escribió que "los gemidos fueron el único lenguaje que pude usar, si acaso, pero creí que era un lenguaje lo suficientemente claro como para que Dios entendiera" (Sittser, 2004, 43). En este lugar sin palabras, el Espíritu Santo está listo para ayudarnos: "Así mismo, en nuestra debilidad el Espíritu acude a socorrernos. No sabemos qué pedir, pero el Espíritu mismo intercede por nosotros con gemidos que no pueden expresarse con palabras. Y Dios, que examina los corazones, sabe cuál es la intención del Espíritu, porque el Espíritu intercede por los creyentes conforme a la voluntad de Dios" (Romanos 8:26-27, NVI).

Una palabra de advertencia acerca del lamento, es la distinción que hace Walter Brueggerman entre "vivir en la pérdida" y "vivir la pérdida". Vivir en la pérdida nos lleva a encerrarnos, envueltos en "nudos emocionales"

SALMOS DE LAMENTO

Lamento *Individual*
- Salmo 3, 5, 6, 7, 13, 17, 22, 25, 26, 28, 31, 35, 38, 39, 42, 43, 51, 54, 55, 56, 57, 59, 61, 63, 64, 69, 71, 73, 77, 86, 88, 102, 109, 130, 142, 143

Lamento *Comunitario*
- Salmo 44, 60, 74, 79, 80, 83

que pueden causar autocompasión y a debilitar el lamento constructivo. Vivir la pérdida lleva a la honestidad, a reconocer la pérdida y atenderla en lugar de negarla. Puede que la gente viva en la pérdida debido a una tendencia a encerrarse en sí misma a veces para llamar la atención, o por el beneficio secundario de asegurar que el apoyo compasivo continúe cuando la necesidad no sea tal. En semejante escenario, sería necesario que un consejero entrenado afronte los aspectos psicológicos.

UNA ESTRUCTURA SENCILLA DE LAMENTO

- *Dirigirse a Dios.*
- *Presentar la situación, incluyendo sentimientos y quejas.*
- *Afirmar la confianza basada en experiencias pasadas con Dios.*
- *Presentar peticiones, deseos o necesidades*
- *Presentar a los enemigos y la necesidad de justicia.*
- *Expresar la expectativa de que Dios escuchará y actuará según su fidelidad y sus promesas.*
- *Alabar a Dios.*

Enfrentar la Rabia y la Decepción

Muchos cristianos no tendrán dificultades en expresar a Dios dolor, tristeza, confusión, abandono y aun desesperación, pero muchos serán reacios a expresar rabia. Para algunas personas, "no se siente como algo correcto" el dirigir a Dios su rabia, frustración, decepción o acusaciones, pese a ser motivados por un consejero, . Sin embargo, ellos corren el riesgo de que la rabia escondida les aliene de Dios. Los amigos y otros que apoyan pueden recordarles que "Dios puede manejar esos sentimientos", que Él ya los conoce y que sigue amándolos a pesar de ellos. Jesús mismo clamó al Padre desde la cruz "¿Por qué?". Los salmos de lamento que expresan rabia y decepción pueden ayudar a la persona que sufre a expresar a Dios esos sentimientos. El Salmo 88 es un salmo con quejas, acusaciones, rabia y que cuestiona a Dios . Job también cuestiona a Dios abiertamente y aun confronta a Dios por el sufrimiento que ha permitido. Dios recibe y honra la honestidad de Job, que es realmente la impronta de confianza y compromiso en su relación con Dios. Después de permitir que Job hablara, cuestionara y se quejara por un largo tiempo, Dios revela su soberanía y pone a Job en su puesto como ser humano. A través de su lucha, Job recibe un conocimiento más profundo de Dios.

El teólogo David Kelsey, de la Escuela de Divinidad de Yale, es el padre de un niño de 8 años que tiene una enfermedad grave que lo llevó al coma y a la discapacidad por daño cerebral. En su libro *Imaginar la Redención*, reflexiona en el hecho de que aunque sentía rabia por el sufrimiento de su familia, fue liberador darse cuenta que ya no estaba enfadado *con* Dios, sino enfadado *ante* Dios. Esto le permitió darse cuenta que "reconocer la rabia *delante* de Dios no es lo mismo que expresar la rabia *con* Dios" (Kelsey, 2005, 29; itálicas mías). También se dio cuenta que hacer a Dios las preguntas de Job a nombre de Sam [su hijo] podría ser una forma de ser fiel a Dios en medio de esta horrible situación, en lugar de culpar a Dios por esta terrible historia" (Kelsey, 2005, 29; corchetes mías).

La ira humana no es una sorpresa para Dios, Él la entiende y se afecta con ella. De una manera misteriosa, los que se lamentan se unen a Dios en Su dolor por el quebrantamiento de toda la creación. El lamento honesto expresa más confianza en Dios que ocultar los sentimientos difíciles. Desde esta perspectiva, expresar rabia y vulnerabilidad se convierte en una forma de mostrar que nuestra fidelidad se caracteriza por estar llena de fe y así honrar a Dios, lo cual es la base para reconstruir la conexión y la confianza. Para una persona renuente, replantear la rabia *ante* Dios puede facilitar que exprese la rabia que siente. Por ejemplo, si una mujer cuyo hijo murió trágicamente, dijera: "Esto duele mucho. No puedo entender como Dios pudo permitir que esto ocurriera", esto es rabia *delante* de Dios (un lamento o queja). Ahora, si ella dijera: "A Dios no le importa, Él es injusto. No debió permitir que esto le ocurriera a una buena persona como mi hijo," ella está molesta *con* Dios, cuestiona su carácter. Para los que están molestos *con* Dios, ofrecer su rabia como la mejor y única respuesta de la que son capaces en ese momento puede ser una catarsis y el punto de partida para restaurar la confianza gradualmente.

Después de un trauma, los momentos de interacción vulnerable con Dios son "suelo sagrado" sobre el cual alguien adolorido está solo ante

Dios. Para los cuidadores, este nivel de vulnerabilidad y dolor será, a ratos, difícil de soportar. Pueden ayudar, apoyar y acompañar; no obstante, les compete a "ellos dos" determinar el momento apropiado para que algo suceda. Es probable que sea a nivel interno donde estén ocurriendo más cosas de lo que puede percibirse a simple vista. Esperar con solidaridad "el momento apropiado" le permite al cuidador ser testigo del misterio del poder redentor de Dios.

Nicholas Woltersdorf, quien perdió a su hijo en un accidente de montañismo, da testimonio de este misterio en su libro, "*Lamento por un Hijo*", ,.

> En el valle del sufrimiento, se destilan la desesperación y la amargura. Pero también se forja el carácter. El valle del sufrimiento es el valle donde se forman las almas (Woltersdorf, 1987, 96-97).

Mientras que se "aguanta" con una persona que sufre, puede ser de gran ayuda mantener la perspectiva a largo plazo de que Dios está trabajando en medio del "desastre" y no sigue agendas humanas.

Jerry Sittser experimentó su peregrinaje de dolor practicando el lamento con todo su ser:

> Yo no pasé por el dolor y salí al otro lado; por el contrario, lo viví y dentro de ese dolor encontré la gracia para sobrevivir y para, finalmente, crecer. No me recuperé de la pérdida de mis seres queridos; absorbí la pérdida en mi vida, como el suelo recibe la materia en descomposición, hasta que se hizo parte de quien soy. La tristeza se mudó permanentemente a mi alma y la hizo más grande (Sittser 2004, 45-46).

El lamento ayuda a los que experimentan trauma y pérdida a ser completamente dueños de sus emociones y conectarse con Dios honestamente, desde un lugar de vulnerabilidad. Poco a poco, surgirán "almas ampliadas", "almas formadas" y perspectivas renovadas con respecto a Dios, a la vida y a sí mismos. Algo nuevo se crea cuando se aceptan los sentimientos vulnerables y se busca a Dios en diálogo (o gemidos).

G. Perdón

Un trauma nos consume de tal manera que queremos saber quién o qué es el responsable de tanto dolor. Algunas veces no hay nada o nadie a quien hacer responsable. En ese caso, una forma de sanar es compartir nuestro dolor y sufrimiento a través del lamento. Sin embargo, hay momentos cuando otra persona o grupo de personas *es* responsable de causar el dolor. Quizás la herida fue intencional o por negligencia. Como sea, les culpamos. Cuando hacemos a alguien responsable, entonces el perdón es clave para el proceso de sanidad.

El Desafío del Perdón

Cuando alguien ha sido herido y tiene miedo, el perdón parece algo desquiciado. No es fácil, ni siquiera es natural. Va en contra de los valores de competencia y egocentrismo que el mundo promueve. La herida puede ser tan terrible que nunca podrá olvidarse. El dolor puede ser tan intenso que no puede ignorarse. Los sentimientos de vulnerabilidad, traición o violación pueden ser abrumadores. Pueden surgir sentimientos de insignificancia cuando la devastación infligida no le importa a la persona que causó el daño. Rápidamente pueden surgir la rabia y el odio, dándole a la persona herida una sensación de fuerza, de poder sobre alguien, o de esperanza de justicia. ¿Por qué querría alguien renunciar al juicio contra quien le hirió? Desear justicia es natural. ¡Quién quiera que haya causado tanto dolor, debe, al menos, sentir el mismo dolor! O puede parecer mejor hacer como si no hubiera pasado nada malo y enterrar la experiencia por ahí, en alguna parte. Ninguna de estas estrategias comunes ayuda para escapar del dolor.

Por múltiples razones, el perdón es difícil. Es un paso de vulnerabilidad, ya que reconoce haber sido herido profundamente. También significa dejar ir el deseo personal de imponer justicia, juicio y castigo. ¡Eso es ser vulnerable! El perdón es específicamente difícil cuando el perpetrador no ha asumido su responsabilidad o no ha mostrado remordimiento. Pareciera no merecer el perdón.

Las Razones para Perdonar

El perdón no parece natural cuando es inmerecido y trae consigo aún más sentimientos de vulnerabilidad. Entonces, ¿por qué perdonar?

Los cristianos perdonan porque ellos han sido perdonados (Colosenses 3:13). Dios nos manda a perdonar (Lucas 6:37). Dios perdonó los pecados humanos aunque no lo merecíamos. La disposición a perdonar significa que aceptamos nuestra propia necesidad de arrepentirnos y ser perdonados, con sumisión a la sabiduría de Dios.

El perdón libera de cargar, por el resto de nuestras vidas, con las heridas y la rabia que nos debilitan. Visto desde la perspectiva del interés personal, el perdón es bueno para la salud. Cuando nos quedamos con la rabia y el derecho a juzgar, experimentamos una sensación de fuerza; paradójicamente, quedarse con eso mantiene a las personas atrapadas, haciendo que su enfoque esté en su dolor y en su herida. Las investigaciones demuestran que el perdón ayuda a la gente a sanar física, emocional y mentalmente (Luskin, 2002, 77-93), en comparación con los que mantienen la hostilidad y el resentimiento.. El perdón no solo es un acto de humildad y obediencia, sino que también ayuda a liberar a las personas del agotamiento emocional de mantenerse viviendo enfocados en su dolor.

En el libro de Laura Hillenbrands "Inquebrantable", su éxito del 2010, narra la biografía de Louis Zamperini, un aviador americano de la Segunda Guerra Mundial que fue hecho prisionero de guerra y torturado por un oficial japonés apodado "Pájaro". Ella describe claramente el dolor que causa la falta de perdón:

> La paradoja de la venganza es que hace que los hombres sean dependientes de quienes les hicieron daño, al creer que el alivio de su dolor solo será posible cuando sus torturadores sufran. Al buscar la muerte de Pájaro para librarse de su dolor, Louie, una vez más, se había encadenado a sí mismo a su tirano (Hillenbrand 2010, 366-367).

Después de su evacuación de Costa de Marfil, Karen Carr descubrió una perspectiva similar que la ayudó a liberarse del dolor. Ella escribió:

> Job 19:25 "Yo sé que mi redentor vive, y que al final triunfará sobre la muerte." Fue muy significativo, me ayudó a darme cuenta que si bien todas esas injusticias no serían redimidas durante mi vida, ciertamente serán redimidas. (Historia 1)

El perdón libera a los renuentes a perdonar de la rabia y el resentimiento que le encadena a su dolor.

El Proceso del Perdón

Perdonar no se trata de olvidar para ignorar o minimizar el dolor, ni excusar a quien lo causó. Las excusas son para heridas, accidentes o desaires menores. Excusar y olvidar funciona para heridas insignificantes, no intencionales que probablemente nunca vuelvan a ocurrir. Lewis Smedes (Smedes, 1984, 61-66) describió el hecho de excusar como un lubricante social que permite a las personas moverse fácilmente a través de las heridas menores como que alguien te pise accidentalmente o que se olvide de tu nombre. Sin embargo, las heridas graves, extraordinarias o repetitivas no pueden tratarse de esta manera. Excusar pasaría por alto el significado de las heridas y la amenaza que representan para la seguridad. Este tipo de heridas mayores deben tratarse adecuadamente porque si no continuarán, lo que significa reconocer la herida y hacer responsable a quien la causó.

Las heridas profundas dañan la confianza en las relaciones. Para que la sanidad se produzca, debe reconocerse el daño. La herida no puede ser justificada o evitada. El perdón no va a ocurrir hasta tanto la herida y la relación fracturada se hayan reconocido claramente. Sin el perdón y la reconciliación, esa relación no puede volver a ser lo que era.

Hay que reconocer toda la extensión del daño. La pérdida y la herida deben *sentirse*, lo cual es un proceso difícil y atemorizante. Por momentos, el dolor insoportable puede abrumarnos. Admitir la herida nos expone al riesgo dela autocondenación por haber fallado en mantenernos seguros o en no haber protegido algo o a alguien importante para nosotros. Al entender y aceptar la pérdida, reconocemos el riesgo de volver a ser heridos, lo cual es necesario para tomar las medidas pertinentes para protegernos en el futuro. Un ejemplo de esto ocurre en una relación abusiva. El abuso tiene que ser reconocido y se deben tomar las medidas necesarias para romper el ciclo del abuso.

Reconocer el dolor y vulnerabilidad es el primer paso para el perdón y la sanidad. Aceptar nuestra propia humanidad puede librarnos de la auto-condenación por permitir que ocurriera el daño. También nos ayuda a aceptar la humanidad de otros. Los "monstruos" causantes de tanto dolor, son también seres humanos sujetos a debilidades y pecado. Reconocer y aceptar la humanidad de otros no los libera de la responsabilidad por sus elecciones: no obstante, aceptar nuestra humanidad y la de ellos es otro paso para dejar ir la rabia y comenzar a sanar.

Dan y Connie Crum encontraron algo cómica la reflexión de una amiga que les ayudó a liberarse de su dolor después del asalto en que amenazaron sus vidas, atemorizaron a sus hijos y les hicieron perder su casa. Dan Crum escribió:

> Un amigo en la iglesia me dijo:- "El problema con los ladrones es que siempre necesitan dinero y siempre están huyendo". Yo me reí. De alguna manera, eso me ayudó a darme cuenta que podía seguir adelante, libre del deseo de buscar justicia para calmar mi ira, porque los ladrones seguían atrapados por sus propios planes malvados. Para mí, esa fue una forma de justicia y me sentí libre de mi fijación con ellos y para seguir adelante con mi vida. ¡Qué liberador! (Historia 5).

Aunque, con frecuencia, la rabia es el resultado de una herida, el juicio hacia otros no protege a nadie. Lo que se siente como fortaleza o seguridad realmente son cadenas que atan a las personas a su dolor. Mantenerse juzgando a las personas que nos hieren inhibe la restauración de las relaciones. La seguridad no viene por aferrarse al derecho de hacer justicia o de venganza. Perdonar significa elegir renunciar a ese derecho, aunque todavía alguien tiene que tomar responsabilidad por sus hechos. Se renuncia al derecho de hacer justicia, se le entrega a Dios en sus manos (Romanos 12:19) y se recoge una profunda libertad que se siente en el corazón.

Reconocer las heridas y las relaciones quebrantadas aumenta la posibilidad de un cambio en la relación, aun cuando la relación no será restaurada exactamente a lo que solía ser. Dios nos ordena perdonar incluso si el ofensor no reconoce su responsabilidad por el dolor causado. Perdonar no es lo mismo que olvidar. Aun después de perdonar, es probable que se necesiten cambios intencionales para tener más seguridad en el futuro: cerraduras en las puertas, guardar los corazones, prepararse para desastres futuros. A pesar de que los Crums habían perdonado, todavía necesitaban terminar su relación con el vecino que los había traicionado.

Perdonar es un proceso que toma tiempo. La rabia puede reaparecer cuando se recuerdan los momentos dolorosos. Es posible que las nuevas experiencias vuelvan a abrir heridas perdonadas que deben soltarse una vez más. El perdón es un camino lleno de vericuetos en tres relaciones simultáneas: con otros, con nosotros mismos y con Dios.

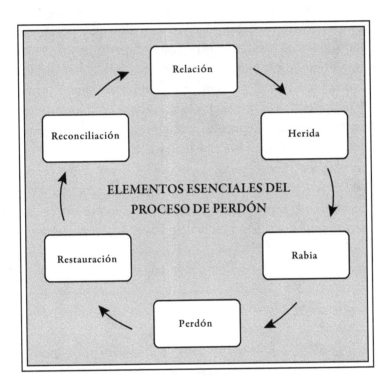

Perdonarnos a Nosotros Mismos y Aceptar el Perdón

Algunas veces nos vemos a nosotros mismos causando dolor, pérdida o tragedia. Puede que nos hagamos responsables de alguna transgresión por no manejar bien alguna cosa. Puede que nos culpemos porque nuestro estándar es imposiblemente alto. Culpamos porque nuestro sentido de vulnerabilidad disminuye al saber la causa. Inculparnos aumenta la sensación de seguridad porque significa que nuestro desempeño mejorado puede hacer que la tragedia no golpee de nuevo. Parece que pone el control en nuestras manos, pero también nos pone bajo presión.

Perdonarnos a nosotros mismos y aceptar el perdón son pasos que hay que dar hacia la sanidad. Para que dure esto debe hacerse con honestidad.

Debemos ser justos cuando evaluamos nuestra responsabilidad. Un amigo de confianza puede ayudarnos a ser razonables en cuanto a que tan responsables somos realmente. Si no hay razón para hacernos responsables, entonces procede la sanidad dejando ir la culpa y lamentando el dolor. Cuando *somos* realmente responsables de alguna manera, el proceso de sanidad comienza con perdonarnos o recibir perdón. Si le hemos causado dolor a alguien, debemos buscar y aceptar el perdón de la persona herida o de Dios. Si no podemos hablar con la persona o experimentar la proximidad de Dios, un amigo de confianza puede escuchar nuestro arrepentimiento y ayudarnos a escuchar el mensaje del perdón de Dios (1 Juan 1:9). Aceptar la responsabilidad, expresar el dolor, dejar ir la autocondenación destructiva, arrepentirse, aceptar el perdón y aprender de la experiencia puede ayudarnos a movernos libremente hacia el futuro.

Perdonar a Dios

Los cristianos que creen en la omnisciencia y omnipotencia de Dios le pueden culpar por el dolor o por falta de protección. La idea de "perdonar a Dios" puede no resultar cómoda para los cristianos que saben que Dios no comete pecado ni errores. Sin embargo, tienden a apartarse de Él cuándo sienten que les ha herido, les ha abandonado y les ha descuidado. Es posible estar muy enojado con Dios, temeroso de su intervención y querer esconderse de su presencia.

El perdón se trata de sanar relaciones quebrantadas, que con frecuencia resulta más beneficioso para el que perdona que para el perdonado. Perdonar a otros requiere aceptar las limitaciones humanas y dejar ir el deseo de venganza y de reclamar justicia. "Perdonar a Dios" requiere intentar conocer la verdadera naturaleza de Dios y dejar de lado la rabia o la culpa al reconocer que el amor de Dios es fiel y sin faltas, aun cuando sea difícil de entender. Algunos cristianos describen este proceso como "rendición" al amor de Dios, en lugar de mantener las barreras defensivas de rabia, resentimiento y distancia. Otros podrían experimentar el "perdonar a Dios" como adquirir un mejor concepto de la fidelidad de Dios y aceptar que no siempre sabremos las razones de Dios.

Reconciliación y Restauración

Una relación rota puede restaurarse y sanarse mediante un proceso de reconciliación, que es un paso que sigue al perdón. La reconciliación ocurre cuando ambas partes están listas para hablarse a fin de expresarse sus heridas, comprender la experiencia y las preocupaciones del otro, y asumir la responsabilidad por el dolor. Generalmente, el dolor disminuye luego que ambas partes se sienten comprendidas y han expresado remordimiento. Con esto como base, las partes aceptan y expresan la responsabilidad de proteger la seguridad mutua en el futuro. De esta forma, la relación puede regresar a lo que era antes que ocurriera la herida. El proceso de restauración que aquí se describe, toma tiempo. Para que la relación vuelva a sentirse segura, luego de la reconciliación, hay que reconstruir la confianza, a través de repetidas experiencias positivas.

PREGUNTAS QUE LOS CUIDADORES HACEN PARA APOYAR EL PROCESO DE PERDÓN

- *¿Cómo fuiste herido? ¿Qué perdiste? (escuche bien y comprenda las heridas que ocurrieron)*

- *¿Qué o quién fueron responsables del dolor causado? ¿Con quién estás enojado?¿ Estás enfadado con alguien? ¿contigo mismo?, ¿con Dios?*

- *¿Cómo te afecta tu rabia?*

- *¿Cómo será para ti dejar de juzgar a esa persona? ¿Te sentirías "vulnerable" de alguna manera?*

- *¿Cómo puedes deshacerte de la rabia y la condenación y todavía sentirte seguro?*

- *¿Qué necesitas para sentirte más seguro?*

- *¿Cómo puedo unirme a ti, caminar contigo en este dolor y ayudarte a sentir seguridad?*

G. Vergüenza y Gracia

Hay dos formas en las que las personas manejan la culpa cuando se sienten responsables por algo horrible que haya ocurrido. Pueden atribuir la culpar a malas acciones o también a una falla de carácter. Cuando las personas se enfocan en sus acciones, se sienten culpables y necesitarán perdón para encontrar alivio. Cuando se enfocan en una falla de su carácter o de su capacidad, sienten vergüenza y necesitarán de la gracia para sanar. La vergüenza y la culpa no son mutuamente excluyentes. Una persona puede sentir una o ambas a la vez.

La vergüenza es una emoción apropiada cuando se considera nuestra naturaleza pecaminosa. Puede indicar un área de pecado en nuestras vidas donde Dios quiere ofrecer redención. No obstante, la vergüenza puede ser dolorosamente amarga y debilitante cuando le permitimos crecer sin estorbos en nuestros corazones (2 Corintios 7:10). La vergüenza abrumadora lleva a la auto condenación y a la muerte espiritual y emocional. Una persona llena de vergüenza se mantiene pensando desesperadamente una y otra vez: "Si no hubiera sido tan estúpido, eso no habría pasado." O alguien más pueda avergonzarnos al gritarnos: "Eres tan ciego y perezoso que no te das cuenta que todo esto es por tu culpa... ¡eres el peor compañero que he tenido!"

El dolor y la humillación por la falta, unido a la angustia después del trauma pueden ser tan intensos que se hacen obvios para quienes les rodean. Las emociones visibles pueden causar aún más bochorno. La vergüenza se siente porque no es fácil "sencillamente superar" la experiencia. Podríamos creer que somos débiles o nada espirituales si no podemos "entregárselo a Dios" y "confiar en Él.

La vergüenza es poderosa y debilitante porque ataca nuestro sentido de valía personal. Sentirnos indignos puede hacernos rechazar el amor y el apoyo de Dios y de otros. Cuando nos sentimos avergonzados, la tendencia natural es retroceder y escondernos, aun de Dios. Adán y Eva se escondieron de Dios porque se sentían avergonzados por su desnudez. Para Dios, que los creó así, la desnudez no era nada nuevo. Dios los conocía en su desnudez incluso antes de que pecaran, de la misma forma en que conoce las fallas de nuestro carácter y aún nos busca. Su desnudez no era un defecto; era parte de su diseño. Dios conoce los defectos de nuestra humanidad mucho mejor que nuestra familia, nuestros amigos y colegas y, todavía nos ama.

La Vergüenza que Sana

Adán y Eva eran culpables porque habían sido desobedientes y Dios impuso las consecuencias. Al mismo tiempo, Dios tuvo compasión de la vergüenza que sintieron por su desnudez y los proveyó de vestimenta para cubrirse. Incluso sabiendo nuestras fallas y pecaminosidad, Dios también nos cubre a nosotros. Nos ama y nos valora lo suficiente, tal y como somos, como para morir por nosotros (Romanos 3:23-24; 5:6-8). Dios promete que continuará transformándonos y perfeccionándonos, hasta "el día de Cristo Jesús" (Filipenses 1:6). Él sabe que nunca vamos a lograr ser perfecto de este lado del cielo, y aun así nos sigue amando y se mantiene trabajando en nuestras vidas, cubriendo nuestra desnudez.

Dios nos ama y nos valora incluso cuando fallamos. Esta es la gracia que sana la vergüenza, tal y como el perdón sana la culpa. La gracia de Dios es el recurso espiritual que tenemos para los momentos en que reconocemos que nuestros errores han causado alguna tragedia. También es gracia lo que necesitamos cuando otros nos entierran bajo la crítica. El deseo natural de escondernos hace que sea difícil experimentar la gracia de Dios, tal como Adán y Eva se agazaparon en el jardín. Por el contrario, abrirse a la experiencia de una relación mucho más íntima con Dios y con otros que aman con gracia, es una experiencia sumamente sanadora.

El mandamiento que Dios nos dio es amar a otros como Él nos ha amado (1 Juan 3-4). Debemos amar a otros aun cuando sus defectos son visibles (Colosenses 3:12-17). La provisión de Dios para la vergüenza es capacitar y ordenar a las comunidades cristianas a ser llenas de gracia. La gracia difiere del perdón que se ofrece a una persona por sus acciones. Un cuidador lleno de gracia se acerca a la persona que siente vergüenza y le ofrece aceptación, compasión y amor mientras que reconoce la lucha con quebrantamiento. Una comunidad llena de gracia provee sanidad y una experiencia tangible de cuidado y dignidad. En lugar del efecto debilitante de la vergüenza al escondernos, las relaciones llenas de gracia fortalecen la resiliencia. No debemos escondernos si queremos recibir el fruto de la gracia, por el contrario, tenemos que buscar a Dios y a una comunidad cristiana llena de gracia.

La sanidad no es completa hasta que la gracia penetra en nuestras almas lo suficientemente profundo como para que podamos aceptarla completamente, lo cual suele ser el aspecto más difícil para sanar la vergüenza. Puede que solo conocer la gracia de Dios y reconocer las obras llenas de gracia de otros no nos toque tan profundamente si no hay aceptación. Si nos enfocamos solo en lo que no merecemos, la gracia de

Dios y de otros resulta una experiencia confusa y superficial. Se puede minimizar o ignorar la gracia. Algunos desestiman la gracia porque creen que los otros no saben lo malos que son realmente, bloqueando así el poder sanador de la aceptación amorosa. La vergüenza entierra a las personas y las atrapa. Al reconocer nuestra humanidad con todas sus fallas y quebrantamiento, tenemos que disponernos a abrir nuestros corazones al amor y al valor que Dios y otros nos dan. No lo merecemos. ¡Esa es la clave de la gracia! Dios y las personas llenas de gracia, esas que Él ha transformado, la dan con liberalidad (Efesios 2:8 y 9). Es difícil aceptar la gracia porque la necesidad de aceptar lo que no merecemos nos hace humildes y vulnerables; sin embargo, Dios ha provisto la gracia como el recurso espiritual para sanar la vergüenza, incluyendo la vergüenza que puede causar un trauma.

3. CRECIMIENTO EN MEDIO DE LA LUCHA

Los investigadores han observado que la lucha postrauma puede terminar en crecimiento o en la desintegración de las personas, las relaciones y la fe. Generalmente, a mayor impacto, mayor es el cambio, sea crecimiento o desintegración (Fontana y Rosenheck, 2004). Si la persona es resiliente, bien preparada y apoyada, usualmente va a crecer después del incidente.

Nos guste o no, el crecimiento después del trauma comienza en la lucha inmediatamente después del impacto. El momento de mayor vulnerabilidad y confusión tiene también el mayor potencial para el crecimiento. Esta es una verdad ya conocida, aun desde los días del Antiguo Testamento. El salmista observó: "Dichoso el que tiene en ti su fortaleza,   que solo piensa en recorrer tus sendas. Cuando pasa por el valle de las Lágrimas lo convierte en región de manantiales; también las lluvias tempranas cubren de bendiciones el valle." (Salmo 84:4-6). El "valle de Las Lágrimas" es un lugar de miseria, llanto, lágrimas y sequedad. El salmista observa que aquellos que confían y buscan a Dios (religiosidad intrínseca) encontrarán algo nuevo que les da vida a medida que caminan a través de la desgracia. Aunque la desgracia siempre será una desdicha, la búsqueda de Dios y su propósito durante la desgracia siempre resultará en algo nuevo y vital.

Muchas canciones cristianas dan testimonio del cambio espiritual que nace de las luchas. Las historias detrás de los himnos cristianos más profundos y preciosos revelan que fueron escritos durante tiempos de adversidad. Horacio Spafford, autor de "Tengo Paz en mi Ser" (Coro: "alma mía, todo está bien"), perdió a sus cuatro hijas en un naufragio. Cuando su barco pasó por el lugar donde se ahogaron, Spafford recibió tal consuelo que el Señor le permitió escribir, "o cubra la mar de aflicción…Estoy bien, tengo paz en mi ser". En estas palabras describe la paz que sobrepasa todo entendimiento, un enfoque renovado en Dios, una seguridad más fuerte en la fe, y una mayor consciencia del propósito superior revelado en la historia de Dios en su trato con la humanidad (Osbeck, 1990, 25).

De paz inundada mi senda esté,
o cubra la mar de aflicción,
Cualquiera que sea mi suerte diré…

¡Estoy bien tengo paz, Gloria a Dios!

Oh cuanto me gozo en su Salvación,
fue pleno su Amor y perdón,
clavó mi pecar en la cruz lo olvidó
Gloria a Dios que su hijo envió…

Mi fe tornárase, feliz realidad
al irse en la niebla veloz,
Desciende Jesús con su Gran Majestad,
Aleluya estoy bien con mi Dios…

Estoy bien, ¡Gloria a Dios!
Tengo paz en mi ser ¡Gloria a Dios!

~*Horatio Spafford, 1873*

William Cowper (1731-1800) enfrentó muchas luchas emocionales que fueron una puerta de "misericordia y bendiciones" En el Himno "Dios Obra por Senderos Misteriosos" escribió:

Nuevo valor cobrad, medrosos santos; esas oscuras nubes que os aterran derramarán, de compasión profusas bendiciones sin fin al alma vuestra (Osbeck 1990, 202).

El desconocido autor del himno del siglo IXX, "Cómo puedo evitar cantar", encontró una nueva canción "por encima de los lamentos de la tierra". En la medida en que se aferró a su Salvador, obtuvo una nueva visón de lo que era realmente importante, sintió una conexión más firme con Dios, una paz más profunda y nuevas fuerzas":

> No hay tormenta que pueda sacudir mi calma interior mientras me aferre a ese refugio; como Cristo es el Señor del cielo y de la tierra, ¿Cómo puedo evitar cantar?... La paz de Cristo refresca mi corazón, una fuente eterna; todas las cosas son mías porque soy suya. ¿Cómo puedo evitar cantar? (Wikipedia, último acceso 14/7/2012)

Recientemente, los investigadores no religiosos han observado más de cerca el crecimiento postraumático en la población general (Calhoun y Tedeschi, 2006). Esto ha llevado a comprender mejor los cambios positivos que se producen después de un trauma. Se ha observado crecimiento postraumático en las siguientes áreas: cambios en la percepción de sí mismo, cambios en relación con otros, cambios en la filosofía de vida y cambio espiritual.

Con frecuencia, las personas describen un aumento en su fortaleza personal, se sienten "más vulnerables, aunque más fuertes". Muchos logran ver nuevas posibilidades de vida. Ejemplos como el de una mujer que hizo carrera como enfermera de oncología después que su hijo muriera de cáncer. Luego de haber sido robados en el exterior, Dan y Connie Crum (Historia 5) se entrenaron para apoyar a misioneros que fueron víctimas del robo." Y Ann (Historia 3) estudió psicología y se capacitó para ser experta en traumas luego de sobrevivir a un accidente automovilístico que causó la muerte de su esposo, y donde ella y sus hijos resultaron heridos. Muchos describen conexiones más profundas y cercanas con otros. Algunos individuos independientes se han abierto para depender de otros en tiempos de vulnerabilidad. Por haber vivido el dolor, muchos desarrollan una compasión profunda, especialmente por aquellos que se encuentran en condiciones similares. Otros se sienten más libres de ser ellos mismos y ganan el valor que les permite ser más auténticos en sus relaciones. La tercera área donde se observaron cambios fue en su filosofía de vida, ahora revisada. A menudo esto se traduce en una mayor apreciación por la vida, relaciones más estrechas y cambios en la perspectiva existencial, espiritual y religiosa.

Jerry Sittser escribió acerca de su propio peregrinaje en su libro "Una Gracia Disfrazada" (Sittser, 2004). Honesta y artísticamente, describe los cambios en su propia vida que resuenan con lo que los investigadores explican. Jerry da profundidad a la comprensión del cambio espiritual. Describe el "engrandecimiento del alma" como cuando "absorbió la pérdida en su vida, como el suelo recibe la materia en descomposición". Esta metáfora de la descomposición nos da indicios de una fertilidad renovada del alma en medio de la muerte y la destrucción. El alma engrandecida tiene una capacidad de sentir mucho más profunda: "El alma es elástica, como un globo, a través del sufrimiento puede agrandarse. Cuando experimenta una pérdida, puede aumentar su capacidad para la rabia, la depresión, la desesperación y la angustia, que son emociones naturales y legítimas en esas circunstancias. Una vez engrandecida el alma, también es capaz de experimentar mayor gozo, fortaleza, paz y amor". Sittser también observa que la tristeza nos lleva a tener menos pretensiones, mayor autenticidad y prioridades más claras: "La tristeza profunda a menudo tiene un efecto que despoja la vida del fingimiento, la vanidad y el desperdicio. Nos obliga a hacernos preguntas básicas acerca de lo que realmente es importante en la vida. El sufrimiento puede conducir a una vida más sencilla, menos abarrotada de cosas sin importancia. Es maravillosamente esclarecedor". El sufrimiento intenso "nos despoja de los accesorios en los que confiamos para nuestro bienestar. Nos quita la alfombra del suelo y nos deja de espaldas. En la experiencia de pérdida, llegamos al final de nosotros mismos. Pero, al llegar al final de nosotros mismos, también llegamos al comienzo de una vital relación con Dios".

Cuando renunciamos a la falsa dependencia en nuestra propia fuerza, experimentamos una nueva vitalidad espiritual porque nos arraigamos en Dios más firmemente. Somos transformados a medida que nos encontramos con el Dios verdadero y le conocemos mejor. "Para nuestra sorpresa y desconcierto, descubrimos que hay un Ser en el universo quien, a pesar de nuestras debilidades y pecado, nos ama ferozmente. Al llegar al final de nosotros mismos, hemos llegado al comienzo de nuestra verdadera y profunda identidad. Hemos encontrado a Aquel cuyo amor da forma a nuestro ser". Para su sorpresa, Jerry Sittser encontró la gracia en medio de la tragedia: "La tragedia me empujó hacia Dios, aun cuando yo no lo quería. En Dios encontré la gracia aun cuando no la estaba buscando". Esta gracia trae paz, contentamiento y una nueva centralidad. Su fe se arraigó más fuerte en Dios y en su gracia: "Como nunca antes Dios es una realidad viva para mí. Mi confianza en Dios es, de alguna manera, más tranquila aunque más fuerte. Me siento menos presionado a impresionar a Dios o de probarme ante Él, si quiero servirle con todo mi corazón y toda mi fuerza. Mi vida está llena de provisiones en abundancia aun cuando sigo sintiendo el dolor de la pérdida. La gracia me está transformando y eso es maravilloso."

Para los seguidores de Cristo, motivados intrínsecamente, una ganancia que obtienen después de un trauma es una fe aún más intrínsecamente motivada, fuertemente enfocada en Dios y en su gracia. En el peor de los

---

CARACTERÍSTICAS DEL CRECIMIENTO POSTRAUMÁTICO

¿Cómo se percibe a sí mismo?

- *Más vulnerable y al mismo tiempo más fuerte; una capacidad mayor para sentir.*
- *Nuevas posibilidades más significativas en la vida.*

En Relación a Otros

- *Conexiones más profundas, mayor capacidad para la interdependencia.*
- *Más autenticidad, menos pretensión.*
- *Más compasión.*

Filosofía de Vida

- *Mayor apreciación de la vida.*
- *Más importancia a las relaciones.*

Cambio Espiritual

- *Nueva apreciación de la gracia.*
- *Una conexión más fuerte con Dios.*
- *Vitalidad espiritual más fuerte y motivación religiosa intrínseca.*
- *Un sentido más profundo de la paz y el contentamiento.*
- *Una mayor conciencia de lo que es definitivamente importante.*

momentos, Dios atrae a los cristianos a sí mismos, mientras ellos se aferran a "Él" y a su pueblo con todo el poder de su fuerza endeble. Aquí y allá, en medio del barro y el pantano, existe un destello de redención, un matiz de la gloria venidera.

4. COMENTARIOS FINALES

Cuando el trauma golpea, las personas se ven física, psicológica y espiritualmente afectadas. Los cristianos que sirven en el ministerio van a encontrar desafíos espirituales significativos junto al estrés postraumático. Su respuesta a estos retos espirituales afectará su capacidad para "rebotar" del impacto. Una comprensión más profunda del impacto espiritual del trauma, ayuda a prepararse mejor para las crisis y para identificar los recursos para la inevitable lucha espiritual que se presenta después de un trauma. Los más resilientes serán aquellos bien preparados y que cuentan con suficiente apoyo. . A pesar de la pérdida, el estrés postraumático y la lucha, la fe del que está preparado crecerá y se profundizará.

Las iglesias, organizaciones misioneras y otras comunidades cristianas harían bien en incluir estos elementos de preparación espiritual en sus enseñanzas y entrenamientos. También deben formar una cultura general de apoyo mutuo para los tiempos de crisis, los cuales pueden complementarse con estructuras específicas para el individuo y para una crisis en particular. Los individuos y equipos de apoyo se beneficiarán al estar familiarizados con los recursos esenciales para el apoyo espiritual.

Algunas veces, las consecuencias del trauma continuarán doliendo a lo largo de la vida de una persona. Ellos pueden permitir que esto les acerque más a Dios y a los recursos que tienen en su fe. Los cristianos entienden que el propósito mayor de Dios es restaurar el quebrantamiento humano para lograr una relación libre y amorosa con Él cómo Creador y Redentor. Lo que definitivamente es importante, es lo que atrae a los humanos a amar a Dios con todo su corazón, alma y mente, y a su prójimo como a ellos mismos (Mateo 22:34-40). Con esto se supera el egocentrismo. La lucha espiritual en el sufrimiento tiene su lugar en la promoción de esta clase de amor. Nadie en su sano juicio, ni siquiera Jesús el Dios hombre, quisiera sufrir, a menos que sea por una muy buena razón. El sufrimiento solo tiene sentido como parte de un mundo caído que se encuentra en un proceso global de restauración y redención. No es que el que sufre necesite la redención más que otros, sino que los que sufren pueden elegir el crecimiento espiritual en medio de las dificultades. Esta elección imparte misteriosamente una mayor capacidad para la misericordia, la gracia y las maravillas redentoras.

PREPARACIÓN ESPIRITUAL Y APOYO A LA HORA DE UN TRAUMA

Elementos claves para la preparación espiritual

- *Una sólida teología del sufrimiento.*
- *Fortalecimiento de la religiosidad intrínseca.*
- *Conocer y extender el perdón.*
- *Habilidad para enfrentar y compartir las emociones incómodas.*
- *Habilidad para construir relaciones estrechas.*
- *Habilidad para aceptar la debilidad y los errores.*

Recursos esenciales para el apoyo espiritual postraumático.

- *Conocer la presencia de Dios a través de la presencia de otros creyentes, intercesión, apoyo práctico y/o rituales.*
- *Lamentar la tristeza, el dolor, la desilusión y la rabia ante Dios.*
- *Perdonar.*
- *Recibir gracia.*

SECCIÓN 7
Oración Que Sana
Ann Hamel

Generalmente, los misioneros son un grupo de personas sanas y bien equilibradas, profundamente comprometidas con Dios y su servicio; sin embargo, muchos están agotados por las batallas libradas. Son soldados que van a la vanguardia de una gran batalla y necesitan un cuidado especial mientras llevan el evangelio a los confines de la tierra. Como señalaba Scott en su capítulo sobre el sufrimiento, los misioneros viven bajo una gran presión por la naturaleza misma de su llamado.. Los misioneros llevan las buenas noticias a los lugares más pobres, llenos de enfermedades y políticamente inestables del mundo. La Biblia es clara cuando dice que el mundo será un lugar cada vez más inestable y violento en la medida que se acerca la segunda venida de Cristo. Como dijo Scott, alcanzar para Cristo las regiones que faltan en nuestra tierra tendrá un costo personal alto. Las historias presentadas en este libro representan el precio que nosotros, como cuerpo de Cristo, debemos estar dispuestos a pagar para completar la Gran Comisión de ir a todo el mundo. Somos responsables de dar el mejor cuidado posible a los llamados a ir a la vanguardia del servicio misionero.

La intervención en las crisis y en los conflictos son dos de las principales razones por las que los profesionales de salud mental son llamados a intervenir en la vida de los misioneros. Las investigaciones muestran que los misioneros están más expuestos al trauma que los que se quedan en su país natal. Como aseveran Frauke y Charlie Schaefer en su sección "Recursos Espirituales para el Manejo del Trauma", un trauma impacta la capacidad de las personas para relacionarse con otros y con Dios, y puede "sacudir nuestras convicciones más profundas sobre el propósito y significado de la vida, y hace que las personas cuestionen su perspectiva de Dios". Mi relación con Dios había sido el cimiento de mi vida desde mi niñez, pero cuando ocurrió el fatal accidente donde murió mi esposo, fui retada al cuestionar mi perspectiva acerca de Dios y de lo que creía que había prometido. Los aspectos espirituales de este cuestionamiento complicaban el proceso de duelo.

A medida que mi trabajo con misioneros ha aumentado a través de los años, también aumenta la certeza de que los traumas emocionales no resueltos del pasado comprometen nuestra habilidad para manejar el trauma en el presente. Los misioneros son vulnerables porque están separados de su familia, de su cultura y de su sistema de apoyo social. Las heridas del pasado y los traumas de la actualidad son suelo fértil para que el enemigo de nuestras almas plante semillas de discordia y conflicto. Sin un claro entendimiento de las dimensiones emocionales y espirituales del trauma, los beneficios de un tratamiento pueden ser de poca duración.

Aunque los cristianos siempre han creído en el poder sanador de la oración, la ciencia comienza a reconocer que la oración sí cura. Como resultado de la investigación realizada por Herbert Benson, Jeff Levin, Harold Koening, David Larson y muchos otros, actualmente, casi 80 de las 125 escuelas de medicina en los Estados Unidos dictan cursos de espiritualidad y salud, mientras que antes de 1999, solo tres escuelas ofrecían estos cursos. En esta sección observaremos el impacto sanador de la oración, tanto en eventos traumáticos como en asuntos emocionales no resueltos del pasado. También presentaremos formas efectivas de integrar la oración y otras prácticas espirituales en la terapia.

A. La Oración como una Intervención Psico-Espiritual

En junio del año 2003, asistí a un Taller de Oración Formativa en el Seminario Teológico Ashland, en Ashland, Ohio, dirigido por el Dr. Terry Wardle. En ese seminario, el Señor me tocó en una forma que no solo cambió la forma como practicaba la psicología sino mi manera de vivir. Aunque era una psicóloga cristiana, al igual de la mayoría de los que estudiamos antes de mediados de los 90, tenía una comprensión muy limitada sobre cómo integrar efectivamente los conceptos espirituales y psicológicos al proceso terapéutico.

En mi trabajo con misioneros encontré que, a menudo, los temas espirituales y los psicológicos están ligados. Debido a mi deseo de cubrir sus necesidades de una forma más efectiva, ese agosto me inscribí en el Programa de Doctorado Ministerial en Consejería Formativa que ofrecía Ashland.

Como resultado de sus propias luchas personales, Terry Wardle desarrolló la metodología de oración de sanidad llamada Oración Formativa. Como pastor y profesor en el seminario Wardle, aplicó principios bíblicos a su propia salud emocional. En sus estudios encontró que el dolor abre nuestros ojos a las realidades espirituales mucho mejor que cualquier otra cosa. Los movimientos de sanidad interior y de oración contemplativa dentro del Cristianismo influyeron en Wardle, a medida que desarrollaba y refinaba su metodología para tratar las heridas emocionales no resueltas.

A mediados de la década de los 90, Wardle comenzó a usar en otros los principios bíblicos que fueron útiles para lidiar con su propia crisis. Él ha escrito libros en los que explica su metodología. Uno de sus primeros libros se llamaba *Herido* (Wardle1994). El libro en el que explica su metodología se llama *El Cuidado que Sana/La Oración que Sana* (Wardle, 2001). Primero, había llamado a su método *La Oración de Sanidad Interior* y luego lo cambió a *Oración Formativa*.

La Oración Formativa es una metodología de oración sanadora que pone a las personas en posición para sanar traumas emocionales no resueltos. El Dr. Ed Smith, ministro bautista, desarrolló la *Oración Teofosic*; luego David Seamands escribió extensamente sobre la sanidad de los recuerdos. Seamands, hijo de misioneros Metodistas, nació en India y pasó allá gran parte de su niñez. Ya adulto, Seamands y su esposa regresaron a India donde sirvieron desde 1946 a 1962. Después de regresar a los Estados Unidos, Seamands ha servido como pastor y como profesor universitario, especializándose en sanidad emocional. Su trabajo ha influido en misioneros alrededor del mundo. Ha escrito seis libros, de los cuales, se han vendido más de dos millones de copias. Dos de los más vendidos son: Sanidad *de los Recuerdos (Seamands, 1973)* y *Sanidad para las Emociones Dañadas* (Seamands, 1981).

LeAnn Payne, John y Paula Sanford, Francis y Judith MacNutt y otros han desarrollado otros métodos. Yo estoy más familiarizada con la Oración Formativa, por lo que me voy a enfocar en eso, y les señalaré algunos principios comunes entre éste y otros métodos. Cada una de las metodologías tiene sus propias y únicas perspectivas teológicas, y la mayoría intenta basar sus métodos en las escrituras. Aunque los principios básicos de la oración de sanidad tienen bases sólidas en las escrituras, generalmente, no se encuentran ahí las "técnicas" comunes a los distintos modelos,. A pesar de ser muy parecidas a las prácticas comunes de los cristianos a través de la historia y de no ser inconsistentes con los principios bíblicos, queda espacio para la crítica cuando se intenta dar justificación a las técnicas solo con una base bíblica. Una mirada al contexto histórico y el fundamento psicológico de los distintos métodos les ayudarán a sustentar su uso.

Desarrollo Histórico

Agnes Sanford es considerada la fundadora del movimiento de oración de sanidad. Nacida en China en 1897, hija de padres misioneros, se vio obligada a salir del país cuando tenía 15 años debido a los problemas políticos. Sanford luchó con muchos de los problemas comunes a los hijos de misioneros. En 1918, después de graduarse en la universidad Sanford regresó a China como misionera, pero tuvo que volver a los Estados Unidos en 1925 debido a una depresión posparto. Aunque Sanford y su esposo querían continuar en China, su depresión se hizo cada vez más severa. Cuando ella conoció a un ministro episcopal que creía en el poder sanador de la oración, su depresión se acabó. El impacto de las oraciones de este hombre cambió el curso de la vida de Agnes.

Sanford vivió cuando aún los campos de la psicología y la psiquiatría estaban en pañales. Sigmund Freud se graduó de médico en 1881, solo dieciséis años antes del nacimiento de Sanford. Freud publicó su primer trabajo importante en 1900. Él era ateo y fue pionero en el uso del método científico para desarrollar medios sistemáticos para el estudio de la mente.

Carl Jung, por su parte, fue un psiquiatra suizo fuertemente influenciado por Freud, aunque al final se separó de él. Jung era hijo de un ministro protestante y sus propias experiencias y creencias religiosas impactaron su vida grandemente. Aunque algunos cristianos no se sienten cómodos con algunas de las teorías de Jung, él nunca menospreció la importancia de la religión para la salud mental y emocional. Freud era ateo; sin embargo Jung intentó integrar los conceptos científicos y religiosos.

En *La Luz Sanadora,* (Sanford, 1947), Agnes esbozó lo que ella creía que el Señor le había enseñado en cuanto a la sanidad. Hizo énfasis en la importancia de enfocarse en el amor de Dios y en la presencia viva de Cristo en el interior de las personas. Ella estaba convencida de que el poder de Dios puede obrar a través de una persona para la sanidad de otra. Para Sanford, la visualización era primordial para la sanidad interior, y la imaginación era parte importante de la oración efectiva. Sanford promovió el uso el uso de la psicología Jungiana y con frecuencia usó conceptos y terminología de Jung para explicar los conceptos de sanidad interior.

Trasfondo Psicológico

Muy raras veces las metodologías de oración de sanidad reconocen su conexión con la psicología Jungiana. La mayoría tienen bases bíblicas sólidas que se alinean a sus perspectivas denominacionales; sin embargo, la relación es clara cuando uno mira detenidamente a la psicología Jungiana,. Jung fue muy influenciado por la obra de Rudolf Otto, un teólogo luterano alemán. Él creía que lo sagrado estaba más allá de lo que la ciencia y la razón podían comprender. Otto creía que "la experiencia de lo sagrado" era la marca distintiva de la religión. En 1930, Jung comenzó a usar los conceptos de Otto en su trabajo clínico. Él describe a una mujer que había vivido una niñez llena de abusos crueles ,y fue impactada positivamente por una experiencia "espiritual" relacionada con el abuso. La experiencia descrita por Jung es lo que encontramos con la oración de sanidad. Al recordar un incidente de dolor o abuso e invitar a Jesús a ese dolor, los individuos frecuentemente experimentan un encuentro que altera significativamente su perspectiva. Según Jung, tales encuentros son tan poderosos que pueden traer sanidad y efectuar un cambio en la personalidad como ninguna experiencia cognitiva puede hacer por sí sola" (Jung, 1973).

Todas las metodologías de la oración de sanidad están diseñadas para hablar a las emociones y activarlas. Pretenden facilitar que se reviva una experiencia traumática junto a la presencia de Jesús. Los expertos en trauma enseñan que la crisis psicológica queda registrada en el cerebro emocional (sistema límbico). Las investigaciones neurobiológicas confirman que para tratar el trauma, se debe acceder al cerebro emocional y no solo al cerebro cognitivo. Los recuerdos traumáticos se almacenan emocionalmente y no cognitivamente. Tanto el trauma como la presencia de Dios, deben experimentarse a nivel de las emociones para que ocurra la sanidad. El individuo es capaz de encontrar sanidad al revivir la experiencia negativa y permitir su transformación. Esta es una creencia cristiana y una realidad terapéutica. El sistema límbico es "la parte de Dios en el cerebro" y ha sido llamado "el trasmisor a Dios" porque es allí donde ocurren las experiencias espirituales.

Bases Bíblicas y Teológicas

Tanto el Antiguo como el Nuevo Testamento nos enseñan que debemos acercarnos a Dios con toda nuestra mente y corazón. En el Salmo 46:10 se nos invita a "quédense quietos y reconozcan que yo soy Dios". El Nuevo Testamento nos instruye para que mantengamos nuestra mente fija en Jesús. 2 Corintios 3:18 dice: "Así, todos nosotros, que con el rostro descubierto reflejamos como en un espejo la gloria del Señor, somos transformados a su semejanza con más y más gloria por la acción del Señor, que es el Espíritu."

El plan de salvación es restaurar la intimidad con Dios y sanar nuestro quebrantamiento. El dolor y el sufrimiento son resultado del pecado, pero Dios permite que se conviertan en un medio para llevarnos de vuelta a Él. La Oración Formativa, según lo que ha desarrollado Wardle, se basa en el principio bíblico de que el dolor y el sufrimiento son puertas que Dios utiliza para entrar en nuestras vidas y acercarnos más a Él. Todos estamos heridos como resultado del pecado. Las heridas se manifiestan física, mental, emocional, social y espiritualmente. Jesús no solo vino para asegurarnos un lugar en el cielo junto a Él, sino para sanar nuestras heridas y darnos vida en abundancia (Juan 10:10).

Algunas personas temen involucrar las emociones en la religión y prefieren permanecer en el ámbito del intelecto. Aun así, líderes espirituales a través de la historia, sin importar su denominación, reconocen la necesidad de llevar el corazón, la mente, la razón y las emociones por el camino espiritual. En el clásico "La Búsqueda de Dios" de A.W. Tozer (Tozer, 1992) él dice que no son las meras palabras las que nutren al alma, sino Dios mismo y, a menos que, o hasta que los oyentes encuentren a Dios en una experiencia personal, el solo oír la verdad no les hace mucho bien. La Biblia no es un fin en sí misma sino un medio para que el hombre conozca a Dios íntima y satisfactoriamente, de manera que puedan entrar en Él, que puedan deleitarse en su presencia, que puedan probar y conocer la dulzura interior de Dios mismo en el núcleo y centro de sus vidas (Tozer,1992, 9). Posteriormente, Tozer escribe en el libro: "Oramos para tener un mayor grado de sensibilidad, por una conciencia más perfecta de la Divina Presencia. Nunca tenemos que gritarle a través de los espacios a un Dios ausente. Él está más cerca que nuestra propia alma, más cercano que nuestros pensamientos más secretos" (Tozer, 1992, 62).

En el libro "En las Profundidades de Dios", escrito por Calvin Miller (Miller 2000), nos habla acerca de la comunión con Dios. Cuando vamos a Dios en oración debemos recordar quiénes somos y quién es Dios. Miller dice: "Dios debe ser encontrado y escuchado, no es asunto de sentarse para que nos escuche. Solo Dios dice cuándo terminó de hablar y el tiempo de nuestra comunión ha terminado"(Miller, 2000, 53). Según Miller, Dios es Rey y nosotros debemos entrar en su presencia y esperar por Él. Cuando entremos en su presencia, y nosotros tomamos la delantera, estamos olvidando quiénes somos y quién es Él.

En su libro The Desire of Ages (*El Deseo de los Tiempos*) (White, 2001), Ellen White habla acerca de la importancia de la intimidad con Cristo. Enfatiza lo importante que es permitir que "la imaginación capte vívidamente" las varias escenas de la vida de Cristo, particularmente las escenas finales (White, 2001, 83). Las experiencias que describen Tozer, Miller y White pertenecen al hemisferio derecho del cerebro: relacional en lugar de racional; más corazón que cabeza. Esta clase de oración o de adoración tiene sus raíces en el sistema límbico (cerebro emocional), no en la corteza cerebral (cerebro racional).

Recomiendo el libro *Ver es Creer* (Boyd, 2004) escrito por Gregory A. Boyd, quien escribe acerca del rol de la imaginación en la oración. Este libro hace énfasis en experimentar la presencia de Jesús de forma muy real a fin de ser transformados a su imagen. Esto es consistente con las escrituras y las prácticas cristianas a través de la historia. Boyd señala que, por razones culturales, los occidentales han puesto a la imaginación en el mismo lugar de la fantasía y de lo fingido. Según él, la imaginación es simplemente "la habilidad de la mente para evocar imágenes" (Boyd, 2004, 72). Esas imágenes pueden ser reales o fingidas. Podemos experimentar la realidad de la vida al "replicar la realidad con la imaginación de nuestras mentes" (Boyd, 2004, 72). Considere nuestras imágenes de átomos y moléculas, de la sangre fluyendo por nuestras venas, o de la tierra rotando sobre su eje. No vemos nada de eso pero creemos en su realidad basándonos en la evidencia de lo que vemos. Por lo tanto, imaginamos su realidad. La realidad imaginada no es menos real, sino que nos ayuda a captar su realidad. Cuando mi esposo está ausente, imagino fotos de él. Es muy duro pensar en él sin imaginación; por lo menos un recuerdo del sonido de su voz o el toque de su mano o el olor de su colonia. La imaginación nos ayuda a experimentar la realidad que no está presente o visible.

Boyd afirma que uno de "los problemas más generalizado en los cristianos occidentales contemporáneos es que asumimos erróneamente que la *información* automáticamente se traduce en *transformación*. Que algo sea cierto no asegura por sí mismo que esta verdad marcará una diferencia significativa en nuestras vidas" (Boyd, 2004, 71). La creencia fundamental del cristianismo de que tenemos un Dios omnipresente, es una realidad teológica abstracta, pero la mayoría de nosotros no la experimentamos como una realidad práctica. Según Boyd, debemos "aprender a poner nuestros ojos en Jesús y a poner nuestra mente en las cosas de arriba, si es que deseamos romper con los patrones del mundo y ser transformados a la imagen de Cristo (Colosenses 3:2-3; Hebreos 12:1-2)" (Boyd, 2004, 89). "Al enfocarse en el uso de la imaginación inspirada por el Espíritu Santo en oración, descansar en Jesús coloca a las personas en posición de conocer a Jesús como cara a cara (Éxodo 33:11), que puede ser tan real como cualquier relación de la vida". Boyd dice que "no conoce ninguna disciplina espiritual que transforme y sane como la disciplina espiritual de descansar en Cristo" (Boyd, 2004,17).

B. La Oración Formativa

La Oración Formativa se enfoca en encontrar la sanidad emocional a partir de una relación de intimidad con Cristo. El Salmo147:3 (NVI) dice que: "restaura a los de corazón quebrantado y cubre con vendas sus heridas." Al concientizarnos de la presencia de Jesús, estamos listos para el toque sanador y transformador de Dios. La Oración Formativa es una mezcla de formación espiritual y sanidad interior. Funciona como una intervención psico-espiritual con pasos específicos para facilitar la sanidad de heridas emocionales no resueltas.

Paso 1

Experimentar Seguridad Emocional Mediante la Imaginación y la Conciencia de la Presencia de Dios.

Ya que la Oración Formativa se trata de traumas no resueltos, la seguridad emocional es una consideración primaria. Aun en un ambiente seguro, muchos de los que sufren por traumas emocionales no resueltos presentan dificultad para sentirse seguros. Por lo tanto, el primer paso es pedir a la persona que "imagine" un lugar seguro, uno donde hayan estado o uno que creen en su mente. Una vez que hayan imaginado ese lugar y hayan entrado en él, le piden al Espíritu Santo que abra sus mentes y sentidos a la presencia de Jesús. Como la "omnipresencia de Dios" es una doctrina cristiana fundamental, este paso es una simple invitación a que la persona se haga consciente de ello. Los otros pasos proceden de esta consciencia. El paso 1 dura entre diez y veinte minutos. Con frecuencia, este paso es suficiente para permitir a la persona experimentar en sus vidas el toque sanador de Jesús. Thomas Keating se refiere a esta oración como la "terapia divina" (Keating, 1991). Según la socióloga Margaret Poloma (Poloma, 1991), los cristianos que practican este tipo de oración reportan una relación más profunda y significativa con Cristo y experiencias más frecuentes de su presencia. Practicar la presencia de Cristo abre la puerta al poder transformador y sanador del Espíritu Santo.

Pasos Dos, Tres y Cuatro para Tratar las Capas de Disfunción

Wardle describe capas de disfuncionalidad en las heridas emocionales no resueltas. Esas capas incluyen pensamientos, sentimientos y conductas. Abordar esas capas de disfuncionalidad es como pelar las capas de una cebolla. La situación de nuestra vida, con sus problemas y desafíos, es como la capa más externa de la cebolla, donde las emociones están disponibles y son accesibles. Jerry Sitter compartió que sus emociones demandaban atención; no pudo ni podría negarlas. Él sabía que tenía que "enfrentarlas firmemente, lanzarse a la oscuridad y tratarlas "Jerry apreció la sabiduría de sus amigos que escucharon como se sentía, sin negar esas emociones ni intentar cambiarlas o negarlas (Historia 4).

Algunos individuos entierran el dolor del trauma para salir adelante con la vida. El dolor enterrado bajo los desafíos cotidianos queda sin resolver, pero aún influyen en pensamientos, sentimientos y conductas. Eventos del presente pueden disparar las emociones enterradas, frecuentemente, en los momentos más inoportunos. Puede que las conductas resultantes no tengan sentido a la luz de lo que está a la mano. El dolor y las emociones enterradas se almacenan en el sistema límbico (cerebro emocional) y para acceder a ellas hay que usar una forma no verbal.

David Servan –Schreiber, MD, PhD es un psiquiatra del Centro Médico de la Universidad de Pittsburg. En su libro, *Instinto para Sanar* (Servan-Scheiber, 2004), delinea de manera empírica las técnicas validadas para el tratamiento de la depresión, ansiedad y estrés que activan los sistemas innatos de sanidad que posee la mente. El uso de medicamentos o terapias convencionales de conversación no necesariamente son necesarias. Servan-Scheiber usa el trabajo de prominentes científicos especializados en el cerebro, Joseph Le Doux y Antonio Damasio, así como los expertos en trauma Bessel van der Kolk y Judith Hermann. Según Servan-Scheiber, "el desorden emocional es el resultado del mal funcionamiento de cerebro emocional. Para muchas personas, esas disfunciones se originaron con experiencias pasadas dolorosas que no tienen relación con el presente y aun así continúan controlando su conducta". Además, "la tarea primaria del tratamiento es reprogramar el cerebro emocional de manera que se adapte al presente, en lugar de reaccionar a experiencias pasadas." El cerebro emocional contiene mecanismos naturales para sanarse a sí mismo, lo que Servan-Scheiber denomina "instinto para sanar". Este instinto para sanar se mueve alrededor de "las habilidades innatas del cerebro emocional para encontrar el equilibrio y bienestar, comparable con otros mecanismos de sanidad del cuerpo como la cicatrización de una herida o la eliminación de una infección". Para acceder al cerebro emocional se deben usar técnicas no verbales en lugar del lenguaje (Servan-Scheiber, 2004,11).

Para acceder a niveles más profundos de sanidad, Wardle recomienda técnicas no verbales, tales como el uso de símbolos, arte, poesía y otras actividades creativas que ayuden al individuo a tener acceso a un dolor no resuelto. Aunque esas "técnicas" no se derivan de las Escrituras, Roy Gane hace énfasis en que la Biblia, especialmente el Antiguo Testamento, es rica en simbolismo. Gane es profesor de la Biblia Hebrea y lenguas antiguas del Medio Oriente en el Seminario Teológico de la Universidad de Andrews, y autor del *Comentario Aplicado para Levítico y Números NVI*. Él señala que los rituales en el Antiguo Testamento, aun el diseño del santuario y del templo, hablan verdad acerca de Dios sin pronunciar palabras. Consideren la poderosa simbología de la Última Cena en el Nuevo Testamento: pan, vino, pies lavados. Piensen en el bautismo. Cristo enseñó en parábolas, historias diseñadas para alcanzar los corazones de sus oyentes. Cuando se usa la Oración Formativa para tratar con el dolor no resuelto, Wardle sugiere que se traten primero las conductas disfuncionales o pecaminosas, luego las mentiras internas o auto-conversación negativa, y por último, la conmoción emocional.

Primero: *Conductas*

A fin de reprimir los recuerdos dolorosos, o adormecer su dolor, con frecuencia las personas recurren a las conductas disfuncionales. Para comenzar con el comportamiento pecaminoso o disfuncional, Wardle recomienda buscar un símbolo para la conducta. Esto generalmente hace que la persona se abra emocionalmente, permitiéndole examinar el impacto de esa conducta. La persona, en su imaginación entrega a Jesús el símbolo de su pecado o disfuncionalidad. Así, le permite arrepentirse y experimentar el perdón. La historia de Abraham ofreciendo a Isaac en sacrificio es un símbolo poderoso de cómo Dios quiere que nos relacionemos con los regalos que nos da. En el caminar cristiano, con frecuencia, Dios nos pide ofrecer a "Isaac" cuando valoramos la dádiva que nos ha dado más que al Dador.

Segundo: *Pensamientos*

Un evento traumático grande o pequeño puede causar la formación de sentimientos negativos acerca de uno mismo, resultando en baja autoestima. Esas creencias contrastan con lo que las escrituras dicen acerca de lo que valemos. Wardle recomienda una técnica no verbal para tratar con esta distorsión cognitiva: pida a la persona que encuentre una varita que represente la falsa creencia o mentira, y reemplácela con la verdad de lo que dice la palabra de Dios mientras que la persona rompe la varita. Luego pida al Espíritu Santo que rompa el poder de la mentira y la reemplace con la verdad de la Palabra de Dios, al tiempo que la persona rompe la varita. Este ejercicio habla a ambos hemisferios del cerebro, el derecho y el izquierdo, a la corteza cerebral y al sistema límbico; la verdad de la

Palabra de Dios reemplaza nuestras creencias negativas a nivel emocional y cognitivo. Compare esta "técnica" con las instrucciones que Jesús le dio a Pedro cuando le dijo que fuera al lago, lanzara su anzuelo y tomara el primer pez que picara. Pedro debía abrir la boca del pescado y allí encontraría una moneda para pagar sus impuestos (Mateo 17:26). Jesús usó esto para enseñar a Pedro una importante verdad espiritual acerca de quién era Él y cómo tiene el poder para proveer para nosotros.

Último: *Las Emociones*

La siguiente capa contiene a las emociones que puede resultar de lo que ha ocurrido. Los trastornos emocionales luego de una experiencia traumática pueden definir el mundo emocional de una persona. La herida en sí se encuentra en el nivel más profundo. Wardle recomienda varios enfoques para lidiar honesta y abiertamente con los sentimientos. En uno de ellos, la persona lee un salmo de lamento que modela una expresión abierta de los sentimientos. Luego, la persona escribe su propio lamento. Escribir acerca de nuestros sentimientos permite que comience el proceso de sanidad. En su capítulo sobre recursos espirituales, Frauke y Charlie trataron el tema: allí aparece una lista de los salmos de lamento. Otro enfoque usa el arte o la música para entrar en contacto con los sentimientos. La meta de ambos es el reconocimiento honesto y la expresión de los verdaderos sentimientos de manera directa. Cuando ocurre esto, la persona entra en oración meditativa "yendo a su lugar seguro", expresándole a Jesús esos sentimientos y permitiendo la transformación y la sanidad.

Paso Cinco

Volver a las Heridas del Pasado a la Luz de la Cruz de Jesús

Lidiar con las disfunciones conductuales, emocionales y cognitivas lleva al individuo a tratar más efectivamente las raíces de las heridas emocionales. En caso de las heridas emocionales no resueltas, Wardle recomienda el uso de símbolos para entrar en contacto con las emociones. Estos símbolos pueden ser vendajes, muletas o arte para simbolizar una herida o lesión. Las personas deben escribir sus heridas del pasado, luego pedir ayuda al Espíritu Santo para que guíe la elección de cuál de ellas visitar. Tanto escribir como pedir la ayuda del Espíritu Santo, pone a la persona en posición para sanar. Invitar a Jesús a entrar en los recuerdos de las heridas del pasado, los redefine y los transforma de una manera que no puede hacer la función cognitiva sola . En este proceso, muchas personas experimentan un encuentro muy real con Jesús. De la misma forma como Él perdonó a los que le hirieron, el perdón es parte vital de la sanidad para quienes permiten la transformación. Visitar las heridas emocionales y procesarlas a la luz de la cruz de Jesús permite la sanidad emocional.

La Oración Formativa es una intervención psico-espiritual para tratar las heridas ocasionadas por un trauma. No solo pone a la persona en una posición para sanar, sino que también atiende a los aspectos cognitivos, emocionales y conductuales de la sanidad. De esta manera, se capacita a la persona para renunciar a sus falsas creencias y sustituirlas con la verdad de Dios, procesar el dolor emocional a la luz de los sufrimientos de Cristo, y para arrepentirse y dejar de lado las conductas disfuncionales o pecaminosas.

C. La Oración de Sanidad en la Práctica: Ejemplos

Para algunos, las técnicas de oración de sanidad pueden parecer rebuscadas, pero muchas de ellas son prácticas que cristianos comprometidos y entregados a la oración suelen practicar mientras buscan a Jesús y la transformación a su imagen. Él usó símbolos e imágenes para explicar la íntima relación que quiere tener con nosotros: la novia y el novio, padre e hijo, una viña y sus ramas. En el diario vivir, el cristiano común debe reconciliarse con las conductas pecaminosas y disfuncionales, con las mentiras del enemigo y con las emociones negativas. En las Escrituras hay símbolos poderosos que pueden ayudar a la persona a librarse de las ataduras del pecado. En el caso del joven rico (Lucas 18:18), a Jesús le interesaba más la condición del corazón del hombre que sus riquezas. Algunos cristianos contemporáneos han sentido el llamado a vender sus vehículos, sus casas o sus joyas; deshacerse de sus televisores, dejar de tomar café, o cualquier otra cosa que representa un asunto más profundo para ellos. No confunda un símbolo con el asunto más profundo que Dios quiere que enfrentemos.

Un trauma no resuelto es un obstáculo en nuestra relación con Dios y con otros. Hay símbolos tradicionales y bíblicos que nos pueden atraer más a Jesús y traer sanidad: el pan y el vino, el bautismo o vender todo lo que poseemos para seguir a Jesús. Los ejemplos a continuación muestran cómo las técnicas pueden profundizar una relación con Cristo.

Lugar Seguro

Cuando le pedí a un misionero que imaginara un lugar apacible y seguro donde hubiera estado alguna vez, y que imaginara a Jesús en ese lugar con él, se puso incómodo. Antes de comenzar, le di instrucciones de persistir en el ejercicio por unos 20 minutos, y que notara sus sentimientos a medida que continuaba. Debemos proseguir, aun si la incomodidad nos tienta a rendirnos. El hombre siguió adelante, y Jesús llegó a su mente riendo y divirtiéndose. Luego Jesús le dijo, "David, tengo un versículo para ti" y el tono de su voz era de como si fuera a contar un chiste. Luego, Jesús le sonrió y dijo "Tu padre y yo no somos uno". Mientras reía con Jesús, este misionero experimentó un momento de sanidad. Antes de esto, David no se había dado cuenta de cuánto su relación con su prepotente y controlador padre había impactado su relación con Dios. Ciertamente, ¡Dios no era como su padre! Después de eso, David experimentó con frecuencia a ese "Jesús que reía" durante su tiempo con Dios, y pudo obtener nuevas perspectivas espirituales.

Traumas del Pasado

Todos los años trabajo con grupos de misioneros en seminarios de entrenamiento, tanto dentro como fuera del país. Con frecuencia, los misioneros enfrentan dificultades y desafíos que les impactan profundamente. Muchos cargan con estrés desde mucho tiempo antes que le afecte en su habilidad para lidiar con los estresores actuales. Hace poco, viajé al exterior para trabajar con un grupo de misioneros en África. Había una mujer que servía con su esposo en un país inestable, y que se encontraba en una profunda depresión. Su madre la abandonó a ella y a su hermano menor cuando tenía tres años y tuvieron que vivir con una familia adoptiva porque su padre no podía cuidar de ellos. Finalmente, su padre dejó de visitarles. Además de este abandono, sus padres adoptivos abusaban de ellos física y emocionalmente. Se hizo cristiana en la adolescencia, y a los 18 años se mudó a otro país donde conoció a su futuro esposo. Ella creía que Dios lo había traído a su vida y le dio el hogar y la familia que no tuvo cuando niña. Cuando sus dos hijos nacieron, se deprimió gravemente. Cuando la conocí, estaba medicada y se sentía inadecuada y sin valor como esposa y madre. Le era muy difícil creer que su esposo e hijos podían amarla verdaderamente. Por momentos, pensaba que ellos estarían mejor sin ella y los pensamientos suicidas inundaban su mente.

Cuando supe su historia, fue obvio que estaba experimentando en el presente emociones que reflejaban la realidad de su niñez, no la realidad de su vida actual. Ella "compró" las dolorosas mentiras del padre adoptivo y vivió como si esos pensamientos fueran realidad. Él le decía que nadie jamás podría amarla, ya que ni siquiera su propia madre o padre la quisieron lo suficiente como para cuidar de ella. El dolor causado por esas palabras fue muy profundo, y se sintió sin valor. Como cristiana, ella sabía la verdad de la Palabra de Dios: que ella tenía mucho valor y era hija del Rey del Universo; sin embargo, emocionalmente, para ella era imposible apropiarse de esta verdad. En oración le pedí a esta joven madre invitar a Jesús a los recuerdos dolorosos de lo que su padre adoptivo le decía, y que imaginara a Jesús sosteniéndola como a una chiquita susurrándole a su corazón palabras de amor y afirmación. Lo visualizó en su mente, con los ojos de su corazón, nuestro Salvador sosteniéndola tal y como ella sostiene a su propia hija, y pudo sentir su amor sanador y poder. Juntas invitamos a Jesús a otros recuerdos dolorosos de su infancia, y sintió su toque sanador. Fue un proceso de experimentar el amor de Jesús de una manera muy personal. Me senté con ella sosteniendo su mano y le permití llorar por los recuerdos dolorosos de su pasado.

Probablemente, una vez que ella y su esposo regresen al país donde sirven, van a aparecer otros recuerdos dolorosos cuando se encuentren con las cosas normales que hacen que los misioneros se sientan inadecuados y faltos de preparación. Los desafíos del presente pueden ser abrumadores si resurgen los sentimientos de incompetencia del pasado e inundan sus emociones. Cuando esto ocurra, ella puede buscar un tiempo con Dios y conectarse a los eventos del pasado con los sentimientos actuales. Puede pedirle al Espíritu Santo que la lleve de vuelta al momento, invitar a Jesús a los recuerdos pasados y pedirle que la sane. Este proceso no se trata de una aprobación intelectual de nuestro valor, sino una experiencia personal del amor de Dios y el deseo de hacernos completos.

Trauma Reciente

El verano pasado, trabajé con una joven familia misionera que sirve en Asia. La pareja tenía un varón de ocho años y una niña de cuatro, y habían vivido en Asia por varios años. En abril pasado, mientras el padre viajaba fuera del país, la madre y los niños se quedaron en casa. Formaban parte de una comunidad misionera bien establecida, de manera que la madre se sentía cómoda dejando a su hijo con amigos en la iglesia mientras ella iba a casa por un momento. Puso a la niña de cuatro años en la parrilla de su motocicleta y salieron a casa. Un camión chocó contra ellas justo después de entrar a una calle con bastante tráfico y las tumbó de la moto. La madre resultó ilesa pero la niña murió instantáneamente. Nadie en esa transitada calle se detuvo a ayudar, de manera que la joven madre tuvo que recoger el cuerpo sin vida de su hija y regresar a la iglesia.

Tres meses después, me reuní con esta familia. No había necesidad de usar imágenes o ninguna otra técnica para acceder a sus emociones, pues estaban a flor de piel. La pareja necesitaba contar su historia. La joven madre necesitaba expresar sus sentimientos de culpa por no haber podido proteger a su hija. La familia necesitaba un lugar donde sentirse cuidados y seguros para compartir sus sentimientos. En una tragedia como esta, la sanidad es un proceso gradual y ya se había hecho bastante para ayudarles. Cuando la mujer regresó a la iglesia después del accidente, los amigos y misioneros la rodearon con su apoyo. Una familia se encargó del hijo y lo cuidaron hasta que el esposo llegó unas horas después. Los compañeros misioneros pasaron la noche con ellos y oraron con y por ellos. La pareja decidió llevar el cuerpo de la pequeña a su país de origen para enterrarla. Querían estar rodeados de una familia amorosa que hiciera duelo con ellos y les apoyara de la manera que se sintiera más natural. El director de la misión se hizo cargo de todos los aspectos prácticos del traslado. Cuando regresaron a Asia, los colegas misioneros estuvieron con ellos y les apoyaron a medida que pudieron asumir sus responsabilidades normales de manera gradual.

Esta pareja eligió que les transfirieran a un país africano donde asumirían nuevas responsabilidades. Tanto el esposo como la esposa sintieron que comenzar de nuevo les ayudaría a superar la pérdida. Ninguno de los dos expresó rabia o desilusión para con Dios. Esta joven pareja es oriunda de un país en desarrollo y, a diferencia de muchos de nosotros en occidente, no tenían la expectativa de que Dios tenía que protegerles de las cosas malas. Fueron capaces de sentir la presencia de Jesús en medio de su pérdida, particularmente cuando piensan en el momento en que ella recogió a su hija de la calle y corrió a la iglesia. A medida que compartían su historia, le pedíamos a Dios que nos hiciera consciente de su presencia en ese momento. Ese sentido de conciencia de su presencia trajo fuerza y sanidad.

Esta clase de pérdida siempre es dolorosa, y el proceso de sanidad toma tiempo. Me reuní con esta pareja durante un período de tiempo mientras eran transferidos de Asia a África. Antes de verse conmigo ya habían recibido un buen apoyo. Cuando nos reunimos, parecía que progresaban sanamente en todas las etapas del duelo. Mudarse a África traerá nuevos retos que van a tener su impacto positivo y negativo en el proceso de duelo.

D. En Resumen

Terry Wardle define la Oración Formativa como "un ministerio del Espíritu Santo moviéndose a través del cuidador cristiano, que trae la sanadora presencia de Jesucristo al lugar de dolor y quebrantamiento dentro de una persona que ha sido herida" (Wardle, 2001, 13). Aunque la Oración Formativa y las otras formas de oración de sanidad se han diseñado para lidiar con traumas emocionales del pasado que no han sido resueltos, los principios comunes a todos son también útiles para lidiar con el trauma actual.

1. El primer principio es que el trauma, pasado y presente, es primeramente un proceso del sistema límbico: se basa en la experiencia, es no verbal, pertenece al hemisferio derecho del cerebro y es emocional. "El trauma reside en la parte instintiva y primitiva de nuestro cerebros y sistemas nerviosos y no están bajo nuestro control consciente" (Levine, 1997, 17). La sanidad del trauma debe dirigirse a las emociones.

2. El segundo principio es que la sanidad de un trauma, pasado o presente, ocurre por experiencia. El tratamiento, sea espiritual o clínico, tiene que atender el trauma en el mismo código neurológico en el que está escrito en el cerebro humano. El uso de imágenes es una forma útil de acceder al trauma pasado y experimentado que conlleva sanidad emocional a medida que la experiencia es

transformada a la luz de Cristo y sus sufrimientos.

3. El tercer principio tiene que ver con la realidad neurobiológica de que el trauma y la experiencia espiritual tienen lugar en la misma parte del cerebro, el sistema límbico. El dolor abre nuestros ojos a las realidades espirituales como nada más puede hacerlo.

4. El cuarto principio es que generalmente Dios usa seres humanos como canal para su poder sanador. De la misma forma como no nos *necesita* para extender el evangelio pero *elige* usarnos para ese fin.

Esto me recuerda la historia de una niñita temerosa de quedarse sola en su habitación por la noche. Su madre le dijo que no tenía por qué tener miedo porque Jesús y los ángeles estaban con ella. La niña le contestó, "Sí, pero yo necesito alguien con piel". Como cuidador lego o cuidador profesional, necesitamos recordar el diseño de Dios de usarnos como canal de bendición y sanidad para sus hijos heridos. Los expertos en trauma recomiendan que la primera línea de tratamiento sea que la víctima entre en contacto con una persona amorosa y atenta.

Cuando llevamos a las víctimas a la presencia de Cristo y a la seguridad interior, podemos comenzar a movernos juntos para adentrarnos en el dolor del pasado. Cuando la persona traumatizada puede conectar su dolor a Jesucristo, el dolor y el trauma puedan ser transformadas.

RESUMEN DE PUNTOS PRINCIPALES
Frauke and Charlie Schaefer

- El trauma y el sufrimiento forman parte de la experiencia humana.

- Una teología personal del sufrimiento, que se basa en la biblia equipa a los cristianos con expectativas realistas acerca del sufrimiento. También facilita la comprensión de cuál es nuestra fuente de esperanza en medio del sufrimiento: La presencia de Dios y la compasión, el crecimiento y la posibilidad de ser cada vez más como Cristo y la esperanza de que el dolor y el sufrimiento al final serán vencidos cuando Cristo regrese.

- Ser afectados por eventos traumáticos, es una experiencia humana normal y no una señal de debilidad. Esto incluye el estrés post traumático, las reacciones de ansiedad y la depresión.

- Los factores biológicos, ambientales, psicológicos y espirituales, modifican el grado de impacto que puede tener un evento traumático. Estar consciente de esos factores debería influir en las estrategias preventivas y de apoyo que mejoren la resiliencia a nivel individual, comunitario y de organización.

- Las comunidades cristianas y las organizaciones, juntas, necesitan incorporar a su vida principios y estrategias destinados a mejorar la resiliencia. Deberían también considerar entrenar a un grupo de personas con talento natural, como personal de atención al trauma, que estuviera disponible para ayudar a otros en tiempos de crisis.

- Fuimos creados con una necesidad de que la comunidad nos rodee en tiempos de sufrimiento. La presencia de la comunidad cristiana (como el Cuerpo de Cristo) representa, a veces en forma tangible, la presencia de Dios después de un trauma.

- La lucha espiritual es normal después de un evento traumático severo. Con frecuencia, los creyentes luchan con más intensidad inmediatamente después de un evento porque podría quedar en entredicho algunos aspectos de su fe, los cimientos para el propósito y significados de sus vidas.

- Ciertas características y prácticas espirituales sirven de apoyo al cristiano que lucha; permiten que pueda profundizar en la fe y que crezcan la resiliencia y la vitalidad espiritual.

- Después de un trauma, la oración de sanidad ayuda a restaurar una relación con Dios que se había interrumpido.

- El Dios soberano es el autor y perfeccionador de la restauración y el crecimiento después del trauma, sea con esfuerzos humanos o sin ellos. Dios está presente y trabajando en formas que no entendemos.

APÉNDICES

Hoja de trabajo: Hacia una Teología de Riesgo y de Sufrimiento

Scott E. Shaum (Barnabas International)

HACIA UNA TEOLOGÍA DEL RIESGO

Nociones preliminares:

- El riesgo es parte de vivir en un mundo caído. A diario cada uno de nosotros corre riesgos, solo que nos hemos acostumbrado a ellos. La exposición repetida a un cierto tipo de riesgo nos desensibiliza. A medida que el riesgo se hace más familiar, lo toleramos más. Por ejemplo, todos nos movemos en vehículos de motor a pesar de que la tasa de mortalidad en automóviles es más elevada que en los aviones.
- El tipo, grado y frecuencia de los riesgos que las personas experimentan están relacionadas con la localidad donde viven. Lo que un creyente estadounidense que nunca ha salido del país puede considerar un riego, puede parecer un riesgo mínimo o común para un obrero intercultural que entra y sale de muchas e regiones inestables.,.
- El umbral de riesgo varía entre las personas. A algunas personalidades les va bien con un alto grado de riesgo, mientras que otras tienden a ser conservadoras y precavidas en sus acciones.
- Así que, no es sabio tratar las decisiones en cuando al riesgo como si fueran temas morales. Especialmente en las culturas no occidentales, la decisión de correr un riesgo no obedece a que sea correcto o incorrecto. Una perspectiva madura es ser conscientes de esta variabilidad personal, y evitar juzgar la moralidad de otros basándonos solamente en sus propias decisiones acerca de correr un riesgo o no.
- Como se verá más adelante en las referencias bíblicas, hay tiempos para huir del riesgo, y otros no solo para pararse firme sino para

dirigirse conscientemente hacia el riesgo por una causa mucho más grande; Jesús y Pablo lo hicieron.

- Las organizaciones sabias toman en cuenta estas variables a la hora de determinar sus políticas.

Desarrolle una teología bíblica del riesgo haciendo una lista de hechos y principios a partir de los pasajes a continuación, e identifique los temas que marcan la pauta. A continuación, una lista de ejemplos de Jesús y de los apóstoles.

Ejemplos de Jesús y de los Apóstoles
- Lucas 4: 24-30
- Mateo 12:14-15; Marcos 3:6-7
- Lucas 13: 31-33
- Juan 8:59
- Mateo 24:1-14
- Hechos 4:1-31
- Hechos 5:17-41
- Hechos 8:1-8; 26-30
- Hechos 9:20-30
- Hechos 14:1-7, 19-28
- Hechos 17:1-15
- Hechos 18:9-11, 22-24
- Hechos 20:22-25; 21:1-14

HACIA UNA TEOLOGIA DEL SUFRIMIENTO

Nociones Preliminares de Sufrimiento
- La cultura occidental está muy comprometida con la comodidad. La mayoría no ha recibido suficiente enseñanza acerca del sufrimiento, ni mucho menos de cómo atravesar bien los períodos de sufrimiento.
- Todos sufren. Más aun, los que están en Cristo, reciben la invitación para participar de su sufrimiento.
- De manera que es crucial considerar y desarrollar cuidadosamente una teología del sufrimiento basada en lo que dice la Biblia.

Existen muchas palabras griegas que se traducen como sufrimiento, adversidad, prueba, tentación, entrenamiento, reproche, etc. Se puede comenzar a desarrollar una teología bíblica del sufrimiento estudiando palabras claves en los siguientes pasajes. La lista a continuación no es exhaustiva.

- La experiencia personal de Jesús con el sufrimiento: Mateo 4:1;13: 53-58; Lucas 4:16-30; Juan 1:10-11; 12:32.
- Las experiencias de Pablo y las lecciones de varias dificultades: 2 Corintios 1:3-11; 4:7-18; 6:1-10; 7:2-16; 11:22-28; 12:7-10; Gálatas 6:17; Filipenses 1:7,12,19-20; 4:11-14; Colosenses 1:24; 2 Timoteo 1:8,12; 2:8-9.
- El sufrimiento puede ser parte de nuestro caminar en la fe: Hebreos 11:36-40.
- Recordar a los que sufren. Hebreos 13:3.

Pasajes del NT que nos ayudarán a Desarrollar un Teología del Sufrimiento.

- Las enseñanzas de Jesús acerca del sufrimiento: Mateo 5:10-12, el sufrimiento es nuestra herencia, Lucas 12:4-12; Juan 12:23-26; 15:20; 16:1-4, 33; 2 Timoteo 3:12.
- Dos pasajes primordiales que son idénticos en su enseñanza: Santiago 1:2-4 y Romanos 5:2-4.
- El sufrimiento es un don (gracia), tanto como lo es la justificación: Filipenses 1:29.
- La recompensa está ligada al sufrir bien: Romanos 8:17-39.
- Las enseñanzas de Pedro con respecto a la persecución que aplican a cualquier tipo de sufrimiento: 1 Pedro 1:11; 2:19-23; 3:14-19; 4:13; 5:1, 9-10.
- El sufrimiento fortalece nuestra fe: 1Pedro 1:3-7.
- El sufrimiento nos enseña obediencia: 1 Pedro 4:1-2.
- Somos bendecidos en la medida en que sobrellevamos el sufrimiento: Santiago 1:12; 5:11.
- Las enseñanzas sobre el sufrimiento en torno a la segunda venida de Cristo: Apocalipsis 2:10; 6:9; 12:11; 17:6; 18:24; 19:1-5; 21:4.

Apéndice B
Reacciones Comunes al Trauma
ADULTOS
Karen Carr

A continuación, presentamos algunas reacciones y síntomas comunes experimentados frecuentemente por personas que han atravesado un trauma. Estos síntomas son un reflejo de cómo su cuerpo intenta manejar y ajustarse a lo que le haya pasado.

Conductuales

Llevar a cabo conductas evasivas.

Uso del alcohol para adormecerse.

Uso de drogas (de prescripción u otras) para adormecerse.

Abandonar actividades recreativas.

Trabajar en exceso.

Desear salir del campo de servicio.

Estar menos productivo.

Perder o extraviar cosas.

Sobresaltarse fácilmente/ estar hipervigilante ante el ambiente que le rodea.

Llorar fácilmente.

Mostrar lentitud o hiperactividad.

Andar sin rumbo.

Estar abatido.

Tener histeria

Cambiar repentinamente su estilo de vida.

Presentar trastornos del sueño.

Conductas peligrosas/auto destructivas

Fumar más.

Gastar en exceso.

Tener predisposición a los accidentes.

Cometer inmoralidad sexual.

Afectivas (Emocionales)

Insensible/ Cerrada emocionalmente.

En shock.

Ansioso/ temeroso.

Temor de que vuelva a ocurrir.

Agitación.

Frustración.

Irritabilidad.

En pánico o temor (específico o general).

Abrumado.

Rabia (contra sí mismo, contra otros o contra Dios.)

Resentimiento/Furia.

Cambios en el estado de ánimo.

Sueños problemáticos.

Tristeza.

Depresión.

Duelo.

Sentimientos de inutilidad y de ser inadecuado.

Sentimientos de culpa.

Pérdida del sentido del humor.

Menor capacidad de manejar el estrés nuevo o continuado.

Somáticos (Físicos)

Fuertes latidos del corazón.

Sudoración

Se sonroja.

Dificultad para respirar/ hiperventilación.

Dolores en el pecho.

Náusea/vómito.

Estómago irritado, cólicos, diarrea.

Pérdida del apetito o solo ganas de comer comida chatarra.

Temblores musculares.

Los sonidos les llegan distorsionados a sus oídos.

Pérdida de coordinación.

Dolores de cabeza o migrañas frecuentes.

Músculos adoloridos.

Discurso rápido e incontrolado.

Dificultad para permanecer sentado o relajarse

Mareos o desmayos.

Resequedad en boca y garganta.

Frecuente necesidad de orinar.

Bruxismo.

Poca capacidad para recuperarse de un resfriado o gripe.

Variaciones de peso (engordar o adelgazar).

Insomnio, pesadillas.

Sensación de cansancio y fatiga.

Cambios en el funcionamiento o deseo sexual.

Alteraciones del ciclo menstrual.

Interpersonales

Irritabilidad.

Dado a la frustración.

Insensibilidad.

Pérdida de interés en otros.

Aislamiento/distanciamiento (evita el compañerismo).

Inseguridad.

Evita la intimidad.

Suspicaz.

Se aferra a otros.

Discordia/argumentos.

Crítico con los demás.

Ser el chivo expiatorio (un punto focal para la ira reprimida y la depresión).

Hipersensibilidad (se hiere fácilmente).

Problemas familiares.

Habla compulsiva.

Cognitivo (pensamientos)

Incredulidad.

Horror.

Confusión.

Mala concentración.

Sensación de estar fuera de lugar.

Poca capacidad para la toma de decisiones.

Problema para priorizar.

Desorientación.

Mala memoria.

Poca atención (no retiene información).

Se preocupa con los recuerdos del trauma.

Se preocupa por la salud.

Distorsión del tiempo (se atrasa o se adelanta.)

Aumenta la rigidez de sus opiniones o pensamiento cerrado

(Inflexibilidad).

Se siente omnipotente (evaluación irreal de la situación).

Cinismo o negatividad.

Pensamiento polarizado (jamás haré; esto siempre).

Juicios críticos/negativos contra sí mismo (soy un fracaso).

Pensamientos en retrospectiva (si solo; porqué yo no…).

Recuerdos u otras imágenes intrusivas.

Significado/Ministerio

Cada vez más ocupado, orientado a las tareas.

Pérdida del sentido de propósito/papel.

Menos significancia en el ministerio.

Desencantado de Dios.

Pérdida de motivación.

Cuestiona sus creencias anteriores.

CONCLUSIONES:

Cada persona es única en su forma de responder a un trauma, de manera que su respuesta puede no ser igual a la de otra persona que haya vivido lo mismo o una experiencia similar. Recuerde que sanar requiere tiempo. Una vez que haya trabajado todas estas reacciones, llegará a un lugar nuevo en su vida que se va a caracterizar por un mayor entendimiento, conclusiones sanas, resiliencia, una confianza más profunda y una cosmovisión más amplia. Será una de esas personas que sufrió pero salió adelante. Es posible que aun después de que esos recuerdos se hayan ido y usted se sienta mucho mejor, haya cosas que "disparen" los síntomas y los recuerdos dolorosos. Si los síntomas son muy intensos o duran largos períodos de tiempo, o si nota algún deterioro en su ministerio o sus relaciones, podría ser el momento de considerar conversar con un consejero especializado en trauma. Esto no significa que usted esté loco, únicamente que necesita ayuda. Para más información visite *www.mmct.org* o contacte MMCT a través de *karen.carr@barnabas.org*

Para formatos de impresión visite:
https://www.mmct.org/spanish/

Apéndice B
Reacciones Comunes al Trauma
NIÑOS

Karen Carr

Conductuales (e Interpersonal)

Prescolares
Mojan la cama.
Se chupan el dedo.
Hacen juegos repetitivos; recrean el trauma.
La ansiedad marca sus vínculos, se aferra.
Agresión/desobediencia.

Escuela Primaria
Se aferran.
Retoman hábitos que habían dejado.
Compiten entre hermanos.
Hablan repetitivo; recrean el trauma.
Desobedecen.
Bajan su rendimiento escolar.

Bachillerato
No pueden con las responsabilidades.
Retoman viejos estilos para sobrellevar.
Se retraen, no socializan; problemas interpersonales.

Se desaprueban a sí mismos.
Muestran conductas antisociales.
Abusan de alcohol/drogas.
Bajan su rendimiento escolar.
Cambian repentinamente de actitud, estilo, relaciones, personalidad.
Actúan como "muy grandes, demasiado rápido" (deserción escolar, embarazos, matrimonio).
Tienen apatía

Afectivo (Emocional)

Prescolares
Temores generalizados.
Nerviosismo, ansiedad y preocupaciones.
Ansiedad por separación.
Temeroso de los recordatorios
Pánico/histeria.
Irritabilidad.
Embotado o insensible.

Escuela Primaria
Temor a que ocurra de nuevo, a los estímulos relacionado al trauma.

Deseoso de que lo vistan y lo alimenten.
Fobia a la escuela.
Evita los grupos grandes.
Agresión.
Preocupación exagerada por el bienestar de la familia.
Enojo, hostilidad, beligerancia.
Apatía, se retrae.
Culpa.
Tristeza/depresión.
Embotado o insensible.

Bachillerato
Ira, hostilidad, beligerancia.
Culpa.
Tristeza crónica/ depresión.
Ansiedad.

Somáticas (Físicas)

Prescolares
Pérdida del apetito.
Palidez.
Come en exceso.
Problemas de esfínteres/ vejiga.
Trastornos del sueño.
Pesadillas.
Escuela Primaria

Se queja de problemas de visión.
Se queja de problemas estomacales.
Dolores de cabeza.
Palidez.

Picazón.
Trastornos del sueño.

Bachillerato
Dolores de cabeza.
Quejas vagas, dolor.
Erupciones cutáneas.
Pérdida del apetito/comer en exceso.

Cognitivas (Pensamientos)

Prescolares
Reducción del período de atención.
Confusión con respecto a:
- Eventos.
- Lugares.
- Secuencias.
- Muerte.

Escuela Primaria
Confusión con respecto a:
- Eventos.
- Secuencias.
No es capaz de concentrarse.

Bachillerato
Problemas de concentración.
Preocupación exagerada como por ejemplo, con la salud.
Intelectualización.
Racionalización.

Tomado de Johnson, Kedall. 1993. *Manejo de las Crisis Escolares.* Alameda, CA: Hunter House.
Para formatos de impresión visite: https://www.mmct.org/spanish/

Reacciones Comunes al Trauma
ADOLESCENTES

Karen Carr

Conductuales (e Interpersonales)

Tiene dificultad para asumir responsabilidades.
Retoma viejos hábitos.
Se aísla socialmente.
Tiene baja autoestima.
Abusa de alcohol/drogas.
Baja el desempeño escolar.
Cambia repentinamente de actitud, estilo, relaciones, personalidad.
Actúa como "muy grande, demasiado rápido" (deserción escolar, embarazos, matrimonio).
Es apático, no le interesan mucho las cosas.
Agresivo.
Cambia de amistades, de grupos afines.
Tiene dificultad para cumplir las reglas.

Afectiva (Emocionales)

Ira, hostilidad.
Culpa.
Tristeza crónica/depresión.

Ansiedad.
Insensibilidad.
Vergüenza.
Desesperanza.
Pánico.
Culpa a otros.
Sensación de traición.
Sentimientos de abandono/soledad.

Somáticos (Físicos)

Dolor de cabeza.
Quejas vagas, dolor.
Sarpullidos.
Pérdida o aumento del apetito.
Problemas con el sueño.
Enfermedad.

Cognitiva (Pensamientos)

Dificultad para concentrarse.
Preocupaciones de salud.
Intelectualización/Racionalización – se encierra en sus propios pensamientos
y no desea hablar o pensar acerca de cosas dolorosas.
Confusión.

Pensamientos suicidas fugaces.
Desorientado.

Espirituales

Se cuestionan las creencias que han
tenido por largo tiempo.

Se cuestionan su fe.
Ira contra Dios.

***Si ha tenido estos pensamientos,
le animamos a que por favor los
comparta con un adulto de su
confianza.**

Para formatos de impresión visite:
https://www.mmct.org/spanish/

Inventario de Estrés para el Obrero Intercultural

Karen Carr

En las siguientes páginas, califique la frecuencia con la que se siente estresado por cada uno de estos aspectos de la vida intercultural, usando una escala del 1-5. Un número alto significa que está usted muy estresado en esta parte de su vida. Un número más bajo indica que, en este momento, esta no es un área de estrés para usted, o que ha encontrado formas de salir adelante que disminuyen sus sentimientos estresantes.

Para formatos de impresión visite:
https://www.mmct.org/spanish/

1 - *Casi Nunca*   2 - *Rara vez*   3 - *Algunas veces*
4 - *De vez en cuando*   5 - *Con frecuencia*

Ministerio

_____ Expectativas de otros.

_____ Expectativas conmigo mismo.

_____ Habilidad para establecer
prioridades.

_____ Sentido de marcar la diferencia.

_____ Habilidad para cumplir mis
metas.

_____ Apoyo financiero.

**Puntuación
Total de Ministerio _____**

Espiritual

_____ Relación con Dios.

_____ Tiempo en la Palabra.

_____ Rendición de Cuentas.

_____ Compañerismo.

_____ Crecimiento espiritual.

**Puntuación
Total del Área Espiritual _____**

Relacional

_____ Relaciones matrimoniales/
compañeros de vivienda.

_____ Relaciones con la familia.

_____ Relaciones con los amigos.

_____ Relaciones con el liderazgo.

_____ Relaciones con los compañeros.

_____ Relaciones con la cultura
receptora.

**Puntuación
Total del Área de Relaciones _____**

Emocional

_____ Desencanto y frustraciones.

_____ Heridas y traiciones.

_____ Sentimientos de ira.

_____ Temor y Ansiedad.

_____ Falta de gozo y felicidad.

_____ Pérdida del sentido del humor.

**Puntuación
Total del Área Emocional _____**

Ambiental

_____ Clima.

_____ Tráfico.

_____ Infraestructura (electricidad,
agua potable, internet).

_____ Peligros/ Inestabilidad.

_____ Opresión: socio-política/
espiritual.

_____ Corrupción.

**Puntuación
Total del Área de Ambiente _____**

Trauma

_____ Trauma violento inducido por
una persona.

_____ Amenaza de sufrir daño.

_____ Accidentes.

_____ Muertes.

_____ Desastres naturales.

_____ Pérdidas.

**Puntuación
Total del Área de Trauma _____**

Intercultural

____ Diferencia de valores culturales.

____ Idioma.

____ Sentirse solo.

____ Expectativas interculturales.

____ Sentir que juzga la cultura/crítico
de la cultura.

___ Diferencias de género.

Puntuación

Total Área Intercultural ____

Salud

____ Bienestar físico.

____ Bienestar emocional.

____ Bienestar mental.

____ Bienestar sexual.

____ Sueño.

____ Tiempo de descanso.

Puntuación

Total   Área   de   Salud   ____

Desarrollo/Transición

____ Hijos: educación, ajuste.

____ Envejecimiento (propio o de los
padres).

____ Cambio de roles.

____ Cambio en el sistema de apoyo.

____ Retiro.

Puntuación

Total del Área de Desarrollo/
Transición ____

RESUMEN DE PUNTUACIÓN Y PRÓXIMOS PASOS:

1. *Escriba las categorías y su puntuación final en orden descendente, desde la puntuación más alta (que indica el mayor nivel de estrés) a la puntuación más baja (que indica el nivel de estrés más bajo).*

Categoría   *Puntuación total por categoría*

1.

2.

3.

4.

5.

6.

7.

8.

9.

2. *Vuelva a leer el inventario y fíjese en aquellos puntos a los que le dio una puntuación de 1 o 2. Estas son áreas de bajo estrés y vale la pena notarlas.*

3. *Escriba los puntos individuales a los que les dio una puntuación de 4 o 5 (que indica que son áreas de alto estrés que usted no ha podido afrontar muy bien).*

4. *Identifique formas en las que usted puede usar sus fortalezas y recursos de superación para comenzar a abordar sus áreas de mayor preocupación. Haga una lista del apoyo con el que cuenta y que pueda ayudarle con estos estresores.*

5. *Escriba 3-4 acciones o pasos específicos que pueda dar en las próximas dos semanas.*

Nota: La intención de este inventario es solo para que se use como una herramienta que estimule la reflexión y la discusión acerca de las fuentes de estrés intercultural y las formas de afrontarlo. No ha sido objeto de estudios de validación, y la puntuación no debe usarse como como base para la toma de decisiones clínicas. Si requiere información acerca de algún inventario que haya sido desarrollado después de investigaciones exhaustivas, visite https://cernysmith.com/

Libros, Recursos en Línea, Centros de Consejería, Conferencias y Entrenamiento
Charlie Schaefer

SINOPSIS

A. LIBROS
Recursos Espirituales y Emocionales
1. Equilibrio: Espiritual y Emocional.
2. Perdón y Culpa.
3. Gracia y Vergüenza.
4. Duelo y Pérdida.
5. Lamento.
6. Lucha Espiritual en la Adversidad.

La Oración que Sana
Herramientas para el Cuidado en Crisis
1. Manejo de Crisis.
2. Cuidado del Misionero.
3. Tratamiento del TEPT.
4. Higiene del Sueño.

B. RECURSOS EN LÍNEA

C. CENTROS DE CONSEJERÍA

D. CONFERENCIAS Y ENTRENAMIENTOS

A. LIBROS
Recursos Espirituales y Emocionales

1. Equilibrio: Espiritual y Emocional

Buchanan, Mark. 2006. *Rest of God: Restoring Your Soul by Restoring Sabbath.* Nashville, TN: Thomas Nelson. Shabat no es solo un día para enfocarse en el Señor, sino que es un día para estar quietos y escuchar. donde podemos encontrar el descanso de Dios.

Williams, Gaylyn R., y Ken Williams. 2010. *All Stressed Up and Everywhere to Go.* Colorado Springs, CO: Recursos para Relaciones. Este manual contiene ejercicios, herramientas bíblicas e historias ilustrativas para obtener equilibrio espiritual, emocional, físico e interpersonal.

2. Perdón y Culpa

Luskin, Fred. 2002. *Forgive for Good: A Proven Prescription for Health and Happiness.* Nueva York, NY: HarperCollins Publishers. Luskin presenta el poder sanador y los beneficios médicos del perdón junto con un método de 9 pasos para perdonar.

Shores, Steve. 1993. *False Guilt: Breaking the Tyranny of an Overactice Conscience.* Colorado Springs. CO: NavPress Publishing. Shores ofrece una comprensión de la tiranía de la autocrítica basada en el desempeño propio y el camino para experimentar la libertad que Dios ha provisto mediante su perdón.

Smedes, Lewis. 1984. *Forgive and Forget.* Nueva York, NY: Pocket Books. Smedes escribe acerca de la práctica del perdón con un estilo muy accesible y realista, discute no solo el perdón hacia los que nos han herido sino también el perdonarnos a nosotros mismos, a Dios y a los que han muerto.

3. Gracia y Vergüenza

Smedes, Lewis. 1993. *Shame and Grace.* NY: HarperCollins Publishers. Smedes presenta un plan espiritual, paso a paso, para sanar de la pesadumbre de la vergüenza.

4. Dolor y Pérdida

Greeson, Charlotte, Mary Hollinsworth, y Michael Washburn. 1990. *The Grief Adjustment Guide.* Sisters O.R: Questar Publishers. Este libro provee unas sugerencias prácticas útiles para lidiar con el dolor.

Lewis, C.S. 1961. *A Grief Observed.* Nueva York, NY: HarpersCollisns Publishers. S.C. Lewis reflexiona honestamente sobre los temas fundamentales de la vida, la muerte y la fe en medio de la pérdida, basándose en su propia experiencia luego de la trágica muerte de su esposa.

Mason, Mike, 1994. *The Gospel According to Job: An Honest Look at Pain and Doubt from the Life of One Who Lost Everything.* Wheaton, IL: Crossway Books. Un comentario devocional del libro de Job que afronta los temas humanos de la duda, el sufrimiento y la fe.

Means, James. 2006. *Tearful Celebration: Finding God in the Midst of Loss.* Sisters, OR: Multnomah Publishers. El autor comparte su desesperación después de que su esposa muriera de cáncer, describe sus luchas para entender los caminos de Dios frente a una pérdida trágica.

Sittser, Gerald. 1995. *A Grace Disguised.* Grand Rapids, MI: Zondervan Publishing. Sittser comparte la cruda historia de la trágica muerte de tres miembros de su familia en un accidente automovilístico, su peregrinaje a través del profundo dolor, y cómo otros se relacionaron con él durante este tiempo de dolor.

Wangerin, Walt. 1992. *Mourning into Dancing.* Grand Rapids, MI: Zondervan Publishing. El autor describe una experiencia cristiana de la muerte, dolor y duelo con un enfoque en las pequeñas muertes que ocurren en la vida cotidiana.

Westberg, Granger E. 2004. *Good Grief: Turning the Showers of Disappointment and Pain into Sunshine.* Minneapolis, MN. Augsburg Fortress. Westberg describe el proceso de pérdida y dolor a la luz de la fe cristiana y la naturaleza humana.

5. Lamento

Brueggemann, Walter. 1984. *The Message of the Psalms – A Theological Commentary.* Little Falls, MN: Ausburg Publishing. Brueggemann describe la forma en que los salmos expresan el lamento y la alabanza .

"Grief Journaling with the Psalms of Lament" visite *http://www.jouney-through-grief.com/grief-journaling-with-laments.html.* Este recurso en línea provee una guía para escribir el historial del dolor siguiendo la estructura de los Salmos de Lamento.

Wolterstorff, Nicholas. 1987. *Lament for a Son.* Grand Rapids, MI: William B. Eedmans Publishing. El autor escribe acerca del dolor por la trágica muerte de su hijo, de una manera tal que les ayudará a otros a lamentar adecuadamente la pérdida de sus hijos u otros seres amados.

6. Lucha Espiritual en la Adversidad

Green, Thomas H. *Drinking from a Dry Well: Prayers Beyond the Beginning.* Notre Dame, IN: Ave María Press. Green es un sacerdote católico que pasó la mayor parte de su vida en las Filipinas. Él guía al lector a través de una "noche oscura del alma" muy personal que ayuda a comprender lo que Dios pudiera estar haciendo y cómo responder.

Jervis, L. Ann, 2007. *At the Heart of the Gospel: Suffering in the Early Christian Message.* Grand Rapids, MI: Eerdmans Publishing. Este es uno de los mejores libros teológicos sobre el sufrimiento. Jervis presenta un profundo análisis del desarrollo de la comprensión y peregrinaje de Pablo con el sufrimiento, a través de sus escritos en 1 Tesalonicenses, Filipenses y Romanos, en el orden en que fueron escritas las cartas.

May, Gerald. 2004. *The Dark Night of the Soul: A Psychiatrist Explores the Connection between Darkness and Spiritual Formation.* Nueva York, NY: HarpersCollins Publishers Inc. May ayuda a captar los escritos de San Juan de la Cruz y Teresa de Ávila sobre la noche oscura del alma. May trata, como psiquiatra, la conexión entre la noche oscura espiritual y la depresión clínica.

Madre Teresa. 2007. *Come Be My Light: The Private Writings of the "Saint of Calcutta".* Nueva York, NY: Doubleday. La Madre Teresa vivió unos 40 años de su vida en lo que ella denominó una ausencia del conocimiento de la presencia de Dios en su vida, una "hora oscura del alma". A lo largo de todo ese tiempo, ella atendió a los que sufrían profundamente. Este libro contiene aguas muy profundas, pero está lleno de lecciones acerca de la obra de Dios en medio de la oscuridad y de las luchas.

Sproul, R.C. 2009. *Surprised by Suffering: The Role of Pain and Death in the Christian Life.* Lake Mary. FL: Reformation Trust: Sproul explora los problemas que el sufrimiento presenta para la vida cristiana. Provee respuestas bíblicas en cuanto al lugar que ocupa el sufrimiento dentro de la providencia y buenos propósitos de Dios.

Yancey, Philip. 1988. *Disappointment with God.* Grand Rapids, MI: Zondervan Publishing. Yancey aborda el tema de cómo la fe se profundiza en medio de la lucha con el aparente silencio, invisibilidad e injusticia de Dios.

Yancey, Philip. 2010. *What Good is God? In Search of a Faith that Matters.* Nueva York, NY: FaithWords Hachette Book Group.

Yancey explora la relevancia y el valor de la fe en Dios cuando se es probado duramente por traumas y tragedias.

La Oración que Sana

Boyd, Gregory. 2004. *Seeing is Believing*. Grand Rapids, MI: Baker Books. Boyd escribe sobre el rol de la imaginación inspirada por el Espíritu en oración, de manera que se pueda conocer mejor la realidad transformativa que ocurre al encontrarse cara a cara con Jesucristo.

Lawrence, Roy. 2003. *How to Pray When Life Hurts: Experiencing the Power of Healing Prayer*. England: Scripture Union. Lawrence ofrece una guía práctica sobre cómo orar con otros en medio del dolor y la crisis.

Miller, Calvin. 2000. *Into the Depths of God: Where Eyes See the Invisible, Ears Hear the Inaudible, and Minds Conceive the Inconceivable*. Minneapolis, MN: Bethany House. Miller promueve la conciencia cristiana de la profundidad de Dios a través de la oración que escucha, sin apuros, con tiempo de calidad, libre de presión.

Sanford, Agnes. 1983. *The Healing Light*. New York, NY: Ballantine Books. Se considera a Sanford como la fundadora del movimiento de la oración de sanidad interior, quien creció como hija de misioneros y que luego también laboró como misionera. En este libro, ella describe lo que aprendió sobre el poder sanador de la presencia y amor de Dios.

Seamands, David A. 1973. *Healing of Memories*. Wheaton, IL: Victor Books. Seamands escribe sobre el poder del Espíritu Santo para sanar recuerdos traumáticos a través de la oración en la consejería cristiana.

Wardle, Terry. 2001. *Healing Care, Healing Prayer*. Orange, CA: New Leaf Books. Wardle desarrolla y explica la metodología de la oración enfocada en la sanidad interior, denominada Oración Formativa.

Herramientas para el Cuidado en Crisis

1. Manejo de Crisis

Slaikeu, Karl. 1990. *Crisis Intervention: A Handbook for Practice and Research*. Boston, MA: Allyn and Bacon. Slaikeu presenta un modelo de intervención para la crisis e ilustra su aplicación por parte del clero, enfermeras, consejeros y otros profesionales.

Slaikeu, Karl y Steve Lawhead. 1984. *Up from the Ashes*. Grand Rapids, MI:

Editorial Zondervan Publishing. Slaikeu y Lawhead nos proveen una guía para el manejo de la crisis personal.

2. Cuidado del Misionero

Hay, Rob, et al. 2007. *Worth Keeping: Global Perspectives on Best Practice in Missionary Retention,* eds. Hay Rob, Valerie Lim, Detlef Blocher, Jaap Ketelaar y Sara Hay. Pasadena, CA: William Carey Library. Un estudio, muy bien investigado por la Comisión de Misiones de la Alianza Global Evangélica, nos proporciona principios prácticos para el apoyo y empoderamiento de los obreros que trabajan en misiones globales: selección y desarrollo de personal y de equipos, vida espiritual, equilibrio entre trabajo y vida, construcción de equipos, liderazgo, resolución de conflictos y comunicación.

Powel, John R. y Joyce M. Bowers. 2002. *Enhancing Missionary Vitality.*

Palmer Lake, CO: Missionary Training International. Un compendio de artículos que incluye investigaciones, reflexiones, modelos y casos de estudio pertinentes a la vida misionera, y con temas como selección y formación del equipo, servicios preventivos, intervención en las crisis y rendición de informes. Además, facilita el perdón y la reconciliación.

3. Tratamiento del TEPT

Dolan, Yvonne. 1998. *One Small Step: Moving Beyond Trauma and Therapy to a Life of Joy.* Watsonville, CA: Papier-Mache Press. La autora presenta ejercicios para ayudar a ir más allá de sobrevivir al trauma y abrazar la vida nuevamente.

Najavits, Lisa M. 2002. *Seeking Safety: A Treatment Manual for PTSD and Substance Abuse.* Nueva York, NY: Guilford Press. Este libro fue escrito para personal de salud mental; no obstante, está lleno de herramientas prácticas y materiales desprendibles útiles para cuidadores y aquellos que se encuentran en medio de una crisis; tales como la descripción dehabilidades para "hacer ver la realidad" en esos momentos cuando las emociones son abrumadoras.

Williams, Mary Beth, y Sili Poijula.2002. *The PTSD Workbook: Simple Effective Techniques for Overcoming Traumatic Stress Symptoms.* Oakland, CA: New Harbinger Publications. Un manual de autoayuda que describe los efectos fisiológicos y emocionales del trauma y métodos para lidiar con esos efectos.

4. Higiene del Sueño

Edinger, Jack D. 2008. *Overcoming Insomnia: A Cognitive-Behavioral Approach*

Workbook (Treatments That Work). Nueva York, NY. Oxford University Press. Técnicas cognitivas-conductuales cuya utilidad ha sido comprobada en el tratamiento del insomnio. Este manual presenta una comprensión de los problemas relacionados al sueño, y las habilidades y herramientas para mejorar la calidad del sueño.

Stewardship of Self for Cross Cultural Workers: Sleep un artículo escrito   p o r Kotesky y Mary Seitz en *www.crossculturalworkers.com/ss_sleep.htm*

4.a Recursos en Línea para la Higiene del Sueño

www.webmd.com/sleep-disorders/guide/sleep-hygiene

https://www.cdc.gov/sleep/about_sleep/sleep_hygiene.html

https://www.umms.org/childrens/health-services/pediatric-pulmonology-allergy-sleep/sleep-disorders

B. Recursos en Línea, Bibliotecas y Editoriales

Barnabas Internacional: Una lista de recursos para una variedad de situaciones en el cuidado de misioneros. *www.barnabas.org/resources.php*

CaringBridge: Portales personalizados para el uso de quienes lo necesiten, útiles para suministrar actualización de noticias para los que les apoyan *www.caringbridge.org*

Crisis Consulting Internacional: Provee seguridad y apoyo en el manejo de crisis y servicios para los misioneros cristianos. *www.cricon.org*

FEMA para Niños: Agencia Federal para el Manejo de Emergencias: provee recursos, recomienda libros, juegos, actividades para ayudar a los niños en las emergencias. *www.ready.gov/kids*

Headington Institute: Brinda cuidado a los cuidadores y trabajadores humanitarios a nivel global, a través de una variedad de recursos, talleres de entrenamiento, materiales educativos, consejería y servicios de consultoría. *www.headington-institute.org*

Recursos de Salud Mental para Obreros Interculturales: Artículos para obreros interculturales, escritos por Ron y Bonnie Koteskey. *https://crossculturalworkers.com/*

Recursos de los Equipos Móviles de Cuidado a los Misioneros: Incluye una recopilación periódica de materiales con recursos de salud mental (MMCT

Communiqué) y artículos sobre crisis, respuesta al trauma y resiliencia. *https://www.mmct.org/spanish/*

People in Aid: Se enfoca en aumentar la efectividad de las organizaciones de ayuda humanitaria a nivel mundial, proveyendo talleres, coaching, publicaciones, ejemplos de buenas prácticas y otros recursos. *www.peopleinaid.org*

World Federation for Mental Health: Recursos internacionales en temas de salud mental. *www.wfmh.org/01Links.htm*

C. Centros de Consejería para Misioneros y Otras Personas en el Ministerio.

Alongside: retiros especializados para personal en ministerio, servicios de consejería, servicios de asesoría para las iglesias, evaluación de candidatos a misioneros y talleres (Michigan, Estados Unidos).*www.alongsidecares.net*

Barnabas Zentrum: consejería, asesoría, retiros, entrenamiento y dar aliento a misioneros y obreros cristianos que trabajan en Europa, África, Asia y el Medio Oriente (Colorado, Estados Unidos, y Austria). *www.barnabaszentrum.com*

Cornerstone Counseling Foundation: consejería profesional, consultas y entrenamiento desde una perspectiva cristiana para obreros cristianos que sirven en toda Asia, y también para la gente de Tailandia(Chiang Mai, Tailandia. *https://www.ccfthailand.org/*

Mapa Global de Centros de Consejería Alrededor del Mundo: un mapa de proveedores de cuidado y servicio de Cuidado al Misionero alrededor del mundo, mantenido por la Global Member Care Network. *http://www.globalmembercare.com/index.php?id=41*

International Health Management: prevención y tratamiento (médico y psicológico) en el cuidado de personas que trabajan en otros países, liderazgo de organizaciones de caridad sin fines de lucro y ONGs, mediante servicios de salud para viajes, manejo de salud previo a la salida, manejo de la salud en el exterior, manejo de la salud al regreso a su país de origen (Ontario, Canadá). *www.ihm.ca*

Le Rucher Ministries: consejería breve, rendición de informes, rendición de informes de crisis y cursos de entrenamiento, realizados desde una perspectiva cristiana por obreros de cuidado pastoral. Francia. *www.lerucher.org*

Link Care Center: profesionales cristianos en salud mental y consejeros pastorales que cuidan de misioneros, pastores, obreros cristianos y sus familias; está disponible la acomodación en su sede (California, Estados Unidos). *www.linkcare.org*

Mobile Member Care Teams (Equipos Móviles de Cuidado al Misionero): no es un centro de atención en sí, pero ofrece servicios de consejería. (África). *www.mmct.org*

The Well: centro cristiano de cuidado al misionero, que provee consejería, rendición de informes, cuidado pastoral, liderazgo y asesoría organizacional, resolución de conflicto, formación de equipos para obreros cristianos y organizaciones que sirven en Asia (Chiang Mai, Tailandia). *www.thewellcm.com*

Tumaini Counseling Center: servicios preventivos y de restauración de salud mental y cuidado pastoral para mejorar la resiliencia y productividad de los misioneros (Nairobi, Kenya). *www.tumainicounseling.net*

D. Conferencias y Entrenamiento

Global Member Care Conference: *http://www.globalmembercare.org/*

Le Rucher Ministries: cursos de entrenamiento y de rendición de informes. *http://www.lerucher.org/index.htm*

Mental Health and Missions Conference: *https://www.mti.org/conferences/mental-health-and-missions/*

Pastors to Missionaries Conference: (PTM), Barnabas International *https://www.barnabas.org/member-care/events/ptm*

BIBLIOGRAPHÍA

PRÓLOGO

Schaefer, Frauke C., Dan G. Blazer, Karen F. Carr, Kathryn M. Connor, Bruce Burchett, Charles A. Schaefer, and Jonathan R.T. Davidson. 2007. "Traumatic Events and Posttraumatic Stress in Cross-Cultural Mission Assignments." *Journal of Traumatic Stress* 20: 529–539.

_____, Dan G. Blazer, and Harold G. Koenig. 2008. "Religious and Spiritual Factors and the Consequences of Trauma: A Review and Model of the Interrelationship." *International Journal of Psychiatry in Medicine* 38: 507–524.

CAPÍTULO I - REFLEXIONES SOBRE UNA TEOLOGÍA DEL SUFRIMIENTO
Scott E. Shaum

Sittser, Gerald. 1995. *A Grace Disguised.* Grand Rapids, MI: Zondervan Publishing.

Hodges, Zane C. 1994. *The Epistle of James: Proven Character Through Testing.* Irving, TX: Grace Evangelical Society.

Russell, Pat. 2011. "The Beauty of the Cracked Vessel." *Conversations Journal* 9.2: 29.

CAPÍTULO III - RECURSOS PARA UN APOYO EFECTIVO
SECCIÓNES 1- 3
Reacciones Normales Después de un Trauma y Apoyo Comunitario Efectivo y Resiliencia Personal
Karen Carr

American Psychiatric Association. 2000. Diagnostic and statistical manual of mental disorders (4th ed., text rev.). Washington, DC: Author.

Berry, Wendell. 1996. A World Lost. Washington, DC: Counterpoint.

_____. 2009. Whitefoot: A Story from the Center of the World. Berkeley, CA: Counterpoint.

Brown, Ron. 2007. "Case Study" in Worth Keeping: Global Perspectives on Best Practice in Missionary Retention, ed. Hay, Rob, Valerie Lim, Detlef Blöcher, Jaap Ketelaar, and Sarah Hay. Pasadena, CA: William Carey Library.

Bunyan, John. 1968. The Pilgrim's Progress. New York: Dodd, Mead, & Company.

Collier, Winn. 2007. Let God: The Transforming Wisdom of Fenelon. Brewster, Massachusetts: Paraclete Press.

Dolan, Yvonne. 1998. One Small Step: Moving Beyond Trauma and Therapy to a Life of Joy. Watsonville, CA: Papier-Mache Press.

Dyregrov, A. 1997. "The process in psychological debriefings." Journal of Traumatic Stress 10: 589-605.

Fawcett, J. 2002. "Preventing broken hearts, healing broken minds" in Danieli, Y. (Ed.). Sharing the front line and the back hills. Amityville, New York: Baywood Publishing Company, Inc.

Forbes, A. and D. Roger. 1999. "Stress, social support and fear of disclosure." British Journal of Health Psychology 4: 165-179.

Greeson, Charlotte, Mary Hollingsworth, and Michael Washburn. 1990. The Grief Adjustment Guide. Sisters, OR: Questar Publishers, Inc.

Hart, Archibald. 2001. Unmasking Male Depression. Nashville, TN: Word Publishing.

Kessler, Ronald C., Amanda Sonnega, Evelyn Bromet, Michael Hughes, and Christopher B. Nelson. 1995. "Posttraumatic stress disorder in the National Comorbidity Survey." Archives of General Psychiatry 52, no. 12 : 1048.

Keane, T.M., W. O. Scott, G. A. Cavoya, D. M. Lamparski, and J. A. Fairbank. 1985. "Social support in Vietnam veterans with Posttraumatic Stress Disorder: A comparative analysis." Journal of Consulting and Clinical Psychology 53: 95-102.

Lake, Frank. 1966. "The Dynamic Cycle." Clinical Theology: A Clinical and Psychiatric Basis to Clinical Pastoral Care, Vol 1. Great Britain: Darton, Longman and Todd.

Mason, Mike. 1994. The Gospel According to Job. Illinois: Crossway Books.

Means, James. 2006. Tearful Celebration: Finding God in the Midst of Loss, Oregon: Multnomah Publishers, Inc.

Mitchell, J. 1983. "When disaster strikes: The critical incident debriefing process." Journal of the Emergency Medical Services 8: 36-39.

National Child Traumatic Stress Network and National Center for PTSD. 2006. Psychological First Aid: Field Operations Guide, 2nd Edition.

Nouwen, Henri. 1990. The Road to Daybreak. New York: Doubleday.

Schaefer, Frauke C., Dan G. Blazer, Karen F. Carr, Kathryn M. Connor, Bruce Burchett, Charles A. Schaefer, and Jonathan RT Davidson. 2007. "Traumatic events and posttraumatic stress in cross-cultural mission assignments." Journal of Traumatic Stress 20, no. 4: 529-539.

Schiraldi, Glenn R. 2000. The post-traumatic stress disorder sourcebook. Los Angeles, CA: Lowell House.

Slaikeu, Karl. 1990. Crisis Intervention: A Handbook for Practice and Research. Boston, MA: Allyn and Bacon.

_____, and Steve Lawhead. 1984. Up from the Ashes. Grand Rapids, MI: Zondervan Publishing House.

Snelgrove, Toby. 1999. Critical incident stress: Sources, symptoms, and solutions. New Westminster, B.C.: Justice Institute of British Columbia.

Vanier, Jean. 1989. Community and Growth. Paramus, NJ: Paulist Press.

Wangerin, Walter. 1992. Mourning into Dancing. Grand Rapids, MI: Zondervan Publishing House.

SECCIÓNES 4 -5
Sano Manejo del Estrés y Manejo del Estrés Traumático Severo
Frauke Schaefer

Bannano, George A. 2004. "Loss, Trauma, and Human Resilience: Have We Underestimated the Human Capacity to Thrive After Extremely Aversive Events?" *American Psychologist* 59: 20–28.

Coppen, Alec and John Bailey. 2000. "Enhancement of the Antidepressant Action of Fluoxetine by Folic Acid: A Randomized, Placebo Controlled Trial." *Journal of Affective Disorders* 60: 121-130.

_____, C. Bolander-Gouaille. 2005. "Treatment of Depression: Time to consider Folic Acid and Vitamin B12." *Journal of Psychopharmacology* 19: 59-65.

Davidson, J. R., V. M. Payne, K. M. Connor, E. B. Foa, et al. 2005. "Trauma, Resilience, and Saliostasis: Effects of Treatment in Post-traumatic Stress Disorder." *International Clinical Psychopharmacology* 20: 43-48.

Frewen, Paul A., and Ruth A. Lanius. 2006. "Neurobiology of Dissociation: Unity and Disunity in Mind–Body–Brain." *Psychiatric Clinics of North America* 29: 113–128.

Jacobson, E. 1938. *Progressive Muscle Relaxation.* Oxford, England: University Chicago Press.

Leproult, Rachel, Georges Copinschi, Orfeu Buxton, and Eve Van Cauter. 1997. "Sleep Loss Results in an Elevation of Cortisol Levels the Next Evening." *Journal of Sleep Research and Sleep Medicine* 20: 865-870.

Mills, David E., and Ron P. Ward. 1986. "Attenuation of Stress-induced Hypertension by Exercise Independent of Training Effects: An Animal Model." *Journal of Behavioral Medicine* 9: 599-605.

Krakow, B., M. Hollifield, L. Johnston, M. Koss, R. Schrader, et al. 2001. "Imagery Rehearsal Therapy for Chronic Nightmares in Sexual Assault Survivors With Posttraumatic Stress Disorder—A Randomized Controlled Trial." *JAMA* 286:537–45.

Nilsson, Ulrica. 2009. "The Effect of Music Intervention in Stress Response to Cardiac Surgery in a Randomized Clinical Trial." *Heart & Lung: The Journal of Acute and Critical Care* 38: 201–207.

_____, M. Unosson, and N. Rawal. 2005. "Stress Reduction and Analgesia in Patients Exposed to Calming Music Postoperatively: A Randomized Controlled Trial." *European Journal of Anaesthesiology* 22: 96–102.

Ozer, E. J., Best, S. R., Lipsey, T. L., and D. S. Weiss. 2003. "Predictors of Posttraumatic Stress Disorder and Symptoms in Adults: A Metaanalysis" *Psychological Bulletin* 129: 52–73. Bottom of Form

Patel, Vikram. 2003. *Where There Is No Psychiatrist: A Mental Health Care Manual.* Glasgow, UK: Bell & Baine.

Richardson, G. E. 2002. "The Metatheory of Resilience and Resiliency." *Journal of*

Clinical Psychology 58: 307-321.

Rimm, D. C. and J. C. Masters. 1979. *Behavior Therapy: Techniques and Empirical Findings.* New York: Academic Press.

Salmon, Peter. 2001. "Effects of Physical Exercise on Anxiety, Depression, and Sensitivity to Stress: A Unifying Theory." *Clinical Psychology Review* 21: 33-61.

Sanchez-Villegas, A., M. Delgado-Rodriguez, A. Alonso, J. Schlatter, et. al. 2009. "Association of the Mediterranean Dietary Pattern With the Incidence of Depression." *Archives of General Psychiatry* 66: 1090-1098.

Schaefer, Frauke C., Dan G. Blazer, Karen F. Carr, B. Burchett, Charles A. Schaefer, and Jonathan R. T. Davidson. 2007. "Traumatic Events and Posttraumatic Stress in Cross-Cultural Mission Assignments" *Journal of Traumatic Stress* 20: 529–539.

Shapiro, Francine. 2012. *Getting Past your Past: Take Control of Your Life with Self-help Techniques from EMDR Therapy.* New York: Rodale.

Sittser, Jerry. 2004. *A Grace Disguised: How the Soul Grows Through Loss.* Grand Rapids, MI: Zondervan.

Solomon, Z., R. Shklar, and M. Mikulincer. 2005. "Frontline Treatment of Combat Stress Reaction: A 20-Year Longitudinal Evaluation Study." *American Journal of Psychiatry* 162: 2309-2314.

Starzec, J., D. F. Berger, and R. Hesse. 1983. "Effects of Stress and Exercise on Plasma Corticosterone, Plasma Cholesterol, and Aortic Cholesterol Levels in Rats." *Psychosomatic Medicine* 45: 219-226.

Van der Kolk, Bessel A. "The Body Keeps the Score: Approaches to the Psychobiology of Posttraumatic Stress Disorder." In *Traumatic Stress: The Effects of Overwhelming Experience on Mind, Body, and Society*, ed. Bessel van der Kolk, Alexander C. McFarlane, and Lars Weisaeth. 2007. 303–327. New York: Guildford Press.

_____, O. Van der Hart, and C. R. Marmar. "Dissociation and Information Processing in Posttraumatic Stress Disorder." In *Traumatic Stress: The Effects of Overwhelming Experience on Mind, Body, and Society*, ed. Bessel van der Kolk, Alexander C. McFarlane, and Lars Weisaeth. 2007. 303–327. New York: Guildford Press.

Werner, David, Carol Thuman, and Jane Maxwell.1992. *Where There Is No Doctor: A Village Health Care Handbook,* revised edition. Berkeley, CA: Hesperidan Foundation.

SECCIÓN 6
Recursos Espirituales para el Manejo del Trauma
Charlie and Frauke Schaefer

Brueggemann, Walter. 1984. *The Message of the Psalms – A Theological Commentary.* Minneapolis, MN: Augsburg Publishing House.

_____. 1992. "The Rhetoric of Hurt and Hope: Ethics, Odd and Critical." In *Old Testament Theology* by Walter Brueggemann, 45–66. Minneapolis, MN: Fortress Press.

Calhoun, Lawrence G., and Richard G.Tedeschi. 1999. *A Clinician's Guide Facilitating Posttraumatic Growth.* Mahwah, NJ: Lawrence Erlbaum Associates.

_____. 2006. *Handbook of Posttraumatic Growth – Research and Practice.* Mahwah, NJ: Lawrence Erlbaum Associates.

De Saint Exupéry, Antoine. 2000. *The Little Prince.* Mariner Books.

Donahue, Michael J. 1986. "Intrinsic and Extrinsic religiousness: Review and meta-analysis." *Journal of Personality and Social Psychology* 48:400-419.

Fontana, Alan, and Robert Rosenheck. 2004. "Trauma, Change of Religious Faith, and Mental Health Service Use among Veterans Treated for PTSD." *The Journal of Nervous and Mental Disease* 192: 579-584.

Fuller Youth Institute. 2008. "Leadership Team Training Resource–Trauma and Lament." Posted August 21, 2008. Accessed July 6, 2012. http://www.fulleryouthinstitute. org/pdfs/Trauma-Lament_Leader_Resource.pdf

Hackney, Charles H., and Glenn S. Sanders. 2003. "Religiosity and Mental Health: A Meta-analysis of Recent Studies." *Journal for the Scientific Study of Religion* 42(1):43-65.

Hillenbrand, Laura. 2010. *Unbroken: A World War II Story of Survival, Resilience, and Redemption.* New York: Random House.

Journey-Through-Grief.com. "Grief Journaling with the Psalms of Lament". Last accessed July 7, 2012. http://www.journey-through-grief.com/grief-journaling-with-laments.html

Kelsey, David H. 2005. *Imagining Redemption.* Louisville, KY: Westminster John Knox Press.

Luskin, Fred. 2002. *Forgive for Good: A Proven Prescription for Health and Happiness*. New York: HarperCollins Publishers.

Meador, Keith G., Harold G. Koenig; Dana C. Hughes, Dan G. Blazer, et al. 1992. "Religious Affiliation and Major Depression." *Hospital & Community Psychiatry* 43: 1204–1208.

Orth, Ulrich; and Elias Wieland. 2006. "Anger, Hostility, and Posttraumatic Stress Disorder in Trauma-exposed Adults: A Meta-analysis." *Journal of Consulting and Clinical Psychology* 74(4): 698–706.

Osbeck, Kenneth W. 1990. *Amazing Grace*. Grand Rapids, MI: Kregel Publications.

Pargament, Kenneth I., Bruce W. Smith, Harold G. Koenig, and Lisa Perez. 1998. "Patterns of Positive and Negative Religious Coping with Major Life Stressors." *Journal for the Scientific Study of Religion* 37: 710–724.

_____, and P. J. Sweeney. 2011. "Building Spiritual Fitness in the Army: An Innovative Approach to a Vital Aspect of Human Development." *American Psychologist* 66(1):58–64.

Park, Crystal L. 2005. "Religion as a Meaning-Making Framework in Coping with Life Stress." *Journal of Social Issues* 61:707–729.

Schaefer, Frauke C., Dan G. Blazer, and Harold G. Koenig. 2008. "Religious and Spiritual Factors and the Consequences of Trauma: A Review and Model of the Interrelationship." *The International Journal of Psychiatry in Medicine* 38(4): 507–524.

Sittser, Jerry. 2004. *A Grace Disguised: How the Soul Grows Through Loss*. Expanded Edition. Grand Rapids, MI: Zondervan Publishing House.

Smedes, Lewis. 1984. *Forgive and Forget*. New York: Pocket Books.

Smith, Timothy B., Michael E. McCullough, and Justin Poll. 2003. "Religiousness and Depression: Evidence for a Main Effect and the Moderating Influence of Stressful Life Events." *Psychological Bulletin* 129(4): 614–636.

Wolterstorff, Nicholas. 1987. *Lament for a Son*. Grand Rapids, MI: William B. Eerdmans Publishing Company.

Yancey, Philip. 2010. *What Good is God? In Search of a Faith that Matters*. New York: FaithWords Hachette Book Group.

SECCIÓN 7
La Oración que Sana
Ann Hamel

Boyd, Gregory. 2004. *Seeing IsBelieving*. Grand Rapids, MI: Baker Books.

Keating, Thomas. 1999. *The Human Condition: Contemplation and Transformation*. New York: Paulist Press.

Jung, C.G. 1973. *Letters*. Vol. 1. Translated by R. F. C. Hull. Princeton, NJ: Princeton University Press.

Levine, Peter A., and Ann Fredrick. 1997. *Waking the Tiger: Healing Trauma: The Innate Capacity to Transform Overwhelming Experiences*. Berkeley, CA: North Atlantic Books.

Miller, Calvin, 2000. *Into the Depths of God: Where Eyes See the Invisible, Ears Hear the Inaudible, and Minds Conceive the Inconceivable*. Minneapolis, MN: Bethany House.

Poloma, Margaret M., and George H. Gallup, Jr. 1991. *Varieties of Prayer: A Survey Report*. Philadelphia, PA: Trinity Press International.

Sanford, Agnes. 1983. *The Healing Light*. New York: Ballantine Books.

Seamands, David A. 1973. *Healing of Memories*. Wheaton, IL: Victor Books.

_____. 1981. *Healing for Damaged Emotions*. Wheaton, IL: Victor Books.

Servan-Schreiber, David M.D., Ph.D. 2004. *The Instinct to Heal, Curing Depression, Anxiety, and Stress Without Drugs and Without Talk Therapy*. Paris: Editions Robert Laffont, S.A.

Tozer, A.W. 1992. *The Pursuit of God: The Human Thirst for the Divine*. Camp Hill, PA: Christian Publications, Inc.

Wardle, Terry. 1994. *Wounded: How to Find Wholeness and Inner Healing in Christ*. Ashland, OH: Cornerstone Formation Ministries, Inc.

_____. 2001. *Healing Care, Healing Prayer*. Orange, CA: New Leaf Books

White, Ellen G. 2001. *The Desire of Ages*. Coldwater, MI: Remnant Publications.

DE LOS AUTORES

Karen F. Carr, PhD., miembro de Barnabas International, es misionera y psicóloga clínica, trabaja como Directora Clínica del Equipo Móvil de Cuidado a los Misioneros (MMCT por sus siglas en inglés). Recibió su Ph.D en Psicología Clínica de la Universidad Commonwealth de Virginia en 1989 y terminó su doctorado en Psicología Forense en la Universidad de Virginia en 1990. Durante ocho años, trabajó en un centro comunitario de salud mental en Virginia: primero como Supervisora Clínica y luego como Gerente del Programa de Servicios de Emergencia. Desde el año 2000, ha vivido en África Occidental: primero en Costa de Marfil y luego en Ghana. Karen presta sus servicios al equipo de MMCT en África Occidental dando entrenamiento para el manejo de crisis, evaluaciones, consejería, supervisión clínica y consultas. En 2014, regresó a los Estados Unidos donde trabaja con Barnabas International como psicóloga clínica, proveyendo entrenamiento y consultas para misioneros
Para más información acerca de MMCT, visite www.mmct.org

L. Ann Hamel, PhD., D.Min, psicóloga clínica en el Centro Médico Universitario en Berrien Springs, Michigan. Antes de ir a Berrien Springs en 1990, Ann sirvió como misionera en África Central durante once años. En 1990, Ann, su esposo y sus tres hijos pequeños sufrieron un accidente automovilístico en Ruanda. Ann perdió a su esposo, y ella y su hijo menor sufrieron heridas graves. Justo un mes después del accidente y de regresar a los Estados Unidos, Ann comenzó sus estudios de PhD en consejería psicológica en la Universidad Andrews, en Berrien Springs, con la meta de servir a los misioneros y a otros cuyas vidas hayan sido trastornadas por ciertos eventos. Durante este tiempo, conoció al Dr. Loren Hamel, médico y padre soltero de cuatro niños. En 1995, juntaron sus familias para ser una familia de nueve. Ann hizo su internado de doctorado en Pine Crest, un Hospital Psiquiátrico Cristiano en Grand Rapids, Michigan. En 2007, completó su grado en Doctor en Ministerio en Consejería Formativa en el

Seminario Teológico Ashland. Ann trabaja con misioneros dentro y fuera del país. Su especialidad es la integración de la religión y la psicología, y cómo se relacionan en el tratamiento del trauma.

Scott E. Shaum, M.A. Sirve con Barnabas International, y funge como Director de Desarrollo de Personal. Sus áreas de servicio son coaching, dirección espiritual, y entrenamiento de líderes de misiones a nivel global, lo cual lo lleva a viajar a muchas naciones durante el año. El llamado de vida de Scott es el pastoreo y se esfuerza por manifestarlo en cada uno de los contextos donde se mueve, mostrando a las personas al Cristo Vivo. Anteriormente, sirvió como plantador de iglesias en Hong Kong. Es Licenciado en Estudios Bíblicos egresado del Seminario Teológico de Dallas, y recibió entrenamiento en las áreas de dirección espiritual y consejería pastoral, entre otras. Scott está casado con Beth y tienen tres hijos adultos.

Para más información sobre Barnabas International visite:www.barnabas.org

Charles A. Schaefer, PhD es psicólogo clínico en Chapel Hill, NC. Originalmente, estudió física e ingeniería eléctrica antes de servir con Wycliffe Traductores Bíblicos en Togo y Benin, África Occidental. Su interés en apoyar a aquellos que sirven en ministerios cristianos a tiempo completo lo llevó a prepararse más. Obtuvo su Licenciatura en Teología y su PhD en Psicología Clínica en el Seminario Teológico Fuller. Durante 20 años ejerció en práctica privada. Charlie ha trabajado en contextos de salud mental comunitaria, iglesias y misiones. Él y su esposa Frauke Schaefer comparten el enfoque de ayudar a las iglesias y misiones cristianas, a través de la consultoría con pastores y organizaciones misioneras; viajan al exterior para liderar y enseñar en talleres y retiros además de trabajar clínicamente con los que sirven a tiempo completo. Además, Charlie ha sido uno de los coordinadores de la Conferencia Anual de Salud Mental y Misiones. Tiene un interés particular en los recursos espirituales cristianos que fomenten la resiliencia en tiempos de trauma, dolor, conflicto, vergüenza y culpa. *www.CharlieSchaefer.com*

Frauke C. Schaefer, M.D, Médica de familia, Frauke sirvió con International Nepal Fellowship como superintendente del Hospital Green Pastures en Pokhara, Nepal, desde 1990 hasta 1997. Su interés en la salud mental en el área de misiones la motivó a formarse en Psicoterapia en un hospital psiquiátrico cristiano (Klink Hohe Mark) en Alemania. Durante este tiempo, conoció y se casó con Charlie Schaefer, un psicólogo americano cristiano con intereses muy similares a los suyos, y en 2000 se mudaron a Carolina del Norte en los Estados Unidos. La residencia en psiquiatría que hizo en la Universidad Duke le permitió llevar a cabo investigaciones acerca del trauma y la resiliencia en misioneros. Durante una beca de investigación en Religión y Salud, (Centro Duke para Espiritualidad, Teología y Salud) pudo observar cómo los factores religiosos afectan las consecuencias de un trauma. Desde 2006 trabaja en práctica privada, en Chapel Hill, NC sirviendo a muchas personas en ministerio y en misiones interculturales, al mismo tiempo que sigue como docente consultor en Duke. Frauke provee servicios de consulta, evaluación, entrenamiento y apoyo clínico.

www.FraukeSchaeferMD.com

CPSIA information can be obtained
at www.ICGtesting.com
Printed in the USA
FSHW021207051120
75501FS